À l'affût des anges

Frissons, signes, rêves et coups de pouce divins

Catherine Lanigan

Traduit de l'anglais par
Sylvie Fortier

ADA éditions

Titre original anglais : Angel Watch

Éditeur : François Doucet
Traduction : Sylvie Fortier
Révision linguistique : Féminin Pluriel
Correction d'épreuves : Isabelle Veillette, Nancy Coulombe
Montage de la couverture : Matthieu Fortin
Mise en pages : Sébastien Michaud
Design de la couverture : Larissa Hise Henoch
ISBN 978-2-89565-742-2
Première impression : 2009
Dépôt légal : 2009
Bibliothèque et Archives nationales du Québec
Bibliothèque Nationale du Canada

Éditions AdA Inc.
1385, boul. Lionel-Boulet
Varennes, Québec, Canada, J3X 1P7
Téléphone : 450-929-0296
Télécopieur : 450-929-0220
www.ada-inc.com
info@ada-inc.com

Diffusion
Canada : Éditions AdA Inc.
France : D.G. Diffusion
Z.I. des Bogues
31750 Escalquens — France
Téléphone : 05-61-00-09-99
Suisse : Transat — 23.42.77.40
Belgique : D.G. Diffusion — 05-61-00-09-99

Imprimé au Canada

Participation de la SODEC.
Nous reconnaissons l'aide financière du gouvernement du Canada par l'entremise du Programme d'aide au développement de l'industrie de l'édition (PADIÉ) pour nos activités d'édition.
Gouvernement du Québec — Programme de crédit d'impôt pour l'édition de livres — Gestion SODEC.

Catalogage avant publication de Bibliothèque et Archives Canada

Lanigan, Catherine

À l'affût des anges : frissons, signes, rêves et coups de pouce divins
Traduction de: Angel watch.
ISBN 978-2-89565-742-2

1. Anges - Miscellanées. I. Titre.

BL477.L36214 2009 202'.15 C2009-940204-1

Je dédie ce livre à mon père,
Frank J. Lanigan, qui a traversé dans
l'Autre monde en 1992, le jour de la
Saint-Valentin ; et, de ce côté-ci du
voile, à ma mère, Dorothy Lanigan.
Tout l'amour qui est en mon cœur
pour toujours.

Table des matières

Deuxième partie — Rêves

Troisième partie — Signes

Quatrième partie — Visites spirituelles

Remerciements

Je remercie tous les anges, humains et divins, qui ont créé le chemin merveilleux sur lequel j'avance. En plus de Dorothy Lanigan, ma mère aimante ; ma sœur, Nancy Porter ; mes frères, Robert et Ed Lanigan ; mon fils, Ryan Pieszchala ; ma bru, Christy Pieszchala ; Jim Alexander, ma douce moitié ; j'offre des gerbes d'estime et toute ma reconnaissance à Fortune Alexander, Terry Anzur, Dottie Barrett, Wendy Birkenshaw, Jodee Blanco, Vicki Bushman, Charlotte Breeze, Kimberley Cameron, Jerry Courville, Georgia Durante, Doug Dearth, Deborah Giaratanna, Harvey Gordon, Cherry Hickson, Sabina Khan, Sammi Kirkpatrick, Mary Lanigan, Deborah Hayes Lanigan, Rikki Mayer, Ron Misik, Michelle Mostart, Evelyn Pagilini, M.D., Geneva Pampuro, Lissy Peace, David Porter, Brian Powell, Sharon Reese, Stacy Stoker et Ed Zabrek.

J'aimerais aussi remercier chez HCI, l'essaim d'anges qui m'ont donné le courage de déployer mes ailes : Peter Vegso, Kim Weiss, Matthew Diener, Christine Belleris, Allison Janse, Randee Feldman, Kimberley Denney, Kelly Maragni, Terry Burke, et Tom Sand.

Un merci tout particulier à Michael Adamse, Ph.D., et David Shapiro, collègues écrivains et pionniers littéraires.

Je n'arriverai jamais à exprimer toute la gratitude que j'éprouve dans mon cœur, ni à vous remercier suffisamment pour tout ce que vous avez enduré avec moi et à cause de moi au fil de mon existence. Je suis honorée de vous compter, tous et toutes, dans mon passé, mon présent, et mon avenir. Que Dieu vous bénisse !

Introduction

Être à l'affût des anges n'est pas chose facile. D'entrée de jeu, la plupart d'entre nous n'ont aucune idée de ce qu'il faut chercher. Trop souvent, nous avons l'impression qu'on doit être plus bas que terre, complètement démunis, aux portes de la mort, ou sur le point de tout perdre pour qu'un ange se manifeste.

En réalité, les anges sont autour de nous en tout temps ; ils accomplissent des dizaines de petits miracles chaque jour – dont nous nous attribuons le crédit la plupart du temps.

Pensez-y. En préparant votre rapport mensuel, vous êtes soudainement aux prises avec un terrible dilemme. Vous êtes fatigué ; vous avez sauté le dîner pour continuer à travailler. Vous devez retourner au moins une douzaine d'appels. Votre patron vous cherche des poux depuis des semaines. Les choses ne vont vraiment pas bien pour vous en ce moment. En fait, si vous êtes franc avec vous-même, vous savez que ce qui est en jeu dépasse le rapport mensuel réglementaire. Ce document pourrait faire la différence entre être employé ou chômeur le mois prochain.

Il est minuit. Vous fixez toujours la page vierge ou le curseur clignotant. Frustré et effrayé, vous abandonnez.

Vous quittez votre bureau pour manger une tartine de beurre d'arachide et boire un verre de lait. Vous n'avez pas fini de remplir votre verre quand, venue de nulle part, l'idée la plus géniale de votre vie surgit dans votre esprit. Elle se répète, comme si elle s'adressait à vous. Parce que votre mère vous a déjà dit que, s'il vous arrivait « d'entendre des voix », ce serait un signe que vous souffrez de schizophrénie, vous en faites fi.

Or, l'idée est excellente. Il s'agit d'une approche novatrice concernant toute la procédure d'exploitation de l'entreprise. Vous prenez conscience que vous n'êtes pas responsable des erreurs qui vous occasionnent des problèmes dans votre tâche. C'est le système lui-même, le modèle de gestion des problèmes, qui est archaïque.

Vous courez à l'ordinateur et rédigez quatre pages de nouvelles procédures. Les idées jaillissent plus vite que vos doigts n'arrivent à courir sur les touches du clavier. Finalement, vous vous adossez à votre siège, stupéfait de constater que deux heures se sont écoulées. Vous êtes pourtant ragaillardi, rempli d'un nouvel enthousiasme. Des frissons parcourent votre échine et vos bras tandis que vous relisez ce que vous venez d'écrire. Vous n'arrivez pas à croire que ces idées viennent de vous.

Vous avez raison : elles ne viennent pas *de* vous, elles sont transmises *à travers* vous.

Cet exemple, parmi tant d'autres récits racontés dans ces pages, illustre ce que je veux dire quand je parle « d'être à l'affût des anges ». Bien que des récits véridiques témoignent de personnes ayant reçu la visite d'anges ailés ou de créatures de lumière, ou ayant entendu des voix tonitruantes, la majorité d'entre nous traverseront l'existence sans faire l'expérience d'un tel phénomène. Néanmoins, cela ne signifie pas qu'on a été abandonné ou qu'on n'a pas la faveur de l'intervention divine.

Dans ce livre, nous allons étudier les nombreuses méthodes de communication dont se servent les anges pour entrer en contact avec nous. Les rêves en sont un exemple. Les signes aussi, lesquels sont particulièrement appréciés pour leur humour et leur ironie. Par ailleurs, la chair de poule nous indique que nous sommes sur la bonne voie — ou que nous devons nous y engager *illico* ! De vraies interventions angéliques sont rares, mais il y en a, souvent dans des moments de grand danger ou au seuil de la mort. Il y a aussi les visites spectrales de l'esprit aimant de nos ancêtres, de nos amis, ou des membres de notre famille, qui usent de divers moyens et méthodes pour venir nous voir. Enfin, les coups de pouce divins sont ces éclairs de génie qui nous traversent, comme dans l'exemple cité en début d'introduction. Le coup de pouce peut aussi se révéler si cataclysmique qu'il transforme votre vie du tout au tout, du jour au lendemain, comme lorsqu'on gagne à la loterie ou lorsqu'on perd toutes ses économies dans un krach boursier. Je désigne aussi ces événements sous l'expression « main de Dieu ». Si le cours de votre vie a été transformé du tout au tout en moins de un an, il y a fort à parier qu'un ange vous a retiré du chemin où vous clopiniez pour vous réorienter dans une nouvelle direction.

Après une épreuve envoyée par la « main de Dieu », la pire réaction qu'on puisse avoir, c'est de se punir en pensant qu'on a commis une faute quelconque. À vrai dire, il s'agit d'une manifestation du changement. Et nous savons tous à quel point l'être humain déteste le changement. Nous souhaiterions que les choses restent telles quelles pour l'éternité. Nous voulons une vie dépourvue de maladies, de morts, de divorces, d'amitiés perdues, de transferts, de déboires financiers et de changements de carrière. Mais le fait est que nous sommes ici pour apprendre. Et nous devons apprendre.

Nous sommes donc à l'affût des anges pour faciliter notre apprentissage. Si nous croyons que nos anges en savent plus que nous, qu'ils sont plus sages que nous, et si nous y prêtons attention, nous avons de bonnes chances de traverser cette histoire qu'on appelle la vie avec beaucoup plus d'aisance et dans une plus grande allégresse.

Chaque jour, des centaines de millions de miracles se produisent sur cette planète. Certains des plus fréquents dilemmes du quotidien cachent peut-être un malheur en puissance. Mais voilà, un ange ou un guide s'interpose. C'est à cause d'un ange qu'on ne retrouve plus ses clés de voiture et qu'on part travailler avec trente minutes de retard. Sauf qu'en partant plus tard, on évite un carambolage impliquant quatre voitures sur l'autoroute. Et que dire de ce vol d'avion raté ? Même si vous avez juré tout le long du vol suivant, si vous aviez pris le vol que vous aviez réservé, vous seriez encore sur la piste en raison de bris mécaniques – ou pis, victime d'un écrasement. Plutôt que de rentrer immédiatement à la maison, dans votre appartement vide, vous décidez d'aller dîner dans un restaurant dont vous avez entendu parler. Vous y croisez un ami qui vous invite à vous joindre à sa tablée. Parmi les convives, vous rencontrez l'homme ou la femme de votre vie. Ou vous nouez une relation d'affaires pour laquelle vous avez beaucoup prié.

Événements fortuits ? Impossible. Cela est dû à une intervention angélique. J'ajouterais même que nos guides aimants font tout cela sans grands remerciements de notre part.

Nous sommes trop occupés à courir en tout sens ; de la maison au travail, à la partie de soccer des enfants, aux rencontres avec les professeurs, à une sortie au cinéma, à l'épicerie ou entre amis. Nous sommes trop occupés à survivre pour avoir conscience de la magie de notre connexion « interangélique ».

À l'affût des anges a un but : dessiller les yeux et révéler la chorégraphie divine qu'interprètent ensemble les anges et les hommes. Nous ne sommes jamais seuls, de l'instant de notre naissance jusqu'à ce que nous quittions le plan terrestre pour passer de l'autre côté du voile. Il n'y a jamais rien de fortuit avec Dieu.

Les sceptiques sont ceux qui voudraient nier notre unicité. L'expérience m'a appris que la plupart du temps, devant un sceptique blasé, un pur et dur, on est certain d'avoir devant soi un être qui a une peur panique de la vie. Le sceptique croit qu'il palliera son isolement en vous rendant aussi effrayé et anxieux que lui. C'est le genre d'individu qui n'a pas tant besoin qu'on le convainque que de recevoir une bonne leçon angélique, bien corsée. Tôt ou tard, c'est ce qui lui arrivera, car Dieu est merveilleux, c'est comme ça. Entretemps, ne laissez pas les sceptiques semer la peur en vous, alors que vos anges et vos guides travaillent si dur pour que vous les entendiez. Tout ce qui nous sépare de notre armure de protection angélique, c'est la peur.

L'amour ne peut s'épanouir là où la peur règne. Et l'amour est l'unique objet de l'expérience humaine. Dans les pages qui suivent, vous lirez des récits d'expériences de mort imminente. Et l'argument définitif des hautes sphères sur la question de la vie, venu directement de la bouche des anges, est le suivant : la vie est Amour. C'est la seule leçon que nous ayons à apprendre ici-bas.

Une fois qu'on a compris cela, on a déjà résolu la moitié du combat humain. Or, c'est le reste de l'expérience qui nous donne du fil à retordre...

Depuis plus de trente ans, je lis et relis des ouvrages traitant de visites angéliques, de visions d'êtres saints, d'expériences de mort imminente, de voyage astral et de facultés paranormales (ces circuits cérébraux intégrés qui nous permettent de « voir à distance », de communiquer par télépathie et de voir l'avenir). Les facultés paranormales prévalent davantage aujourd'hui parce que l'humanité évolue vers une nouvelle conscience d'elle-même, de sa position dans cet immense Univers et de sa fonction existentielle. J'ai interviewé des écrivains, des chercheurs, des médecins, des théologiens et des scientifiques, et nous avons partagé nos expériences.

Au moment où je finalisais les récits de ce recueil, j'ai reçu l'exemplaire de mai-juin 2000 du *New Age Magazine*.

Dans l'article intitulé « Where Science and Spirituality Meet », on rapporte qu'Elisabeth Targ, médecin psychiatre et directrice de l'institut de recherche complémentaire du centre médical California Pacific, a souvent été à l'institut de recherche Stanford avec son père, le physicien Russell Targ, quand elle était jeune. Celui-ci menait alors des recherches ultrasecrètes – déclassifiées – pour le ministère de la Défense américaine. Pendant près de vingt ans, le scientifique a étudié la capacité de « voir à distance ».

Le reste de l'article explique l'effet exercé par la conscience humaine sur la réalité physique. La docteure Marilyn Schlitz et le chercheur William Braud, Ph.D., de la fondation Mind Science, ont appliqué une technique de type biofeedback à 15 études visant à mesurer la capacité d'un sujet à influencer, à l'aide de pensées destinées à calmer ou à exciter, un second sujet en observation dans une autre pièce.

La conclusion des chercheurs est que les niveaux d'éveil des sujets ont subi une influence subtile. « On a enregistré un écart de 3 % comme variable aléatoire. La probabilité que le hasard soit à l'origine de cet écart est de 1,4 million contre un. »

Par conséquent, nos intentions – ou comme je les appelle, nos prières – ont le pouvoir d'influencer un individu ou un pays. Nous pouvons prier pour que les gens guérissent de leurs maux, nous pouvons prier pour que les êtres qui nous sont chers soient délivrés du mal, nous pouvons prier pour que notre planète soit sauvée d'une guerre nucléaire – et ça marchera.

Chaque fois que nous semons de l'amour dans l'Univers, cet amour s'épanouit et guérit nos voisins, notre pays et notre planète.

Selon ce même article du *New Age Magazine*, Robert Jahn, Ph.D., a fondé, en 1979, un laboratoire de recherche, le Princeton Engineering Anomalies Research Laboratory, où il étudie la psychokinésie, c'est-à-dire la capacité d'agir mentalement sur l'équipement électronique.

Robert Jahn et Brenda Dunne, chef de laboratoire et psychologue du développement, ont mené plus de 50 millions d'essais expérimentaux. Ils ont noté que « la capacité d'influencer intentionnellement l'équipement électronique transcende autant le temps que l'espace ».

Leur découverte la plus surprenante est que parmi les sujets ayant démontré des capacités pour la psychokinésie, certains ont déclaré qu'ils avaient tissé un « lien » avec l'appareil ; qu'ils avaient eu le sentiment de « tomber amoureux » ou de « s'amuser » avec lui.

Dans un article publié dans *Alternative Therapies*, Robert Jahn conclut que « même en fonction des expériences scientifiques les plus rigoureuses et de la logique analytique, il semble bien que nous n'ayons découvert rien de moins que la force motrice de la vie et de l'univers physique : l'Amour avec un A majuscule ».

Pour beaucoup d'entre nous, englués que nous sommes dans la réalité physique de notre quotidien de robots professionnels, d'esclaves de l'hypothèque et des notes d'épicerie, il est essentiel de lire que la science souligne et valide enfin ce que plusieurs ont depuis longtemps appris à l'église et à la synagogue : Dieu est Amour. Nous *devrions* pardonner à nos ennemis et leur souhaiter le meilleur. Nous *devrions* faire aux autres ce que nous aimerions qu'ils nous fassent. Blesser autrui équivaut à se blesser soi-même. Tout dans l'Univers est relié : un seul cœur, un seul esprit, une seule âme. Le voile séparant le monde visible du monde invisible est en train de se désintégrer. Le temps est venu de nous unir aux créatures célestes et angéliques qui vivent dans les mondes parallèles au nôtre.

Communion, repentir, pardon nous permettent de manifester notre potentiel humain de gardiens de la Terre. Et pour être des êtres *humains*, nous *devrions* soigner avec amour nos océans, nos forêts, nos rivières, la terre, les poissons, les oiseaux et les animaux. Notre domination sur les bêtes et les oiseaux ne nous donne ni le droit ni la permission de les tourmenter et de les maltraiter.

« Ne jugez pas, si vous ne voulez pas que l'on vous juge. » Cela vaut pour toutes les entités vivantes.

Dans cet Univers, les strates de l'inexpliqué sont insondables. Les chances sont minces que nous connaissions un jour un fragment de la vérité, de ce qui est réel. Je n'ai aucun doute que nous sommes à l'aube d'un éveil spirituel mondial. Comme les rassemblements de lucioles, l'été, les intuitions et les révélations, les visites et les apparitions ont brillé au travers des ombres de nos peurs, puis les ont illuminées, pour favoriser l'émergence de cette nouvelle ère.

Plus nous partagerons nos expériences spirituelles, plus notre éveil grandira. C'est notre défi. Les générations adultes sont les sages-femmes de cette nouvelle ère d'illumination. C'est l'héritage que nous laissons à nos enfants et à nos petits-enfants. Le chemin de notre destinée.

Les récits de ce recueil portent uniquement sur des événements que j'ai vécus ou qui sont arrivés à ma famille et à mes amis intimes. Certains les jugeront peut-être trop étranges ou bizarres pour être crédibles. Tous ces épisodes sont pourtant survenus exactement comme je les décris. Votre interprétation pourra différer de la mienne, mais la précision des faits demeure.

Cependant, si vous êtes un lecteur qui cherche des réponses et garde l'esprit ouvert, peut-être en y greffant votre point de vue, vous pourrez frapper le silex de votre esprit contre la pierre de votre âme et faire jaillir l'illumination grâce à laquelle l'humanité s'élève depuis des millénaires vers la supraconscience. Vous seul pouvez choisir de participer. Vous seul pouvez juger de votre réalité personnelle.

Comprenez-moi bien : je ne me considère en aucune manière comme une spécialiste. Je doute que quiconque le soit. Les grands mystères dont nous cherchons les réponses n'ont toujours pas été élucidés, que ce soit par la science ou la religion. Nous errons toujours. Nous nous interrogeons toujours.

Je me considère comme une chroniqueuse. Je suis une journaliste de ces expériences, voilà tout. J'ai ressenti autant d'humilité qu'un immense privilège en acceptant ma mission. Dans les pages qui suivent, vous lirez peut-être des récits qui vous inspireront et vous encourageront, mais certains risquent aussi de vous déstabiliser. Ils vous feront réfléchir. Ils vous feront peut-être même changer d'avis sur le monde.

Chaque jour, je constate que ma vision de la vie est modifiée et secouée légèrement afin de renforcer ma foi au-delà de ce que je croyais possible. Certains jours, les croyances élémentaires de mon enfance s'ancrent plus solidement dans les fondations durables érigées par mes parents. Chaque jour, je vois à quel point on m'a bénie en me confiant aux mains aimantes de mes parents, dans ce grand pays compatissant qui est le nôtre.

La découverte de soi est la plus grande des aventures humaines, car en examinant sa vie, on en apprend non seulement plus sur soi, mais aussi sur sa destination. Dès que nous assumons la responsabilité du fait que notre avenir ne nous appartient pas, mais qu'elle appartient à la génération suivante, nous concentrons nos désirs sur le monde qui nous entoure. Nous avons alors le loisir de sortir notre imagination de la voûte dans laquelle nous l'avions enfermée pour qu'elle n'interfère pas avec nos visées professionnelles et notre quotidien. Nous élargissons notre pensée. Nous pensons avec notre cœur. Nous intégrons finalement la seule chose que nous ayons apprise quand nous étions enfants : même si voir, c'est croire ; croire, c'est voir.

PREMIÈRE

1

PARTIE

Frissons

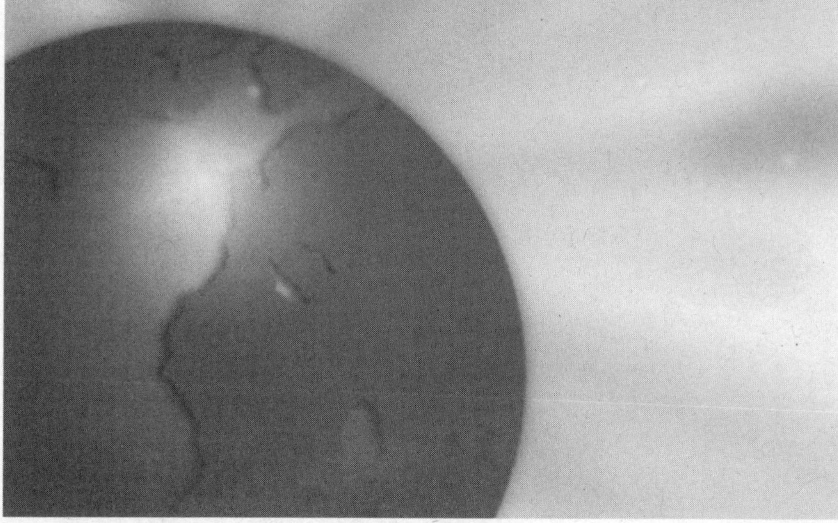

Il ne s'agit pas du genre de frissons qui accompagnent les films d'horreur ou les histoires de fantômes qu'on se raconte autour d'un feu de camp. Il s'agit plutôt de la confirmation de divers incidents du quotidien, qui semblent étranges et qui défient le raisonnement scientifique et déductif. Comme quand vous êtes dans le pétrin et qu'un camion d'incendie apparaît juste après que vous avez murmuré : « Aide-moi, mon Dieu ! » Comme quand vous êtes seul et égaré, que vous vous demandez si quelqu'un vous aime en ce bas monde et qu'en entrant au café Starbucks, vous vous cognez — littéralement — sur quelqu'un qui transforme votre vie à jamais. Ce genre de frissons.

Après tout, les frissons traduisent la reconnaissance de l'intervention divine. Je me suis fait dire que les Gitans parlent de la chair de poule comme du souffle des anges sur la peau. Et quand on pense au vieux dicton, ce sont peut-être les anges qui nous « talonnent ». Mais qu'ils soient bons ou mauvais, qu'ils cherchent à nous faire comprendre que nous sommes en sûreté ou à nous avertir que nous faisons de mauvais choix, les frissons servent à nous ramener dans notre chemin divin. Ils sont déterminants, mais seulement dans la mesure où nous y prêtons attention.

La vie est faite pour qu'on la comprenne. Elle n'est pas mystérieuse. Il y a une explication à tout ce qui se produit dans notre quotidien. L'ennui avec les interventions divines, c'est que les anges ne pointent pas. Ils n'ont pas de références temporelles. Et il nous faut parfois des heures, des jours, des années même, pour « piger ». Nous mettons un temps fou à comprendre, en partie parce que nous n'expliquons pas nos actions et nos efforts d'un point de vue spirituel. Nous mettons si facilement le divin au compte de la « coïncidence », de l'« inexplicable », ou des « erreurs ».

Il y a toujours une explication, à condition que l'on soit prêt à creuser assez loin pour obtenir une réponse. Il faut du courage pour vouloir connaître l'avenir. Il faut du courage pour accepter son passé. Il faut de la foi pour croire que nous sommes tous dignes de l'amour de Dieu.

Je partage ces récits avec vous dans l'espoir que vos yeux et votre cœur en seront illuminés. Et la prochaine fois que vous sentirez les poils de votre nuque se dresser, arrêtez-vous et demandez-vous si ce que vous faites a sa place sur votre chemin divin. Si vous avez la chair de poule quand vous entendez une anecdote, cela confirme que votre interlocuteur dit la vérité. Laissez-vous guider par vos frissons, vos réactions viscérales, vos intuitions et vos pincements au cœur pour déterminer quand et à qui vous pouvez faire confiance. Une fois que vous avez récité vos prières, si le Ciel ne s'ouvre pas pour vous donner la réponse sous forme de scénario, rappelez-vous d'écouter avec votre oreille intérieure les paroles de vos proches. Écoutez cette chanson tout à coup familière qui passe à la radio et dont le titre semble répondre à votre prière.

On cherche à communiquer avec vous tous les jours et toutes les nuits. Montez-vous la garde ? Ayez foi que vos anges gardiens guident chacun de vos pas.

La guérisseuse spirituelle de grand-mère Manning

Crestview, Floride, 1949

Mon frère Ed est né le 23 janvier 1949. Mes parents étaient ravis d'avoir un fils. Pourtant, même s'il avait l'air d'un nourrisson en santé, Ed était malade. Une fièvre inexplicable l'accablait et le faisait hurler de douleur nuit et jour. Son abdomen était tellement enflé et distendu qu'on aurait dit une sorte de tente posée sur son corps. Le pire, c'est que ses selles avaient la taille d'une balle de golf, une couleur cendreuse, et elles étaient souvent sanguinolentes. Pour ma mère, prendre soin de son fils était une terrible épreuve de volonté. Elle berçait Ed nuit et jour, sans jamais se plaindre de ses cris, même si elle n'arrivait pas à le faire taire. Elle devint émaciée à force de vivre sans dormir et dans une frayeur permanente. La mort imminente enveloppait notre foyer et notre petite famille.

Mon père conduisait ma mère et Ed d'un médecin à l'autre, à la recherche d'un remède, en quête d'un résultat de test qui calmerait leurs peurs. On n'en finissait plus avec la batterie de tests, mais lorsqu'ils se révélèrent tous peu concluants, mon père se rendit avec Ed à la clinique pédiatrique de South Bend, toujours en quête de réponses.

Le médecin tournant autour du pot, mon père en eut finalement assez. Il se leva et déclara : « Ne me dites pas que ce garçon va mourir. J'ai entendu cinq médecins me l'annoncer et si vous dites la même chose, je vous défenestre du cinquième étage ! Il ne mourra pas ! Il va vivre et grandir. Et il sera formidable ! »

Le médecin baissa la tête : « Je ne sais que vous dire. Tout ce que je peux faire, c'est vous souhaiter bonne chance. »

Rassemblant sa femme et son fils, mon père quitta le cabinet du pédiatre en trombe.

Épuisée, ma mère avait perdu tout espoir.

En rentrant à la maison avec Ed et mon père, elle vérifia le courrier et constata qu'il y avait une lettre de ma grand-mère.

« Que dit-elle ? » demanda mon père.

« Je lui ai demandé de venir en Indiana pour m'aider à prendre soin de Cathy pendant que je m'occupe de Ed. Mais malheureusement, elle me dit qu'elle ne pense pas m'être très utile. » Ma mère poursuivit sa lecture et ses yeux s'agrandirent. « Frank, elle dit que sa femme de ménage, Mme McLaughlin, est une guérisseuse spirituelle et qu'elle croit vraiment à son don. » Ma mère laissa tomber la lettre sur ses genoux et leva un regard plein d'espoir vers mon père. « Crois-tu qu'elle pourrait nous aider ? »

« Si je le crois ? » Mon père saisit la main de ma mère : « Bouclons les valises. »

Mon père conduisit sans s'arrêter de La Porte, dans l'Indiana, jusqu'à Crestview, en Floride, en moins de vingt-quatre heures. Comme le médecin avait prescrit des sédatifs à Ed, il dormait. Maman et moi aussi. Nous savions que nous étions en sûreté entre les mains déterminées de mon père.

Le lendemain de notre arrivée, ma mère et Mme McLaughlin sortirent dans la cour pour suspendre la lessive à la corde à linge.

S'étant réveillé, Ed se mit à pousser des hurlements à glacer le sang.

« Mon Dieu ! » s'écria Mme McLaughlin en regardant ma mère. « Dorothy, qu'est-ce qui ne va pas avec ton bébé ? »

Les yeux de ma mère se remplirent de larmes : « Les médecins nous disent qu'il va mourir. »

En réponse, la femme de ménage secoua la tête avec véhémence : « Ce bébé ne va pas mourir. »

Sur ces mots, elle rentra dans la maison, sortit Ed de son berceau et le déposa sur le lit. Il avait l'abdomen tellement distendu qu'il semblait prêt à exploser. Il était fiévreux et d'un rouge brûlant.

La femme de ménage posa ses mains sur le ventre de mon petit frère et se mit à prier : « Seigneur, délivre cet enfant du démon. Seigneur, Seigneur, délivre cet enfant. »

Elle se mit à psalmodier. Fermant les yeux, elle s'agenouilla à côté du lit sans jamais ôter ses mains du ventre du bébé. Elle priait à voix haute et secouait la tête tout en priant. Les épingles qui retenaient sa longue chevelure grise volèrent dans les airs. Ses cheveux se répandirent jusqu'à ses cuisses sans qu'elle semble s'en apercevoir. Elle continuait de prier et de psalmodier : « Seigneur, Seigneur, délivre cet enfant. »

Ma mère ne savait que penser. De son côté, elle avait tellement prié qu'elle était incapable de concevoir que les paroles de Mme McLaughlin puissent être différentes ou plus puissantes que les siennes. Elle joignit néanmoins ses prières aux siennes. Tout comme ma grand-mère. Mon père s'agenouilla sur le seuil de la chambre et pria en pleurant.

Nous avons tous prié : « Seigneur, Seigneur, délivre cet enfant. »

Lorsqu'ils se produisent, les miracles sont de bien petites choses. Parfois, on ne les voit même pas. Il arrive même qu'on refuse d'admettre qu'ils se sont réellement produits.

On préfère se dire que certains faits sont tout simplement inexplicables.

Quoi qu'il en soit, je n'ai besoin de personne pour m'expliquer que l'abdomen distendu de mon petit frère a désenflé, centimètre par centimètre, jusqu'à ce qu'il soit plat comme une crêpe, tandis que Mme McLaughlin priait en imposant les mains. La fièvre est tombée. La chaleur s'est dissipée. La transpiration qui perlait sur son corps a séché. Ses cris ont cessé. Il s'est calmé. Il était guéri.

Personne n'a besoin de me donner une explication autre que celle qui est : « Aujourd'hui, le Seigneur a délivré un enfant. »

Parfois, c'est uniquement avec le recul qu'on prend conscience qu'en fait, tous les miracles sont grands.

Aujourd'hui, mon frère est professeur agrégé et directeur en chef de la Faculté de médecine en chirurgie plastique et reconstructive et en chirurgie de la main à l'Université du Michigan. Chaque jour, il accomplit des miracles pour ses semblables.

Dorothy s'initie au paranormal

NOTE DE L'AUTEURE : *Les trois prochains récits, « Dorothy s'initie au paranormal », « Le don de Dorothy », et « La prémonition de Dorothy », ont été écrits par ma merveilleuse mère, Dorothy Lanigan.*

J'ai grandi à Crestview, petite agglomération de cinq mille habitants au nord de la Floride, à environ 80 km de Pensacola.

C'était le début des années 1930 alors que j'étais adolescente. Par une chaude journée d'été, ma mère et moi étions assises sur la véranda en train de parer les haricots verts pour le dîner. Maman venait d'allonger le bras pour prendre un autre haricot dans la passoire quand, sans avertissement, elle s'élança hors de la berceuse en rotin en criant : « Qu'est-ce qui est arrivé à Jack ? »

Interloquée, je figeai. Maman avait l'air apeurée. Ses mains tremblaient tellement que le haricot qu'elle tenait est tombé sur le plancher de la véranda. « Maman, est-ce que ça va ? On dirait que tu as vu un fantôme. »

Elle plaqua ses mains sur ses joues. Ses yeux étaient ronds comme des soucoupes. « Qu'est-ce qui est arrivé à Jack ? »

Jack étant mon cadet de 15 mois, nous étions aussi proches que des jumeaux. Je ne ressentais pas la même terreur que ma mère, mais devant sa voix et ses gestes paniqués, je compris que quelque chose n'allait pas.

« Maman, s'il te plaît. Calme-toi. Je suis certaine que Jack va bien. »

« Non, il ne va pas bien, je le sais ! Il s'est produit quelque chose. Je le sens dans mes os. Dans mon sang. »

« Jack a toujours été capable de prendre soin de lui-même, maman », repris-je, mais mes paroles sonnaient faux à mon cœur. J'avais entendu mon père parler des « intuitions » de ma mère, comme il les appelait. Ses perceptions extrasensorielles.

Ma mère avait une « façon » de connaître des choses que le reste d'entre nous ne percevait pas. Certaines de ses amies ressentaient toujours ce qui concernait leurs enfants. Mais on s'attend à ce genre de réaction de la part d'une mère. Or il était clair que la réaction de maman dépassait la simple impression.

Maman n'était plus elle-même. Blanche comme un drap, elle rentra en courant dans la maison et saisit le téléphone. Elle appela une voisine pour essayer de découvrir où était Jack. Personne ne l'avait vu.

Une vingtaine de minutes plus tard, une voix masculine retentit soudain dans la cour arrière : « Monsieur Manning ! Monsieur Manning ! »

Maman traversa la maison en coup de vent, avec moi sur les talons. Un jeune homme beaucoup plus vieux que Jack était debout devant le portail.

« Qu'est-ce qui est arrivé à Jack ? » s'écria maman, luttant contre l'hystérie.

« S'il vous plaît, madame. Je dois parler à M. Manning ! Où est-il ? »

Ma mère traversa la cour, empoigna le jeune homme par les épaules et répéta : « Qu'est-ce qui est arrivé à Jack ? »

« Nous... nous nous baignions dans la rivière. Jack a plongé du haut du pont et sa tête a frappé un gros rocher. Il est à l'hôpital. »

« Mon Dieu ! Je le savais ! » hurla ma mère.

Je courus dans la maison et saisis les clés de la voiture. Nous partîmes pour l'hôpital et après quelques recherches, qui nous parurent des minutes interminables et effrayantes, pour trouver la bonne chambre, nous découvrîmes finalement Jack. Sa tête était enveloppée d'un gros pansement.

Ma mère jeta un regard en direction du médecin. « Qu'est-ce qui est arrivé à Jack ? »

« Il a une très longue entaille sur la tête », nous expliqua le médecin en ramassant ses instruments. « J'ai déjà procédé à la suture. Ramenez-le dans une semaine et nous retirerons les points. »

Ma mère se tourna finalement vers Jack, comme si elle le voyait pour la première fois. « Jack », murmura-t-elle dans un soupir de soulagement.

Je l'observais, curieuse. Je me rendis compte qu'elle était redevenue elle-même. C'était comme si jusqu'à cet instant précis, elle avait été en transe. L'adrénaline devait avoir déferlé à fond dans son organisme. J'eus le sentiment qu'elle aurait pu démolir l'hôpital brique par brique à mains nues pour retrouver Jack et s'assurer qu'il allait bien.

Je me souviens d'avoir pensé que l'être humain a reçu en cadeau une puissance mentale incroyable et renversante. J'espérai que de tout ce que me transmettait ma mère, je recevrais son don en héritage.

En vieillissant, je pris graduellement conscience que je l'avais reçu en double.

Le don de Dorothy

Avant d'avoir 24 ans, j'ignorais que j'avais reçu le « don » de ma mère en héritage. J'imagine que je n'écoutais pas, tout simplement.

J'avais terminé mes études supérieures à Tallahassee, au collège pour femmes de l'État de Floride, devenu université d'État après la Deuxième Guerre mondiale. Par la suite, je fis mon internat en diététique en milieu hospitalier à l'école de médecine de l'Université de Géorgie, à Augusta. À la fin de mes études, je travaillai trois ans au sanatorium Pinebluff, en Caroline du Nord. C'est là que je rencontrai l'homme que je devais épouser, Frank Lanigan.

Frank était officier ; il avait été envoyé du fort George Mead, au Maryland, pour mettre sur pied une nouvelle base destinée à la 11e division aéroportée. Je jouais au bridge avec quelques femmes d'officiers et certaines d'entre elles voulurent que je rencontre Frank.

Six mois après avoir fait sa connaissance, je reçus un appel de l'hôpital Chandler à Savannah, en Géorgie, lequel avait besoin d'une diététicienne. Comme la rumeur courait que la 11e serait bientôt envoyée au front, j'acceptai l'emploi qu'on m'offrait à Savannah.

Après avoir quitté le nid familial pour étudier à l'université, j'avais été très prise par mes années de travail, qui avaient été aussi très amusantes. Je ne prêtais donc pas vraiment attention aux petits « signes », aux coïncidences subtiles ou évidentes qui indiquent que nos anges sont près de nous, qu'ils nous guident et nous conduisent là où notre destin nous appelle.

Mon existence à Savannah ne ressemblait en rien à la vie de quasi-liberté que j'avais menée avant. J'assumais de très lourdes responsabilités dans un hôpital beaucoup plus vaste. Je ne sortais presque plus avec mes amis, d'autant plus que j'étais encore étrangère à la ville. À dire vrai, mon esprit et mon cœur étaient tournés vers Frank. Tout ce que je souhaitais dans mes pensées et mes prières était qu'il retourne sain et sauf à la maison.

J'entrepris des cours d'enseignement religieux pour devenir catholique à l'église Our Lady of Victory. Je savais que je voulais embrasser la foi catholique depuis ma première année d'université, mais mes parents s'opposaient farouchement à mon départ de l'Église presbytérienne.

Je travaillais de longues heures, puis je rentrais à ma chambre et j'écrivais à Frank : je lui racontais les événements de la journée, je lui décrivais mon travail, je lui disais que j'espérais qu'il était sain et sauf. À l'occasion, des amis ou des collègues m'invitaient à dîner, au cinéma, ou à jouer aux cartes, mais je rentrais toujours à la maison en fin de soirée pour écrire à Frank.

Un soir, tandis que je lui écrivais, je pris conscience qu'il courait un grave danger. Soudainement, j'eus l'impression que la pièce rapetissait. Je refoulai mes émotions. L'adrénaline déferlait dans mon corps. C'était comme si je vivais la terreur de Frank avec lui. Je savais que nos esprits étaient en contact. Je sentis ses peurs me prendre d'assaut.

J'allumai toutes les lumières. Et je me remis à écrire.

J'avais les larmes aux yeux ; mon souffle me brûlait les poumons. Je me souviens que j'exhalai fortement à plusieurs reprises comme pour me protéger du danger. Puis je grelottai — mais pas comme si mes tremblements étaient provoqués par le froid. C'était le genre de tremblement dont on parle quand on dit : « J'ai le sentiment que quelqu'un vient de marcher sur ma tombe. »

Je vérifiai les verrous de la porte et des fenêtres non pas une, mais deux fois. La nuit était calme. Splendide, en fait. Non, la peur était en moi. Et mon esprit et mon cœur étaient avec Frank.

Je compris que je ne pourrais lutter seule contre cette chose, quelle qu'elle soit. J'aurais besoin de l'aide de Dieu.

Des heures durant, j'alternai les périodes d'écriture et de lecture de la Bible. Je lisais en silence. Je lisais à haute voix. J'écrivais certains passages. Je pleurais. Je priais. Je lisais encore quelques versets.

Je persévérai toute la nuit. Finalement à l'aube, je parvins à respirer librement. On aurait dit que mon corps avait senti que tout danger était écarté avant que mon esprit en prenne conscience.

Mes yeux tombèrent sur la lettre que j'avais écrite à Frank et je constatai qu'elle comptait 27 pages !

Je postai la lettre à la première heure le lendemain en me rendant au travail. Je n'osai parler à personne de ma terrible expérience. Je me rendis à l'église et priai pour que Frank soit sain et sauf. Je me souviens d'avoir pensé que j'étais certaine qu'il n'était pas mort. J'avais en quelque sorte le sentiment que s'il était mort, je l'aurais su. Mon âme l'aurait su.

Sans nouvelles de lui, les quelques semaines qui suivirent me semblèrent une éternité. Dans ma vie avant Frank, avant la torture de la guerre, je n'avais jamais su que le temps pouvait s'écouler aussi lentement.

Finalement, je reçus la lettre tant attendue. Frank me racontait que la nuit où j'avais rédigé ma lettre de 27 pages, il avait frôlé un danger mortel. Les Japonais avaient débarqué sur la piste d'atterrissage de Leyte. Frank n'avait aucun endroit où se cacher. Il avait creusé un gourbi dans lequel il s'était recroquevillé avant de se recouvrir de terre, de broussailles et de feuilles.

Les Japonais avaient ratissé la zone, passant chaque centimètre de sol à la baïonnette, à la recherche d'hommes qui, comme Frank, s'étaient enterrés, puisqu'ils n'avaient aucun endroit où se cacher ou s'enfuir. Trois fois, l'arme mortelle s'enfonça dans le gourbi de Frank. La première fois, la lame effleura sa joue, mais il retint son souffle et ne dit mot. La deuxième fois, la baïonnette entailla son épaule, mais il resta de nouveau stoïque. La troisième fois, la baïonnette le frappa à l'épaule.

Dans son for intérieur, Frank s'était préparé à mourir. Mais pendant tout ce temps, il avait prié. Il avait prié en même temps que je priais.

Il conclut : « C'est là que j'ai su que Dieu tenait ma main droite et que tu tenais ma gauche. »

La prémonition de Dorothy

Quand l'Allemagne s'est rendue en 1945, j'ai su que la guerre avec le Japon se terminerait bientôt. Mes parents m'avaient avertie qu'ils me déshériteraient si j'épousais un catholique. Mon père alla jusqu'à menacer de déchirer son testament si je le bravais.

Je lui répondis que la pire insulte qu'il pouvait me faire était de croire que l'argent, qu'importe le montant, pourrait m'inciter à renoncer à l'homme que je voulais épouser et à la religion que j'avais choisie de plein gré.

Par conséquent, croyant que je ne reverrais jamais mes parents une fois que Frank et moi serions mariés, je décidai quelques mois avant le mariage que je leur devais bien une visite. Je démissionnai de mon poste à Savannah et rentrai à la maison.

En juin 1945, j'écrivis à Frank pour lui dire que je « savais » qu'il rentrerait aux États-Unis le 20 novembre et qu'il débarquerait à Seattle, à Washington.

Dans sa lettre de retour, Frank m'affirma que ma « prédiction » ne se réaliserait pas, puisqu'on lui avait déjà annoncé qu'il débarquait à San Francisco. Par ailleurs, il ajouta qu'il faudrait compter presque un an avant son retour, ce qui fait qu'il ne serait certainement pas rentré avant les vacances de Noël.

Le soir du 20 novembre, je déclarai à mes parents que je resterais debout jusqu'à ce que le téléphone sonne, ce qui se produirait, j'en restais persuadée. De toute évidence, ils m'ont cru folle.

Comme je l'avais prévu, le téléphone a sonné à 3 h. Frank avait l'air très en forme : « Je n'arrive pas à croire que je suis rentré ! »

« Mais je t'avais dit que tu débarquerais ce soir à Seattle. »

« Je sais, mais... »

« Tu ne m'as pas crue. » Je fronçai les sourcils, les yeux fixés sur la porte de ma chambre. « Mais ça va, personne ici ne me croit non plus quand je raconte ce genre de choses. »

« Eh bien ! C'est terminé, Dot. Plus jamais. Je ne douterai plus jamais de tes intuitions, ni de tes prédictions. »

« C'est une promesse ? » demandai-je.

« Absolument », répondit Frank.

Je repris : « Tu sais, j'ai peut-être le don de prédire les événements, mais ce que j'ignore, c'est pourquoi. »

« Toute l'affaire a été un incroyable coup du destin, expliqua Frank. J'étais stationné sur la côte nord-ouest du Japon, et je croyais toujours aux rapports selon lesquels nous avions ordre de rester sur place plusieurs mois, jusqu'à ce que toute la division soit rentrée à la maison. Mais la division américaine partait pour les États-Unis et son cadre financier était absent sans permission. Comme il fallait le remplacer, j'ai pris sa place. »

« Mais tu n'es pas cadre financier. »

« Je sais, mais pour une raison qui m'échappe, on a pensé que je l'étais. Que dis-tu de ça ? »

« C'est un mystère, Frank. »

« Je ne peux qu'être d'accord avec toi. Quoi qu'il en soit, notre navire a rallié Seattle hier, le 19 novembre, mais on ne nous a pas permis d'accoster parce qu'il y avait une grande parade organisée pour le général Wainwright et sa division. »

J'ai secoué la tête en l'entendant. « C'est difficile à croire, même pour moi. C'est comme si l'on avait tout orchestré pour que ma prédiction se réalise ! »

« Tu m'étonnes ! C'est pour ça que j'ai dit que je ne douterai plus jamais de tes intuitions. »

Le lendemain matin, vers 10 h, le fleuriste livrait 22 roses jaunes à la maison.

Alors que nous étions en voyage de noces, je demandai à Frank : « Pourquoi as-tu commandé au fleuriste qu'il me livre 22 roses plutôt que 24 ou 30 ? »

« Oh... tu en as eu 22 ? J'ai juste vidé mes poches sur le comptoir et demandé au type de livrer tout ce qui s'achetait pour cette somme. »

Vingt-deux roses : ce fut notre « marque de commerce » pour le reste de notre vie commune. Quand Frank est décédé, j'ai fait mettre 22 roses sur son cercueil.

Des années plus tard, le jour des obsèques de mon père, le notaire de la famille est venu à la maison pour procéder à la lecture du testament. Frank et moi avons donc emmené les enfants dans la cour en attendant que tout soit terminé.

Mon frère Jack est sorti et m'a demandé : « Que faites-vous ici ? »

Je l'ai regardé. « Je ne fais pas partie du groupe. »

« Tu veux dire que toutes ces années, tu as cru que papa t'avait rayée de son testament ? »

« Bien entendu. Il m'a dit qu'il l'avait déchiré. »

« Mais Dot... Il en a rédigé un autre après avoir appris à connaître Frank. Il évoquait toujours le plaisir que maman et lui avaient à vous rendre visite, à vous et aux enfants. Il en était venu à aimer Frank et à avoir un profond respect pour lui et votre union. S'il te plaît, rentre avec nous, Dot. Tu as toujours fait partie de cette famille. »

Les larmes aux yeux, je suis rentrée avec Jack, Frank et les enfants dans la maison familiale.

Je veux te tenir la main

Ma mère était à la maison quand mon frère Bob a téléphoné. Comme il ne se sentait pas bien, l'instinct de maman s'est manifesté aussitôt. À l'adolescence, on avait découvert que Bob souffrait de la maladie de Crohn ; aussi, n'importe quel symptôme, ne serait-ce qu'un éternuement, mettait immédiatement la famille en alerte. Maman demanda donc à Bob s'il pensait que son malaise était sévère.

« Je pense qu'il faut que je me rende à l'hôpital. Je ne me sens vraiment pas bien. En fait, je me sens de plus en plus mal. »

« Va à l'hôpital, j'arrive ! » s'écria maman.

Mon père était à Indianapolis où il assistait à la réunion du conseil d'administration d'un salon commercial. Il logeait à l'hôtel Claypool ; enfin, c'est ce que croyait ma mère. Mais quand elle téléphona à l'hôtel, on lui répondit qu'il n'y avait pas d'inscription au nom de Frank Lanigan.

Elle venait de raccrocher quand le téléphone sonna de nouveau. C'était le médecin de Bob. « Dot, j'ai pensé qu'il fallait que je vous dise que la condition de Bob est critique. Son côlon a éclaté. »

La panique submergea ma mère. Serrant le récepteur d'une main glacée et tremblante, elle murmura : « Pouvez-vous sauver son côlon ? »

« Dot, je prie pour sauver votre fils. »

Presque paralysée par la peur, maman composa le numéro de téléphone de ma sœur, Nancy, qui était alors à Indianapolis avec son conjoint. La voix entrecoupée de sanglots, maman lui dit : « Nan, je te charge de retrouver ton père. Il est quelque part à Indianapolis, à la réunion du conseil du salon commercial. J'ai téléphoné dans presque tous les hôtels, et il n'est inscrit nulle part. Je ne sais pas quoi faire. »

« Ne t'inquiète pas, maman. Je vais le retrouver. Je sais que je vais y arriver. » Nancy récita une prière silencieuse. « Rends-toi à Chicago pour être aux côtés de Bob avant sa chirurgie. »

Nan raccrocha vivement et partit au volant de sa voiture. Son intuition l'incita à commencer ses recherches au Claypool. Alors qu'elle arrivait en trombe devant l'entrée de l'hôtel, elle aperçut mon père au coin de la rue, qui partait déjeuner avec des amis.

Baissant la glace de portière, Nancy interpella mon père : « Papa ! Viens vite ! C'est Bob ! »

Le visage de mon père perdit toute couleur. Sans une pensée pour ses affaires ou son horaire, il sauta dans la voiture. « Fonce ! » dit-il pour encourager Nancy à peser sur le champignon.

Ils quittèrent la ville à vive allure, sans se préoccuper de leur vitesse. La circulation était inhabituellement réduite ce jour-là, et le trajet prit donc deux fois moins de temps.

En chemin, Nancy jeta un coup d'œil à mon père : « On a dit à maman que tu n'étais pas inscrit au Claypool. »

« J'étais inscrit sous le nom de John Davies, l'autre avocat qui m'accompagne. Nous partageons une suite. Mais je n'y ai pas mis les pieds de la journée », expliqua mon père. « Nancy, est-ce très grave ? »

« Ils ont dit que son côlon avait éclaté. Il faut qu'on l'opère. »

C'était la pire des nouvelles. Bob avait déjà subi plusieurs opérations ; chaque fois, on lui avait enlevé de petits bouts de côlon, mais il avait réussi à éviter une colostomie. Toutefois, nous savions tous que la prochaine chirurgie serait celle que nous redoutions pour lui : on enlèverait le reste.

Maman mit un peu plus d'une heure à se rendre à l'hôpital universitaire Northwestern. Elle me téléphona une fois sur place. Je donnai des coups de fil à mes amis et à mon pasteur pour organiser un réseau de prières. Maman téléphona au pasteur de l'église St-Peter, à La Porte, qui téléphona lui-même à ses amis. Ce jour-là, le réseau de prières qui montaient vers le Ciel devait avoir l'air de faisceaux laser dans l'hyperespace.

Alors qu'elle descendait le corridor en courant pour se rendre à la chambre de Bob, maman croisa le docteur Block. « Comment va-t-il ? » demanda-t-elle d'un ton hésitant.

« Nous devons faire vite, Dot. »

« Je comprends. Puis-je le voir ? »

« Oui, on est en train de le préparer pour l'intervention. Nous attendons qu'une salle d'opération se libère. »

Ma mère se précipita au chevet de Bob. Saisissant sa main, elle s'écria « oh, Bob ! », mais les larmes lui coupèrent la voix.

« Maman, avant qu'on m'opère... j'ai rencontré cette fille. Debbie. Je t'en ai parlé, tu t'en souviens ? »

« Oui, bien sûr. Mais... ? »

« Je pense que c'est la femme de ma vie, maman. Voici son numéro de téléphone. Appelle-la. Raconte-lui ce qui m'est arrivé. Demande-lui de venir. »

Maman prit le bout de papier sur lequel Bob avait griffonné le numéro de Debbie Hayes. « Je m'en charge. Toi, pense à guérir et à passer à travers tout ceci. »

On emmena Bob en chirurgie. Quand Nancy et mon père arrivèrent à l'hôpital, l'opération était en cours.

Pendant les heures éprouvantes qui suivirent, ma famille pria. D'un océan à l'autre, nos amis prièrent avec nous.

Quand le docteur Block rejoignit mes parents dans la salle d'attente, il était porteur de la meilleure des nouvelles. « Nous l'avons sauvé. »

« Et son côlon ? » s'enquit mon père.

Le docteur Block secoua la tête. « Nous n'avons pas réussi à le sauver. C'était la pire rupture que j'ai vue à ce jour. Franchement, c'est déjà un miracle qu'il ait survécu assez longtemps pour qu'on l'opère, encore plus qu'il ait survécu à l'intervention. Mais le pire n'est pas encore passé. Les vingt-quatre prochaines heures seront critiques. »

« Nous comprenons », répondit ma mère. « Quand pourrons-nous le voir ? »

« Il est en salle de réveil. L'infirmière va vous y conduire. »

Quelques minutes plus tard, ma mère, mon père et Nancy pénétraient dans la salle de réveil pour voir Bob qui était toujours à moitié conscient.

Debbie arriva peu de temps après. Elle tenait la main de Bob quand le docteur Block entra dans la chambre. Debbie se tourna vers le médecin.

« Il m'a dit que vous aviez dû lui ôter le côlon. »

« En effet. »

Debbie baissa les yeux vers Bob. Celui-ci lui sourit faiblement. Maman dit que c'est là que la certitude l'a envahie. Debbie regardait Bob comme s'il était son prince charmant.

« Docteur, reprit Debbie, j'ai juste une question. Bob m'a dit qu'il a toujours voulu escalader une montagne. Est-ce qu'il peut encore escalader une montagne ? »

« Avec la poche, vous voulez dire ? »

« Oui », acquiesça Debbie.

« Oui, il peut encore le faire. »

Le sourire de Debbie naquit du fond de son cœur : « Alors, tout ira bien. »

« Tu es ma princesse. »

« Absolument », acquiesça Debbie avant d'embrasser Bob et de quitter la pièce.

Maman, papa et Nancy raccompagnaient Debbie quand un infirmier entra avec une seringue hypodermique. Nancy lui jeta un coup d'œil au moment où il s'apprêtait à insérer l'aiguille dans l'intraveineuse de Bob.

« Qu'est-ce que c'est ? » s'adonna-t-elle à demander.

« De la pénicilline », répondit-il, levant la main vers le tube de l'intraveineuse.

Nancy hurla : « Quoi ? Mais vous allez le tuer ! »

Son éclat attira l'attention de mes parents. « Que se passe-t-il ? »

« Mais de quoi parlez-vous ? » demanda l'infirmier.

« Consultez son dossier ! » répondit Nancy en désignant du doigt le dossier pendu au pied du lit de Bob. « On y indique en toutes lettres de "ne pas administrer de pénicilline à ce patient" ! »

« Elle a raison ! » s'écria ma mère. « La pénicilline est mortelle pour Bob ! »

« Comment avez-vous pu commettre une telle erreur ? » demanda mon père.

L'infirmier se recroquevilla sur lui-même. « Ordre du médecin. »

« Mon œil, oui ! » hurla papa. « Vérifiez donc. »

« Dieu merci, tu étais là, Nan », dit ma mère en la prenant dans ses bras.

« Oui, Dieu merci », répondit Nancy, le cœur battant à tout rompre sous la poussée de l'adrénaline dans ses veines.

L'infirmier ne revint pas, mais un essaim d'infirmières inquiètes accoururent, accompagnées du docteur Block.

« Je vais rester avec Bob », proposa Nancy.

« Bien », répondit le docteur Block ; « vos parents ont besoin de repos ».

« Il n'y a pas de place à l'hôtel, dit ma mère. J'ai téléphoné partout pour trouver un endroit où loger. Il doit y avoir un colloque ou un événement du genre en ville. »

« Ne vous inquiétez pas. Je vais vous avoir une chambre à mon club. Venez avec moi. »

Le docteur Block s'occupa de mon père et de ma mère. Il fit en sorte qu'un souper chaud leur soit servi à la chambre et s'assura qu'ils avaient tout ce dont ils avaient besoin.

Nancy veilla Bob toute la nuit. Elle découvrit que durant ces heures, elle était devenue la gardienne du corps et de l'esprit de mon frère.

À un moment donné, bien qu'il fût manifestement endormi, Bob dit à Nancy : « Tiens-moi la main, Nancy. Ils sont venus me chercher. Je ne veux pas y aller. Je ne veux pas y aller. »

« Qui, Bob ? Qui est venu te chercher ? »

« Les anges. Ils sont ici », murmura-t-il à moitié conscient, avant de sombrer de nouveau dans le sommeil.

Dans son état onirique, Bob se mouvait dans un océan où il s'enfonçait de plus en plus profondément. Il flottait, se noyait ; il était conscient qu'il s'éloignait doucement de ce monde. De sa vie.

Venue de nulle part, une main se tendit vers lui et il l'attrapa. Il s'y agrippa. Il ne savait pas à qui elle appartenait, seulement qu'elle l'empêchait de sombrer de plus en plus loin du monde, de plus en plus loin au fond de l'océan — vers la mort.

Cette nuit-là, du côté du voile qui sépare cette vie de ce qui vient après, Nancy tint la main de Bob pendant près de neuf heures. Sentant qu'il lui arrivait quelque chose de l'autre côté, elle le supplia : « Bob, reste avec moi. Il faut que tu restes avec moi. »

Bob ne dit rien. Il ne se réveilla pas. Et pourtant, ses doigts serraient si fort les mains de Nancy qu'il y laissa la marque de ses ongles. Les paumes de Nancy saignèrent. « Je ne te laisserai pas partir, Bob. »

Finalement, l'aube se leva. Au réveil, Bob trouva Nancy à ses côtés. Elle lui tenait toujours la main.

« Tu es là, dit-il. Tu m'as sauvé. » Il baissa les yeux vers ses paumes. « C'est moi qui t'ai fait ça ? »

« Ne t'inquiète pas. Ça ne fait pas mal. J'aurais souffert bien plus si je t'avais perdu. »

« Nancy, il y avait cette main qui me retenait. Elle m'empêchait de tomber jusqu'au fond. Est-ce que c'était toi ? Ou un ange ? »

Les yeux remplis de larmes, Nancy répondit : « Peut-être les deux. »

« Les deux, j'en suis certain. » Bob sourit et se laissa glisser dans le sommeil du convalescent.

Épilogue

J'ai rendu visite à mon frère Bob à la fin de mai 1998, peu de temps après sa sortie de l'hôpital, à la suite d'une autre opération du côlon. Comme toujours, l'éternel Irlandais optimiste à l'instar du reste de sa fratrie, le jour de sa sortie de l'hôpital, Bob a emménagé dans une nouvelle maison avec sa femme, Debbie, ses filles Meghan, Maureen et Cathleen, et leur chien, Shannon. Bob est toujours resplendissant de santé ; pour notre famille, le monde est de nouveau parfait.

Sauvée par un ange

À la mi-janvier 2000, mon mari s'est vu offrir l'opportunité d'assister à une partie de basket des Rockets avec un ami. Jim ne faisant jamais rien de tel, nous envisagions cette sortie comme une nouveauté. Comme il serait absent toute la soirée, j'avais prévu de regarder et d'étudier mes films sur DVD, et peut-être de me faire un masque de beauté et de flâner en m'occupant de nos golden retrievers, Beau et Bebe, et en jouant avec leurs huit chiots. C'était un soir tranquille comme je les aime, seule avec mes chiens.

La cuisine et la salle de séjour de notre résidence forment une seule pièce. Elle est entourée de fenêtres sur les deux côtés, avec un mur au sud où quatre portes-fenêtres donnent sur un minuscule patio agrémenté d'un jardin. J'aime à penser que ce qui est en réalité une toute petite parcelle de terrain a des allures de la Nouvelle-Orléans. Le côté sud du patio est fermé par une grille et un portail de fer forgé noir de 2,50 m de haut, doté d'un ornement de flèches pointant vers le ciel. Un mur de béton gris haut de 3 m ferme le mur du côté est, tandis que la maison borde le carré à l'ouest et au nord.

Je donne ces précisions quant aux lieux, car elles rendront mon improbable récit encore plus incroyable.

Il était environ 19 h 45 quand les portes-fenêtres tremblèrent violemment sous l'impact d'un poing. « À l'aide ! Laissez-moi entrer ! À l'aide ! » hurla une femme à pleins poumons.

Mes chiens n'aboient jamais, à moins qu'il n'y ait un danger. Or, ils en avaient manifestement flairé un. Beau, le mâle de 57 kg, se mit à japper ; on eût dit la meute des chiens du paradis venant tout droit du Ciel. Bebe ajouta ses aboiements stridents aux siens, qui étaient encore plus exaspérants qu'effrayants. Dès que les chiots entendirent leur mère, ils se mirent à aboyer tous les huit de leur « nursery » dans le garage. La cacophonie était telle qu'elle aurait pu effrayer le diable en personne.

Mais la femme de l'autre côté des portes-fenêtres n'en fut pas démontée pour autant.

« Ils vont me tuer ! » cria-t-elle, en frappant plus fort à la porte.

Je jaillis du canapé et me précipitai vers la porte, sans l'ouvrir. « Qui va vous tuer ? »

La femme était hystérique. « Deux hommes. Deux hommes m'ont enlevée. Ils veulent me tuer. Il faut que vous m'aidiez. »

C'était une femme dans la jeune trentaine, jolie et menue comme un oiseau. Elle semblait hispanique, mais s'exprimait dans un anglais irréprochable. Elle était vêtue d'un chemisier superbe, d'une jupe, d'une veste et de talons hauts. Sa longue chevelure sombre encadrait son beau visage au maquillage subtil et parfaitement appliqué.

« Accroupissez-vous ! » criai-je à travers la fenêtre. « Restez dans l'ombre. »

« S'il vous plaît, laissez-moi entrer, pour l'amour de Dieu. Sauvez-moi ! »

Les chiens qui aboyaient toujours faisaient un vacarme infernal. J'étais incapable de penser. J'étais aussi terrifiée. Il n'y avait aucune lumière dans notre cour de la taille d'un timbre-poste. À l'inverse, l'intérieur de la maison donnait à penser qu'il y avait une fête en cours. Immédiatement, j'éteignis les lumières. « Restez accroupie », suppliai-je la jeune femme.

Elle pleurait et tremblait, recroquevillée dans l'ombre. « S'il vous plaît, laissez-moi entrer. »

J'étais dans la plus grande confusion. Mon intellect rationnel et expérimenté me disait que j'étais l'objet d'une arnaque. Le complice de la jeune femme était sans doute de l'autre côté de la clôture; il rôdait dans le noir, prêt à jaillir du coin de l'édifice et à faire irruption dans la maison dès que je déverrouillerais les portes.

J'étais bombardée de visions terrifiantes : je me voyais sous la menace d'une arme, et les chiens, massacrés par une volée de balles, avec du sang partout.

Pourtant, mon cœur me disait que la jeune femme était vraiment en danger. Elle était terrifiée. Les larmes coulaient sur son visage. Elle haletait.

Cependant, je croyais que notre mort à tous nous attendait, tapie dans l'ombre.

Je ne saurai jamais si elle vint de l'intérieur ou de l'extérieur, mais une voix, celle de ma conscience ou de mon ange gardien, me dit : « Et si c'était moi, sa seule chance ? Si c'était à moi de lui sauver la vie ? »

Je récitai une prière : « S'il te plaît, Dieu. Fais que j'aie raison. Sauvons la vie de cette femme. »

Sans penser plus loin, je déverrouillai la porte, l'entrouvris et tendis la main vers l'extérieur. « Donnez-moi la main. »

La jeune femme allongea le bras. Je fus frappée par la douceur de sa peau satinée et par la peur qui en émanait.

Je l'attirai rapidement dans la maison, puis refermai et verrouillai la porte.

« Restez allongée sur le sol », dis-je, imaginant des balles qui feraient exploser les vitres et nous tueraient tous.

C'est à cet instant que je découvris quelque chose sur moi dont je n'avais jamais pris conscience. Je m'allongeai devant Beau et Bebe de façon à les protéger des balles. Jusqu'ici, je ne m'étais jamais rendu compte à quel point j'accordais peu de valeur à mon existence. Comme elle croyait que nous étions sur le point de mourir d'une seconde à l'autre, mon âme cherchait à sauver mes chiens et cette étrangère plutôt que ma peau.

Je n'ai aucune idée de ce que cela signifie. Je ne crois pas que ce soit exactement du courage ; je dois sentir que je fais plus partie du Ciel que de la Terre. Ce qui concerne le Ciel doit signifier davantage pour moi que tout ce qu'il y a ici-bas. Ou alors, cela signifie que j'aime mes chiens plus que je souhaite rester sur cette planète. Je ne sais pas. Qui répond à ce genre de questions ? Les métaphysiciens ? Les psychologues ?

À ce stade, j'étais parvenue à faire taire les chiens. Une fois Bebe silencieuse, ses chiots se calmèrent.

Mais la panique de la jeune femme augmenta : « Il faut que j'appelle mon mari. Ils vont se rendre chez moi pour tuer mes enfants. »

Mon Dieu, me dis-je, quelle est l'histoire de cette femme et comment une petite aussi gentille a-t-elle pu se retrouver mêlée à un incident aussi horrible ? Est-ce une revendeuse de drogues ?

« Je vais appeler le 911 », dis-je.

« Non. L'homme dehors l'a fait. »

« Quel homme ? » Je regardai au bout du corridor, la porte d'entrée ornée de vitraux. Je vis que mon voisin, Chuck, était assis dans sa voiture devant sa maison illuminée.

« Cet homme-là », dit la jeune femme en désignant Chuck du doigt.

« Restez par terre ! » lui intimai-je, en rampant presque sur le ventre, attendant toujours la volée de balles qui ne manquerait pas de nous faucher d'un instant à l'autre.

Je parvins finalement à la porte d'entrée, m'accroupis et entrouvris le battant. Je sortis la tête : « Chuck ! »

Il sortit de sa voiture, tout en continuant d'observer le portail de notre enclave clôturée. « Catherine, restez accroupie et ne sortez pas de la maison. Où est-elle ? L'avez-vous vue ? »

« Elle est ici avec moi. »

« Elle est chez vous ? »

« Oui ! Avez-vous appelé le 911 ? »

« Oui, répondit-il. Ils sont en route. Restez à l'intérieur et ne prenez pas de risques. »

« Compris ! »

Étant donné que Chuck est avocat-criminaliste, je me dis que si quelqu'un savait quoi faire dans une telle situation, c'était lui.

Ce que j'ignorais, c'est que Chuck restait dans sa voiture pour deux raisons. D'abord, il voulait surveiller le portail et l'arrivée des policiers, mais aussi les signes de la présence des ravisseurs et meurtriers en puissance. En effet, comme Pam, sa femme, était censée le suivre pour rentrer du club d'où ils revenaient, Chuck était terrifié à l'idée qu'elle franchisse le portail et que les ravisseurs la kidnappent de sa voiture aussi aisément qu'ils avaient enlevé l'autre jeune femme.

Je fermai la porte et me tournai vers la jeune femme. « Comment êtes-vous arrivée jusqu'ici ? »

« Ces hommes, ils voulaient me violer. Ils disaient qu'ils allaient me tuer. »

« Où étiez-vous ? Comment êtes-vous arrivée jusqu'ici ? »

« Dans les appartements vides, là-bas. » Elle indiqua l'est de la main.

« C'est absurde, il n'y a pas d'appartements autour d'ici. »

« Oui », s'écria-t-elle entre deux énormes sanglots qui la plièrent en deux, « les appartements qu'il y a juste là-bas » !

Son histoire me paraissait louche. Nous vivions dans un quartier où il n'y avait tout simplement pas d'appartements. J'étais plus terrifiée que jamais. Elle avait certainement un complice ; c'est qu'il n'avait tout simplement pas encore compris comment entrer par effraction dans la maison.

Je craignis d'avoir pris la mauvaise décision en la laissant entrer.

« Ils allaient me violer. »

« Qui sont-ils ? » demandai-je.

« Deux hommes. Ils portaient des cagoules. Ils sont venus à mon travail... Je travaille pour une entreprise d'encaissement de chèques. Je suis la directrice. Ils savaient que je connaissais la combinaison de la chambre forte. Quand j'ai quitté le travail ce soir, ils m'ont suivie. Ils m'ont attaquée au moment où je sortais de la voiture, à la maison. Ils m'ont dit qu'ils me ramenaient au bureau et que je devais leur donner la combinaison de la chambre forte. J'ai refusé. Ils m'ont emmenée jusqu'aux appartements vides. L'un des deux m'a fait pencher par-devant. Il a retroussé ma jupe. Il a dit qu'il me violerait et qu'il me tuerait. L'autre m'a mis un revolver sur la tempe. »

Elle sanglotait si fort que j'avais de la difficulté à comprendre ce qu'elle disait.

« Mais comment avez-vous réussi à leur échapper ? »

« J'ai poussé celui qui avait l'arme et donné à l'autre un coup de pied dans les parties. J'ai pris la fuite. Je suis sortie de l'appartement, j'ai couru jusqu'au coin de la rue et j'ai vu cet homme, dehors, dans sa voiture, celui qui a téléphoné aux policiers. Je l'ai vu passer en voiture. J'ai couru derrière lui. Je suis entrée derrière sa voiture dans le garage quand il a ouvert le portail. J'ai cogné aux fenêtres de sa voiture, mais il a refusé de me laisser monter. Il a fait marche arrière et est sorti du garage. J'ai couru jusqu'à votre maison. J'ai escaladé la clôture et cogné aux fenêtres. Vous êtes un ange. Vous m'avez laissée entrer. »

J'étais stupéfaite. Des frissons me parcoururent le corps. « Vous avez escaladé la clôture ? » Je songeai que je mesure plus de 1,80 m et que la jeune femme ne faisait même pas 1,50 m. Et pourtant, elle avait franchi une clôture que j'aurais été bien en peine d'escalader. J'étais ébahie.

« Oui. » Elle s'affaissa sur ses genoux dans la petite alcôve jouxtant la porte d'entrée.

« Je ne suis pas un ange », dis-je.

Elle sanglotait, le regard au sol. Subitement, elle redevint très calme. « Comme c'est étrange. Je viens juste d'y penser. »

« Quoi ? »

« La semaine dernière, je suis retournée à l'église pour la première fois depuis des années. Je ne sais pas pourquoi. Je me suis sentie poussée à le faire. »

Mon cuir chevelu frémit sous les frissons. « Vous avez été sauvée par vos anges. Ils vous ont protégée. »

La jeune femme éclata de nouveau en sanglots. « Mes enfants ! » Elle tendit les mains vers moi. « Je vous en prie, téléphonez à mon mari ! J'ai trois enfants. Ils vont retourner s'en prendre à eux. »

Je lui tendis l'appareil et elle composa le numéro. Quelqu'un répondit. La jeune femme hurla : « Sors de la maison immédiatement ! SORS ! »

Elle sanglotait si fort qu'elle pouvait à peine parler. Je tenais Beau par le cou tout en pressant Bebe contre moi. Je compatissais de tout cœur avec elle. Je ne m'étais pas rendu compte que je pleurais aussi.

« Va chercher papa ! Sors de la maison ! Le temps presse ! »

Finalement, je compris que son mari avait pris la communication.

« Deux hommes m'ont enlevée. Devant la maison. Ils m'ont suivi du travail. Ils savent où nous habitons ! Sors de là ! » Ses sanglots reprirent de plus belle, lui coupant la parole.

Je m'emparai du récepteur.

Paniqué, le mari de la jeune femme ne comprenait pas ce qui se passait. « Où êtes-vous, que je vienne chercher ma femme ? »

« Dans le quartier de la Galleria. »

« C'est impossible ! Nous vivons dans la banlieue sud. Elle ne travaille même pas dans ce quartier. »

« On a déjà appelé les policiers. Je veux juste savoir que vous êtes sortis de la maison. »

« Nous partons. Dites-lui que nous sommes en sûreté. »

« Je le ferai. »

« Donnez-moi votre nom et votre adresse. »

Une sonnette d'alarme retentit dans ma tête. « Je n'en ferai rien », dis-je, me souvenant des conférences auxquelles j'avais assisté dans des colloques d'écrivains, sur l'art de la riposte devant un voleur ou un assassin potentiel. Et si cette femme était en fait l'une des plus grandes comédiennes qui soient ? Si elle avait tout inventé pour entrer dans notre enclave ? Je ne croyais toujours pas à cette histoire d'appartements vides. Et comment une femme aussi menue avait-elle pu échapper à deux hommes armés ? Anges ou pas, mon imagination ne me laisserait pas dépasser certaines limites.

« Dès l'arrivée des policiers, on vous téléphonera pour vous dire où on l'emmène, et vous pourrez aller la chercher. Restez près de votre téléphone. Sachez seulement qu'elle est ici, dans ma maison. Elle ne court aucun danger avec moi. Les policiers seront là d'une minute à l'autre. »

« D'accord, mais prenez soin d'elle pour moi. »

« Je vous le promets », dis-je.

Même après que j'eus terminé ma conversation avec son mari, la jeune femme continua de pleurer. Elle ne cessait de répéter la même histoire. Comment deux hommes l'avaient menacée de viol. Ils conduisaient une petite voiture étrangère, rouge.

Entre-temps, j'essayai plusieurs fois de parler à Jim, mais il avait éteint son cellulaire, étant donné qu'il était à la partie de basket. Ma seule option était de laisser un message sur sa boîte vocale.

Nous sommes tous restés au ras du sol, et plutôt que de me déplacer dans la maison à la recherche de numéros de téléphone, je composai les renseignements pour obtenir le numéro de la résidence de Chuck et Pam. J'ignorais que Pam était absente. C'est le répondeur qui prit mon message.

Mais où étaient donc les policiers ? Qu'est-ce qui prenait tant de temps ? L'appel avait été lancé depuis déjà plus de 10 minutes.

Finalement, je réunis assez de courage pour ouvrir la porte d'entrée et héler Chuck : « Où sont les policiers ? »

« Je leur ai téléphoné trois fois. Ils disent qu'ils n'arrivent pas à trouver notre nouvelle rue. »

L'incroyable devint ridicule. Les policiers mirent quarante minutes à parcourir le kilomètre et demi qui séparait leur poste de notre enclave.

La jeune femme restait aussi terrifiée à l'arrivée de la police qu'elle l'était quand elle avait frappé à ma porte.

Les policiers prirent nos déclarations, l'une après l'autre. Je leur dis que l'histoire de la jeune femme clochait, car elle s'entêtait à dire que ses ravisseurs l'avaient emmenée dans des appartements vides. Or, il n'y en avait aucun dans la direction qu'elle indiquait.

Mais subitement, je fus frappée par un éclair de vérité. Les malfaiteurs l'avaient emmenée dans les maisons de ville qu'on construisait à côté de notre enclave privée. Comme le site n'était pas électrifié, il y faisait noir comme dans un four en cette nuit hivernale.

Le policier ayant répondu à l'appel de Chuck prit ma déclaration, puis demanda à voir le jardin. Il regarda par la porte-fenêtre avant de ramener son regard incrédule sur moi. « Cette petite bonne femme a escaladé cette clôture-là ? »

« Oui, Monsieur l'agent. »

Il secoua la tête.

Je repris : « Cela donne un sens nouveau à ce qu'un être humain peut faire quand il est terrorisé, n'est-ce pas ? »

« Elle est bigrement chanceuse, me renvoya-t-il. En toute justice, elle n'avait aucun moyen d'échapper à ces deux hommes. »

« Je sais, répliquai-je. Elle m'a raconté son histoire trois fois, et c'est proprement incompréhensible. »

« Incompréhensible », reprit-il, en écrivant sur sa planchette à pince bourrée de papiers. « À moins que... »

« Elle a été plus que chanceuse ? À moins qu'elle ait été bénie ? » suggérai-je.

Il se pinça les lèvres. « Ouais. Quelqu'un la protégeait. »

« C'est une bonne chose qu'il ait reçu un coup de pied puissant. » Je souris intérieurement.

« Un coup de pied ? »

« La jeune femme affirme avoir donné un coup de pied au violeur. Mais je me disais qu'elle était trop petite pour avoir un véritable effet de levier. C'est peut-être un ange qui a fait le coup. »

Le policier éclata de rire : « Je ne peux mettre ça dans mon rapport. »

« Vous n'êtes pas forcé de le faire, expliquai-je. Elle sait qui l'a sauvée. C'est tout ce qui compte. »

Il rabattit la première page de son porte-bloc et baissa le bras, laissant la planchette reposer contre sa cuisse. « Nous le savons tous... maintenant. »

Il me remercia, fit demi-tour et sortit.

Je restai sur le seuil et observai la jeune femme, assise sur la banquette arrière de la voiture de l'escouade, avec un cellulaire à l'oreille. Juste à sa façon de tenir l'appareil, je savais qu'elle parlait à son mari. Je poussai un soupir de soulagement. Ses enfants étaient hors de danger.

Les lumières de la voiture de l'escouade clignotaient lorsqu'ils ont franchi le portail de l'enclave.

Je songeai que je n'oublierais jamais cette nuit et l'aventure angélique de cette jeune femme terrifiée.

Je voulais garder en tête le plus significatif de l'histoire, à savoir qu'elle était retournée à l'église une semaine plus tôt et qu'elle avait retrouvé la prière.

Cette nuit-là, Dieu s'est servi de moi pour sauver la vie d'une femme. Et je n'ai même jamais su son nom.

Épilogue

Deux semaines après l'incident, le *Houston Chronicle* publiait un article sur deux criminels impliqués dans une série de vols, de viols et d'agressions à l'arme blanche sur des femmes de la banlieue sud, tout près de l'endroit où habitait la jeune femme que j'avais aidée. Au moment de la parution, le service de police avait réussi à établir un portrait-robot des deux hommes, mais n'avait arrêté aucun suspect. Les malfaiteurs avaient poignardé l'une des femmes des douzaines de fois. Elle reposait toujours aux soins intensifs. Ils en avaient assassiné une autre.

Les victimes témoignèrent que les hommes les avaient enlevées et avaient menacé de s'en prendre à leur famille ; ils voulaient de l'argent, soit celui de leur porte-monnaie soit celui de leur employeur. Elles avaient toutes été menacées de viol, sinon violées. Les ravisseurs avaient affirmé à chacune qu'elle mourrait.

Le policier avait raison. La jeune femme que j'avais recueillie était plus que chanceuse. Elle était bénie. Si seulement nous prenions l'habitude de demander la protection divine chaque jour au réveil et chaque soir avant de nous endormir ! Qui sait quelles répercussions cette pratique aurait pu avoir sur les statistiques qui précèdent ?

Cherry suit les étoiles

NOTE DE L'AUTEURE : *Ce récit est de la plume de mon amie Cherry Hickson. Elle l'a raconté à plusieurs de nos amis et à ce jour, son histoire nous donne encore la chair de poule.*

J'étais certaine que je perdais la tête. Ma vie était totalement chamboulée. Je ne savais pas comment j'allais faire pour payer les factures, décrocher un nouveau boulot, et subvenir aux besoins de mes trois fils. Je passais mes journées à me demander pourquoi Dieu m'avait mise sur Terre, et mes nuits à pleurer de désespoir et de solitude. J'avais désespérément besoin de réponses.

Puis une amie m'a parlé d'une astrologue incroyable qui vivait à Memphis, dans le Tennessee. Au début, je me suis moquée : « Une astrologue ? Qu'est-ce qu'elle pourrait faire pour moi ? »

« Geneva est merveilleuse. Elle m'a sauvé la vie, affirma mon amie. De toute façon, qu'as-tu à perdre si ce n'est le plein d'essence pour t'y rendre ? »

J'ai eu la vision d'une femme d'âge mûr aux cheveux teints en noir, avec de gros anneaux de gitane aux oreilles, coiffée d'un chapeau pointu orné d'appliques de satin noir en forme d'étoile et de lune. « Je ne peux pas faire ça », dis-je catégoriquement.

« Cherry, ce n'est pas une sorcière. Tu pourrais même apprendre quelque chose. »

C'était tout ce qu'il me fallait. La perspective d'acquérir un nouveau savoir a toujours agi comme un phare sur moi. « D'accord, j'irai. »

Je n'aurais pu être plus étonnée en rencontrant Geneva. J'avais devant moi une petite femme blonde, un lutin aux yeux bleus dont le visage irradiait de bonheur. Elle m'a accueillie chez elle en me serrant contre son cœur et voulut immédiatement me préparer un déjeuner. Elle a voleté à travers sa cuisine en me posant des questions et en m'appelant « mon lapin » et « mon chou », comme si elle était sincère. J'étais assise dans sa cuisine, je respirais l'arôme du café, j'entendais la compassion dans la voix de Geneva qui veillait à mes besoins comme si j'étais une princesse. Ou même mieux, comme si j'étais sa fille. J'avais envie de pleurer tellement mon cœur s'en trouvait réchauffé.

« Vous n'êtes pas du tout comme je m'y attendais », ai-je dit.

Geneva m'a tapoté l'épaule en lançant du tac au tac : « Tu t'attendais à un nez pointu ? »

« Oui. »

« Avec des verrues et tout ? »

« Oui », ai-je avoué d'un air coupable. « Vous êtes tellement vibrante, allègre et jolie... »

« J'étais meneuse de claque. C'est génétique », m'a-t-elle expliqué, en montrant du doigt des photos de famille fixées à la porte du réfrigérateur avec des aimants. « Ma fille a mes gènes. N'est-ce pas qu'elle est belle ? »

« Elle l'est », ai-je acquiescé. Je me suis retournée pour regarder du réfrigérateur Geneva qui venait de sortir ma carte du ciel afin de l'interpréter.

« J'ai pris tous les renseignements sur toi et j'ai travaillé sur ta carte ces deux derniers jours afin qu'elle soit prête pour ta visite. »

Geneva a entrepris de m'expliquer toutes sortes de choses sur mon être essentiel, des choses que j'étais seule à savoir, des choses sur les forces et les faiblesses de ma personnalité qui étaient impossibles à connaître. Ce qui me fascinait, c'était l'exactitude de ses propos et la précision de chaque point.

Lors de cette première rencontre, elle m'a dit que mon cadet, « le fils Sagittaire », tomberait et se blesserait à la jambe droite. « Je veux que tu t'assures que ce garçon obtienne de l'aide médicale immédiatement, parce que cette chute pourrait l'affecter pour le reste de sa vie. »

Les yeux fixés sur la « roue » de l'horoscope, sur ce qui m'apparaissait du vrai charabia, je lui ai demandé : « Où est-ce écrit ? »

« Mais, juste ici, très chère. Tu vois ? » Elle a désigné du doigt une section qui ressemblait à une tarte décorée d'hiéroglyphes.

Quoi qu'il en soit, il y avait quelque chose de tellement troublant dans sa voix et dans sa sollicitude que j'ai promis d'emmener mon fils chez le médecin advenant une chute, même si j'étais d'avis que son affirmation était un brin ridicule. Mon fils n'allait pas faire de chute.

J'ai évacué cet avertissement de mon esprit, et j'ai continué d'écouter ce qu'elle avait à me dire sur mes problèmes physiques et sur ce qu'elle appelait les « leçons de ma présente incarnation ».

En rentrant chez moi le lendemain, j'appris que Carson, mon cadet Sagittaire, était tombé d'une vigne et avait atterri sur une clôture de barbelés qui lui avaient entaillé l'aine droite et le scrotum. Il n'avait rien dit à ses frères, ni à l'amie qui gardait mes garçons pendant mon absence.

L'avertissement de Geneva a aussitôt surgi dans mon esprit.

« Carson, habille-toi ! Il faut que je t'emmène immédiatement à l'hôpital ! »

Frénétique, j'ai quitté la maison en toute hâte avec lui et foncé à l'hôpital. Nous y sommes restés toute la soirée pour lui faire subir des examens et le recoudre.

Carson a 30 ans aujourd'hui, et la cicatrice qu'il a à l'aine n'a jamais nui à ses aptitudes athlétiques, ni causé quelque problème que ce soit.

Eh oui... Je crois maintenant que l'astrologie est une science, et même une science exacte, quand elle est pratiquée par une astrologue douée au cœur pur. Dieu m'a envoyée vers Geneva ce jour-là, et les années qui ont suivi, j'ai tiré profit de ses conseils. Je crois que beaucoup de signes ponctuent notre chemin de vie ; pourtant, je me surprends encore trop souvent à faire preuve de scepticisme et à fermer mon esprit aux merveilles qui m'entourent. Heureusement pour moi et pour d'autres comme moi, même quand je n'écoute pas, mes anges m'appellent quand même, me parlent quand même. Ils me guident toujours.

Emporte-moi sur la Lune

C'était à une époque où ma carrière avait besoin de bien plus qu'un coup de pied au derrière ; rien de moins que la poussée d'une fusée n'aurait suffi à la faire décoller. Il fallait que j'engage un publicitaire, mais je n'avais entendu que des histoires d'horreur à leur sujet de la part de la majorité de mes amis publiés. L'essentiel demeurait : dénicher un bon publicitaire était difficile. Il me faudrait me rendre sur la Lune pour trouver un tel phénomène.

Je me suis contentée de prier pour obtenir une réponse, sans plus.

À l'époque, je pratiquais la marche rapide avec une amie que j'appellerai Karen. Chaque année, Bob, son mari, s'offrait à son anniversaire une lecture avec Kim O'Neill, une clairvoyante de Houston et auteure de *How to Talk with Your Angels.* Il affirmait que c'était pour garder son entreprise sur « la bonne voie ».

Tandis que je m'entraînais avec Karen, elle me dit que la veille, Bob avait été consulté Kim et qu'il s'était produit une chose vraiment étrange.

Au beau milieu de la lecture, Kim avait regardé Bob et lui avait dit : « Je sais que c'est hors sujet, mais est-ce que votre femme marche tous les jours ? »

Bob a répondu que c'était le cas.

« Avec une femme brune, plutôt grande ? »

« Oui. »

« Est-ce que cette femme ne serait pas écrivaine par hasard ? »

Curieux, Bob confirma qu'elle avait encore une fois raison.

« Se nommetelle Catherine Lanigan ? »

Stupéfait, Bob a répondu : « Oui, c'est son nom. Comment le savez-vous ? »

Kim a répondu : « Ma foi, c'est la sixième fois que le nom de Catherine fait surface dans les lectures de mes clients. Mes anges me disent que je dois lui parler pour lui donner le nom de ma publicitaire. Pourriez-vous demander à votre femme de dire à Catherine de me téléphoner ? »

« Certainement », répondit Bob.

Vous pouvez imaginer à quel point j'étais renversée. Cette rencontre bizarre était tellement étrangère à mon quotidien du moment que je crus presque à une plaisanterie.

Kim O'Neill est plutôt connue à Houston et dans le sud-ouest des États-Unis. J'avais entendu parler de son extraordinaire exactitude, mais je ne l'avais jamais rencontrée et je n'avais jamais vu sa photo. Je n'avais aucun lien avec elle.

De plus, pour rendre la situation encore plus bizarre, j'avais été absente de Houston durant trois ans. À part ma famille, peu de gens savaient que j'étais de retour. Je n'avais été vue ni dans des séances de signatures, ni dans des événements médiatiques ou de relations publiques. Il était impossible que Kim O'Neill ait obtenu de l'information sur moi, ou qu'elle ait vu mon nom dans les journaux ou à la télé. J'étais incognito.

Et pourtant, en raison des circonstances étranges entourant sa demande, je décidai de lui donner un coup de fil.

Elle se montra avenante et gentille, d'un dynamisme qui irradiait parfaitement au téléphone.

« Je suis si heureuse que mes anges aient finalement réussi à entrer en contact avec les vôtres ! »

« Vous faites ça tout le temps ? » lançai-je, incrédule.

« Bien sûr ! »

J'étais démontée, prenant conscience que je n'établissais pas assez de liens avec mes anges. Dans mon for intérieur, je me promis de leur prêter plus attention. « Qu'est-ce qui arrive maintenant ? »

« Il faut que vous téléphoniez à Jodee Blanco, à Chicago. C'est elle qui s'occupe de ma publicité. Vous avez besoin d'elle et elle a besoin de vous. On me dit que vous avez un travail important à faire ensemble. »

« Vous n'êtes pas sérieuse ! Aussi simplement que ça ? »

« Oui, aussi simplement que ça. C'est comme ça qu'on fait. »

J'avais le sentiment d'avoir été déphasée toute ma vie et que Kim O'Neill avait été choisie pour me remettre sur la voie. Mes anges me guidaient de façon si évidente, si flagrante, que c'en était convaincant. « Quel est le numéro de Jodee ? »

Quand je lui ai téléphoné, Jodee était submergée sous un million de projets. Elle s'apprêtait à partir pour des vacances déjà tardives et bien méritées. Elle m'avoua par la suite que lorsque je lui ai expliqué les circonstances qui m'avaient conduite à l'appeler, tout ce qu'elle a pensé, c'est : « Une autre fêlée avec un manuscrit. » Elle m'a néanmoins demandé de lui envoyer un exemple de mon travail et un dossier de presse.

J'ai mis dans une boîte ce que je considérais comme un petit éventail de mon travail, avec mon dossier de presse maison, et j'ai expédié le tout par express de façon à ce que Jodee reçoive l'envoi avant de monter dans l'avion.

Comme elle le dit elle-même, on lui livra « une boîte de la taille d'une caisse de bouteilles de vin ». Elle l'ouvrit à la hâte, en tira le premier de mes livres qui lui tomba sous la main, *The Way of the Wicked,* attrapa mon dossier de presse à l'allure très peu convaincante, et se précipita à l'aéroport.

Voici comment Jodee décrit son expérience : « Je n'avais jamais vécu un tel appel au réveil en lisant un roman. Non seulement l'écriture me captiva sans relâche pendant 10 jours sur la plage – au point où je ne me souviens même pas de la sensation du sable sous mes pieds –, mais il y avait dans l'écriture de Catherine une âme qui me fit croire aux propos de Kim O'Neill. J'étais certaine que je venais de basculer dans *La quatrième dimension ;* j'attendais que Rod Serling traverse les murs pour m'informer que j'étais la vedette d'un des épisodes. Au lieu de cela, je téléphonai à Catherine, et cette fois, c'est moi qui eus l'air fêlé. Avec le recul, je sais qu'elle a dû me croire folle, parce que je la tarissais tellement d'éloges. Mais je savais que nous tenions quelque chose, et nous comprenions toutes deux que nous avions une mission. »

« Peu de temps après, MIRA, l'éditeur de Catherine, engagea ma firme pour concevoir une campagne complète de relations publiques pour ses trois nouveaux romans. J'ai attrapé un vol pour Houston, en quête de la clé qui libérerait la digue de l'intérêt public pour la carrière de Catherine. Je l'ai interviewée durant trois heures... quoique si vous le lui demandiez, elle dira peut-être qu'il s'agissait plutôt d'un "interrogatoire". »

Puis le vrai travail débuta.

« Après avoir lu tous ses livres et passé le contenu de son âme à la loupe, j'ai pris conscience qu'il y avait un message en filigrane dans l'œuvre de Catherine, un message dont elle ne mesurait pas le génie.

« Ce message est celui de la femme évolutive. Indépendamment de l'intrigue, chacun de ses personnages passe du sacrifice de soi à l'autonomisation. »

Dès que Jodee prononça ces mots, je pris conscience de la magnitude de ma mission terrestre.

Mes histoires mettaient toutes en scène des femmes et des hommes qui apprenaient à assumer leur propre pouvoir. Peu importe les coups que la vie leur assenait, ils rebondissaient. Ils gagnaient toujours, envers et contre tout.

C'était et c'est toujours une croyance essentielle que je porte en mon cœur. C'est ce que ma mère m'a enseigné. Attendez-vous à un miracle et vous l'obtiendrez. Attendez-vous à un échec et vous l'obtiendrez.

Les paroles de Kim, selon lesquelles Jodee et moi avions « un travail important à faire ensemble », résonnèrent dans ma mémoire et dans mon âme comme un écho ancien.

Jodee m'avait dit : « Les héroïnes de tes livres sont les ombres des femmes qui vivent dans ce pays. Lançons une quête nationale, que nous appellerons "La femme évolutive", grâce à laquelle nous retrouverons les femmes courageuses qui se sont libérées des chaînes de leur relation avec le mauvais numéro. »

Nous ne nous doutions guère que nous venions de poser le doigt sur le pouls d'un mouvement en pleine effervescence : nous avons reçu des lettres de partout aux États-Unis.

Cette année, Jodee et moi avons publié, avec l'aide de Health Communications, Inc., notre ouvrage intitulé *The Evolving Woman* (la femme évolutive). Nous avons même un site Web (www.evolvingwoman.net*) que les femmes peuvent consulter et où elles peuvent afficher leur histoire.

Jodee et moi travaillons ensemble depuis maintenant cinq ans. Il n'y a aucun doute dans mon esprit que nous ne faisons que commencer.

Comme je suis humaine, j'avoue qu'il m'arrive de me sentir fatiguée de lutter. Je me rappelle alors comment Jodee et moi avons été réunies grâce à l'intervention divine. Quelque part entre la Terre et la Lune, la voix d'un ange a trouvé Kim O'Neill et l'a hélée.

---

* N.d.T. : Disponible en anglais seulement.

Un ange prénommé Georgia

C'est par une nuit froide et pluvieuse d'octobre que la sonnerie du téléphone m'a tirée en sursaut de la rédaction du trentième chapitre de *The Legend Makers*. Comme Jim était en Amérique du Sud, je m'attendais à ce que ce soit lui. À la place, j'ai entendu la voix d'une amie, libraire chez Barnes and Noble.

« Catherine, c'est Rikki. Laisse tomber ce que tu es en train de faire, il faut absolument que tu viennes à la librairie. »

J'ai jeté un coup d'œil sur mon écran d'ordinateur. Le curseur clignotait, comme s'il me faisait signe. « Je suis sur une partie vraiment juteuse... »

Rikki me coupa la parole. « Il y a ici une femme absolument étonnante. Il *faut* que tu la rencontres. Elle se nomme Georgia Durante, et elle est ici pour une séance de signature de son livre. Catherine, on dirait que sa vie est tirée d'un de tes livres. Elle était mariée à un mafieux qui la maltraitait. J'ai tout de suite pensé à ta femme évolutive. Elle est cascadeuse en voiture au cinéma et en publicité. Elle dit que lorsqu'elle a quitté son mari et qu'elle s'est enfuie de New York avec sa fille pour gagner Hollywood en voiture, elle a dû réfléchir à un emploi où son mari ne pourrait pas la retrouver et la tuer. Elle a vu une annonce d'une femme qui doublait une cascade en voiture et elle a décidé de faire ce métier. Il y a vingt ans de cela, et sa société est aujourd'hui la plus grande entreprise de cascades de voiture à Hollywood. C'est ce que j'appelle survivre ! »

En esprit, j'étais dans une autre dimension, à rédiger les scènes finales d'action de mon roman qui se déroulaient dans une rivière souterraine. Mon héros s'accrochait à la vie. « Je ne suis pas vêtue pour l'occasion. » Je portais un jean vieux de seize ans, un col roulé gris, et des chaussures de tennis.

J'ai regardé par la fenêtre au moment où un éclair zébrait le ciel. Pour la plupart, c'était le genre de nuit hasardeuse qui invitait à se pelotonner avec un sac de biscuits Oreo et à regarder un film. J'ai pensé à mon échéance. J'ai pensé à mon héroïne qui hésitait toujours entre deux hommes.

Rikki insistait. « Elle est ici que pour encore quarante-cinq minutes environ. Elle s'envole ensuite pour Washington, DC, puis pour New York. Catherine, j'ai cette *intuition* à propos de vous deux. Je n'arrive pas à l'expliquer... j'en ai la chair de poule, en fait. »

C'était tout ce dont j'avais besoin ! J'ai pratiquement entendu les trompettes angéliques sonner pour décoller mon derrière de la chaise.

« J'arrive ! J'ai l'air d'une clocharde, mais je serai là dans quinze minutes. »

« Dépêche-toi ! » a répondu Rikki.

Sans prendre le temps de me changer, j'ai dévalé les escaliers et embrassé Beau et Bebe, en leur expliquant, comme je le fais toujours quand je sors, que maman ne serait partie que une heure. Je les informe de mes déplacements pour qu'ils ne soient pas trop vexés de ne pas m'accompagner, et pour les avertir de ne pas devenir fous au point de faire des trous dans les murs parce que trop frustrés de mon absence.

J'ai mis dix minutes à parcourir le trajet en voiture. Les autres résidants de Houston avaient manifestement décidé d'opter pour un film et des biscuits.

Rikki m'a accueillie à la porte de la librairie : « Elle est là-bas. Tu vas l'adorer, j'en suis sûre. »

Je me suis dirigée vers la table où une blonde à l'air angélique, habillée dans des vêtements noirs très chic, m'a souri tandis que Rikki faisait les présentations.

Il faisait noir comme dans un four dehors, mais les yeux de Georgia rayonnaient comme la lumière du midi. « Enchantée de faire votre connaissance », dit-elle en me serrant la main.

Le temps était trop humide pour l'électricité statique, la seule explication physique pour cet incident mystique : la rencontre d'une âme sœur ; un lien non seulement destiné à être, mais qui pourrait même durer pour le reste de la vie.

Je me suis assise, ou plutôt effondrée, sur une chaise, interloquée devant ce qui m'arrivait. Je venais de faire la connaissance de quelqu'un qui allait profondément influencer ma vie. Je le savais. Je le sentais.

Je me souviens que la confusion régnait dans mon esprit ; je ne savais quelles questions poser, ni que dire. C'était l'une de ces rencontres rares, comme quand j'avais fait la connaissance de Jodee Blanco, que je savais que Dieu nous avait réunies pour accomplir Son œuvre.

J'ai posé quelques questions à Georgia, mais pas trop. J'ai aussi acheté deux exemplaires de son livre — un pour moi et un pour Jodee, une autre âme sœur. Georgia m'a posé quelques questions sur *The Evolving Woman* : elle voulait savoir qui elles étaient et ce que je voulais accomplir avec mon livre.

« J'espère sauver des vies. J'espère changer le monde, mais c'est une façon naïve et pas très adulte de voir les choses. À tout le moins, si Jodee et moi arrivons à changer une seule vie grâce à ce recueil véridique de lettres de femmes qui ont déjà été maltraitées, physiquement, mentalement, ou verbalement, qui en sont sorties et qui ont prospéré, si nous y arrivons, nos vies auront servi à quelque chose. »

Georgia avait les larmes aux yeux. Moi aussi. « C'est ce que j'essaie de faire », me confia-t-elle.

C'est alors que j'ai lancé : « Travaillons ensemble. »

« Mais comment ? » demanda-t-elle, tandis que sa publicitaire la pressait de conclure. La limousine l'attendait pour l'emmener à l'aéroport.

Nous échangeâmes nos cartes professionnelles, et elle est partie.

J'étais survoltée émotionnellement. Je me suis tournée vers Rikki : « Tu dois savoir que c'est toi l'ange dans tout ceci. Ne l'oublie pas. »

Rikki a protesté : « Je n'ai rien fait. »

« Oui, tu as fait quelque chose. Tu écoutais. »

Elle m'a souri d'un air entendu : « Oui, c'est vrai. »

En rentrant à la maison, j'ai laissé mon héros aux portes de la mort, et mon héroïne, en suspens, dans le sombre abîme de l'indécision. Je suis restée debout toute la nuit pour lire le livre de Georgia.

Le lendemain, je lui ai envoyé un courriel, puis j'ai téléphoné à Jodee.

« Elle est incroyable, Jodee. J'ai l'impression que nous allons travailler avec elle. Je t'ai acheté un exemplaire de son livre. Un cadeau pour l'Halloween. »

Jodee m'a promis de le lire, et elle tint sa promesse. Elle m'a rappelée moins d'une semaine plus tard. « Demande-lui si elle nous écrirait une citation dans *The Evolving Woman*. »

Georgia fit beaucoup plus : elle nous donna une version résumée de son histoire pour notre livre. C'est maintenant le premier témoignage de *The Evolving Woman: Intimate Confessions of Surviving Mr. Wrong*.

Georgia et moi avons continué d'échanger coups de fil et courriels. Nous avons appris à mieux nous connaître à distance.

Au cours du mois de mai 1999, elle s'est rendue au *Festival de Cannes*; je me suis souvenue du plaisir que j'avais eu quinze ans plus tôt au *Taormina Film Fest*, en Sicile. Je lui ai souhaité bonne chance, et j'espérais qu'elle parviendrait à trouver le moyen de porter son histoire à l'écran.

Le lancement de mon premier livre cartonné, *Wings of Destiny*, eut lieu l'été suivant. En août, Georgia m'a téléphoné pour m'annoncer qu'elle organisait une collecte de fonds pour une maison de refuge pour femmes de Los Angeles, la Haven House. « Je ne m'attends pas à ce que tu laisses tout tomber et que tu dépenses tout cet argent pour assister à ma soirée de bienfaisance. »

Je lui ai répondu : « Je vais le faire. »

« Quoi ? » répondit-elle.

« Georgia, si je suis censée être là, cela se fera d'une façon ou d'une autre. »

« Je n'en sais rien, Catherine. La soirée est dans deux jours et tu auras besoin de vêtements. Et s'il n'y a aucun vol ? »

« Je serai là. »

J'ai parlé du voyage à Jim. Il n'a pas hésité une seconde : « Vas-y ! »

Je commençais déjà à regretter mon geste. Je faisais beaucoup de travail contractuel pour Jim, en plus de préparer la tournée publicitaire accompagnant le lancement de mon livre. Mes chiens avaient besoin de moi.

Jim m'a répété que je devais y aller. « Si c'est censé se faire, tu vas y arriver. »

Les miracles se sont mis en place d'eux-mêmes. Non seulement j'avais accumulé assez de points pour obtenir un billet gratuit de mon programme pour grands voyageurs, mais j'en avais assez pour une place en première classe. Mon amie Terry Anzur, qui s'adonnait « par hasard » à séjourner à Los Angeles la fin de semaine de l'événement, m'invita à rester chez elle avec sa famille. Elle mit une voiture à ma disposition. J'avais besoin d'argent pour les imprévus. Pas énormément, mais un montant suffisant. Un chèque inattendu de redevances de 350 $ apparut comme par miracle dans ma boîte aux lettres. Il fallait que je me fasse couper les cheveux pour l'occasion. Le coiffeur de Terry avait une place pour moi, une heure avant que la limousine passe me chercher.

Tout dans ce voyage a été magique. J'ai présenté Georgia aux 400 personnes réunies à l'hôtel Roosevelt de Hollywood. La soirée fut fabuleuse ; nous nous sentions, Georgia et moi, au cœur d'un courant, au service « d'un but supérieur ».

En novembre, Georgia me téléphona pour me dire qu'elle viendrait au Texas pour un tournage, mais qu'elle avait l'intention de prendre deux semaines pour faire la promotion de son livre avec quelques séances de dédicaces. Elle me demanda si elle pouvait habiter avec Jim et moi, tandis qu'elle vaquerait à ses occupations dans Houston et les environs.

Bien entendu qu'elle pouvait. Et c'est ce qu'elle fit.

Je la présentai à mon bon ami Scott Arthur, génie des relations publiques, qui lui organisa une tournée couvrant la moitié sud de l'État. Elle donna même une conférence aux femmes de la mission The Star of Hope, le refuge pour femmes qui figurait sept ans plus tôt dans mon roman, *Becoming*.

Je raconte tout cela pour brosser le contexte dans lequel s'est tissée la toile des événements passés et présents. Au début, ce ne sont pas tous les pas qu'on prend dans la bonne direction qui portent fruit, mais si l'on est patient, si l'on continue de croire, c'est inévitablement ce qui finit par se produire.

Tandis qu'elle était au Texas, Georgia m'a demandé si j'avais réussi à signer un contrat pour porter *Wings of Destiny* à l'écran.

« Pas encore. Je l'ai présenté à trois studios de Los Angeles, mais je n'ai eu aucune réponse. »

« Tu sais, dit-elle, j'ai rencontré un type à Cannes. Il vit à Austin, c'est un producteur. Je l'ai bien aimé. Le vrai bon gars, avec un grand cœur. Du bon monde. Il nous ressemble ! » Sans prendre le temps de réfléchir, Georgia saisit son cellulaire et donna un coup de fil à Dwight Adair.

Après avoir parlé à Dwight, j'ai pris rendez-vous et je suis allée lui rendre visite à Austin. J'ai visité les installations de Granite House. Puis nous avons déjeuné, et j'ai écouté mon compagnon m'expliquer son approche relativement à Internet. Ce n'était pas le cinéaste qui convenait pour une épopée comme *Wings of Destiny*, mais il était parfait pour mes suspenses qui seraient filmés chapitre par chapitre et transmis en continu en format numérique. L'idée de Dwight devançait d'au moins dix mois le marché traditionnel ; elle était tout à fait opportune et dotée de tous les dispositifs informatiques dont j'avais entendu parler par l'entremise de ma nouvelle aventure dans l'édition électronique, avec Fatbrain.com et Mightywords.com.

Par contre, Dwight avait un problème : il n'avait pas d'argent.

Ma bouchée de salade aux tacos ne s'est pas rendue jusqu'à mes lèvres. J'ai été frappée par la foudre angélique qui m'avait déjà si souvent touchée. Ce sont ces moments qui me font prendre conscience que ma vie ne m'appartient pas. Je suis placée en présence de gens, ou dans des situations, où je suis la messagère ou le contact. Je suis une « facilitatrice », un canal pour changer des vies. Je ne suis pas sur Terre pour moi. Je suis ici pour accomplir l'œuvre de mon Père.

C'est une constatation qui fait naître en moi à la fois émerveillement et humilité. Elle prend le contrôle de ma vie et guide mes paroles et mes actions. Je n'ai d'autre choix que de laisser cette œuvre s'exprimer à travers moi.

« Vous n'avez pas besoin de moi, Dwight. C'est Jim qu'il vous faut. »

« Qui est Jim ? »

« Mon mari. Il vous trouvera de l'argent. De combien avez-vous besoin ? Cinquante millions ? »

C'était au tour de Dwight de laisser choir sa fourchette. « Comment le saviez-vous ? »

J'ai souri. Je ne le savais pas. Mais les anges, eux, étaient au courant. « Aucune importance. Voici la carte professionnelle de Jim ; comme ça, vous l'aurez. Mais donnons-lui un coup de fil tout de suite. »

J'ai téléphoné à Jim et je lui ai expliqué la situation. Je lui ai parlé de l'idée de Dwight sur Internet, et Jim a accepté de venir le rencontrer à Austin la semaine suivante.

Après plusieurs semaines, Jim a mis Dwight en contact avec les personnes qui pouvaient l'aider. On planifie maintenant de filmer mes livres en courts segments de cinq minutes appelés « webisodes », lesquels seront diffusés en continu sur Internet. C'est très excitant de participer à l'avènement d'une nouvelle technologie qui transforme nos moyens de divertissement.

Seul l'avenir me dira jusqu'où cette route me conduira, mais je sais une chose – tout a commencé par une nuit orageuse d'octobre et une rencontre qui n'était pas due au hasard avec un ange prénommé Georgia.

Mon miracle en médecine holistique

Je ne saurai jamais si mes expériences dans les différents mondes de la prière méditative auraient été autres, si j'avais connu quelqu'un qui m'aurait guidée avec amour sur le chemin. Quand j'ai commencé à méditer sérieusement, presque tout mon savoir m'est venu de mes lectures.

Je travaillais six ou sept jours par semaine dans notre commerce de piscines, j'écrivais mes romans le soir et la fin de semaine, je m'occupais de mon fils, j'entretenais la maison, je me débattais dans une union houleuse, et j'errais sans but sur le chemin divin de ma vie. À dire vrai, j'essayais juste de joindre les deux bouts et de passer au travers de chaque journée. Je cherchais une validation de ce qui était, selon moi, le sens de la vie. Ne faisons-nous pas tous la même chose ?

Bizarrement, la plupart du temps, je recevais exactement la réponse dont j'avais besoin au moment où j'en avais besoin. J'ai obtenu des résultats incroyables en priant intensément pour ce que je voulais. J'avais l'habitude de dire en riant à mon fils que je n'avais pas juste une « connexion » avec Dieu, mais un conduit de la taille d'un collecteur de 20 cm de diamètre.

Au milieu des années 1980, j'ai commencé à utiliser des techniques de visualisation pour intensifier encore plus mes prières. Toutes les histoires se rapportant à ce sujet seront présentées dans ce livre, car, à leur manière, elles sont tout extraordinaires.

Mais celle-ci est probablement la plus bizarre de toutes. Et elle est véridique dans les moindres détails.

Je me suis réveillée au milieu de la nuit à cause d'une douleur atroce dans le bas du dos, là où se trouvent les reins. Comme je souffre d'infections rénales depuis l'âge de trois ans, à la mi-trentaine, je pouvais généralement sentir l'imminence d'une infection bien avant qu'elle se déclare.

Dans ce cas-ci, « l'infection » était tellement différente des épisodes antérieurs que je ne savais que penser. Plutôt que d'être sourde, la douleur était aiguë, lancinante, voire foudroyante, comme si j'étais poignardée dans le dos.

J'ai essayé de me lever, mais j'avais de la difficulté à respirer tellement la douleur était intense. Je savais que je devais me rendre à la salle de bain, mais la traversée de la chambre me semblait interminable. Je réussis à m'y rendre sans m'évanouir, en m'accrochant tant bien que mal aux meubles et en m'appuyant aux murs.

Je me souviens d'avoir jeté un coup d'œil au réveil : 2 h 22. À l'époque, je commençais seulement à comprendre le sens des « nombres maîtres », et je savais que le 22, tout comme le 11, faisait partie de ces nombres.

Une fois arrivée dans la salle de bain, j'ai constaté que je saignais abondamment. Ce n'était pas du sang menstruel, puisque j'avais subi une hystérectomie.

Je me rappelle que je fus saisie de sueurs froides et de frissons incroyables. Je tremblais et je brûlais de fièvre.

Mon urologue m'ayant prescrit du Bactrim, et j'en avais toujours sous la main pour des urgences comme celle-ci. Je titubai jusqu'à la cuisine, et après avoir fouillé dans l'armoire à pharmacie, j'ai constaté que le flacon dans lequel je croyais trouver mes merveilleux médicaments était complètement vide.

J'ai paniqué. Je savais qu'il fallait que je boive beaucoup d'eau et aussi du jus de canneberge, car il apaisait la sensation de brûlure en urinant. Mais en jetant un coup d'œil dans le garde-manger, je vis que le jus de canneberge que j'entrepose habituellement n'y était pas. Je me souviens d'avoir pensé que c'était très inhabituel, mais je perdais des forces en restant debout dans la cuisine. C'était aussi une sensation très étrange pour moi parce que, de nature, je suis l'image même du dynamisme et de l'énergie inépuisable. J'arrive à accomplir beaucoup en une journée du fait que je m'ennuie si je ne fais pas cinq choses en même temps. Par conséquent, ce sentiment de «faiblesse» ne faisait tout simplement pas partie de mon état physique habituel.

Je vis alors du sang couler le long de ma jambe. J'eus peur de faire une hémorragie. La seule solution était de regagner le lit.

Je bus un grand verre d'eau, en croyant que je commencerai à me sentir mieux dans environ une heure. Mais le temps passait et la douleur se faisait plus intense.

J'essayai de réveiller Ron, mon conjoint de l'époque, et je lui dis qu'il fallait que j'aille à l'urgence.

Indifférent, il grommela : «Tu me réveilles à cause d'une autre infection rénale ? Rendors-toi. Je m'en occuperai demain.» Et il se rendormit aussitôt.

J'étais incapable de dormir. Les efforts que je devais déployer pour respirer m'épuisaient. Les larmes roulaient le long de mes joues. J'eus le sentiment que j'allais mourir. Comme je ne savais que faire d'autre, je me mis à prier.

En moins de dix minutes, j'entendis une voix. Ce n'est pas la voix «dans ma tête», celle que j'entends quand j'écris de la fiction et que je crée un dialogue pour mes personnages. La voix venait de l'extérieur. À ce jour, j'ignore encore s'il s'agissait de l'esprit désincarné d'un revenant, d'un ange ou d'un extraterrestre, mais quoi qu'il en soit, c'était une voix masculine. Elle était profonde, puissante, pas vraiment compatissante, mais j'ai tout de même eu le sentiment que je pouvais lui faire confiance et qu'elle savait ce qu'il fallait faire pour prendre soin de ma santé.

« Fais ce que nous te disons, prononça la voix. Imagine une lumière pêche qui descend du Ciel en cascade et entre dans ton corps par le sommet de ton crâne. Visualise cette lumière étincelante, pêche ou saumon, formant des disques tournoyants autour d'un axe central. Ces disques – il y en a des douzaines – tournent et récurent les parois de tes reins et de ta vessie. Vois-les cureter l'infection des parois de tes reins. Visualise-les tandis qu'ils nettoient l'intérieur de tes organes de leur lumière. À mesure que l'infection se déloge, la lumière remplit tes organes et te libère de ses miasmes. »

La voix affirmait si catégoriquement et précisément ce que je devais faire et la façon de m'y prendre, et je me sentais si faible, que je n'ai pas remis en question ses ordres. Je n'avais jamais rien lu à ce sujet; par contre, j'avais lu un ouvrage sur les couleurs et leurs pouvoirs curatifs. Toutefois, j'avais lu que le vert est censé être la couleur de la guérison. Cette expérience, avec la lumière pêche/saumon, ne ressemblait à rien de ce dont j'avais entendu parler.

Au début, j'ai eu besoin de toutes mes forces pour visualiser les disques tournoyants, mais par la suite, ils se « manifestaient » facilement. Je les imaginais nettoyant mon corps de l'infection, encore et encore. J'ai perdu la notion du temps. Tout ce que j'ai fait était de me concentrer intensément sur les disques qui tournaient.

La tension dans ma poitrine s'est relâchée. Ma respiration devint plus facile. Je sentais mes muscles se détendre. Je ne m'en étais pas rendu compte, mais je suis restée parfaitement immobile tout ce temps. Même quand mon mari s'est retourné dans son sommeil, j'ai été à peine consciente de sa présence. J'avais l'impression d'être suspendue dans les airs.

Les heures se sont écoulées tandis que je méditais. L'aube qui montait à l'horizon m'a surprise. Même si j'avais gardé les yeux fermés toute la nuit, le soleil risquait de me faire perdre ma concentration. Mais même avec l'arrivée de l'aube, j'ai continué à prier et à visualiser les disques en mouvement.

En fin de compte, vers 7 h, je me suis sentie assez forte pour me rendre à la salle de bain sans m'effondrer. Quand j'y suis enfin arrivée, j'ai constaté que ma chemise de nuit était trempée de sang, tout comme la literie et la serviette que j'avais placées entre mes jambes.

Je me suis lavée, j'ai revêtu une chemise de nuit propre, et j'ai essayé encore une fois de réveiller mon mari.

« Si tu es malade, gronda-t-il, va chez le médecin et ne me réveille plus ! »

La semaine précédente, Rod avait eu un accident avec la voiture. Elle était donc au garage. Nous avions emprunté une vieille guimbarde à l'un de nos vendeurs pour nous dépanner pendant les dix jours où le carrossier procédait aux réparations.

« Je ne peux pas conduire, je suis trop faible », dis-je à Ron.

« Je t'ai dit de me ficher la paix », hurla-t-il avant de remonter la couverture sur sa tête.

J'étais tellement désorientée que je mis une heure à m'habiller. On aurait dit que je fonctionnais au ralenti. Mes muscles rechignaient à la plus petite tâche. Je me souviens que pour enfiler mes chaussures, j'ai dû m'asseoir par terre dans la penderie.

Je suis montée dans la voiture, sans même prévenir le cabinet de mon urologue. Je souhaitais me rendre au centre médical, situé à presque 50 km de la maison, en évitant la circulation intense de l'heure de pointe.

Comme elle n'avait pas de servodirection, la vieille auto était difficile à manœuvrer. Par ailleurs, elle pétaradait tellement que j'étais certaine de ne pas pouvoir me rendre. Je priais, autant pour la voiture que pour moi.

Après un trajet épuisant de presque une heure, j'arrivai au centre médical. Le cabinet de mon médecin était situé dans l'une de ces gigantesques tours dotées d'un immense parc de stationnement couvert. Je dus monter jusqu'au huitième avant de trouver une place libre. Les genoux flageolants, j'ai traversé à pied le garage, j'ai pris l'ascenseur pour descendre jusqu'au passage pour piétons menant à l'immeuble, puis j'ai repris un deuxième ascenseur pour monter jusqu'au cabinet de mon médecin.

Je savais que le cabinet n'ouvrait pas avant une demi-heure, mais j'espérais que la chance serait au rendez-vous.

Par miracle, la porte était ouverte. J'entrai, et Sharon, l'infirmière, m'accueillit en s'écriant : « Catherine ! Que faites-vous ici ? » souffla-t-elle en regardant mon visage gris. « Vous avez l'air mal en point. Que se passe-t-il ? »

« Comme d'habitude », dis-je, en essayant de faire de l'humour.

« Oh non, ce n'est pas comme d'habitude ! » Sharon me fit entrer immédiatement. « Entrez. Le médecin n'est pas encore arrivé, mais il est en route. »

« Merci. »

Sharon m'amena à la toilette, me donna un récipient en plastique pour l'échantillon d'urine, et me demanda de me rendre à la salle numéro un quand j'aurai terminé. Comme j'étais la seule patiente, elle a eu le temps de sortir mon dossier et d'envoyer l'échantillon au laboratoire pour analyse immédiate.

J'ai attendu sur la table d'examen que dix minutes, puis mon médecin est arrivé. Sans même me saluer, il s'est assis sur ce petit tabouret à roulettes qu'ont tous les médecins, il m'a regardée et dit : « Catherine, je veux savoir ce que vous avez pris avant de venir ici. »

« Ce que j'ai pris ? »

« Quel médicament ? » reprit-il, avec une intensité animée d'une curiosité aiguë que je n'avais jamais vue auparavant.

« Harvey, si j'avais pris un médicament, pensez-vous que j'aurais pratiquement risqué ma vie pour venir en voiture jusqu'ici ? J'ai dit à Sharon que je n'avais rien à la maison. C'est pourquoi je suis venue. Je savais que vous ne pourriez pas juste téléphoner pour m'obtenir du Bactrim, parce qu'il était impossible de renouveler mon ordonnance. »

Il était resté bouche bée. « Il faut que vous ayez pris quelque chose. »

« Non ! Absolument rien. Pas même un succédané d'aspirine, ai-je protesté. Pourquoi me regardez-vous comme si j'étais une sorte d'amibe ou je ne sais trop ? Je vous dis la vérité. »

Il soupira : « D'accord. Je vous crois. »

« Qu'y a-t-il ? Vous avez l'air plus effrayé que moi. Est-ce que l'analyse a détecté une forme de maladie dont vous ne voulez pas me parler ? »

Secouant la tête, il se retourna pour me regarder : « Ce qui arrive est impossible. Enfin, pour la science médicale, c'est impossible. »

Je fus parcourue de frissons, mais pas du genre qui vient avec la maladie. J'avais la chair de poule. « Continuez. »

« Catherine, nous avons examiné la culture. Il n'y a rien, excepté du pus et du sang. Beaucoup de sang et très peu d'urine. »

« Oh, vous n'avez pas idée », dis-je en repensant à la quantité de sang que j'avais perdu durant la nuit.

Il poursuivit : « Les résultats indiquent qu'il n'y a pas de bactéries. Or il est impossible d'avoir du sang, du pus et aucune bactérie. Ça ne se peut tout simplement pas. Catherine, il faut que vous disiez ce que vous avez pris. »

J'eus soudainement l'impression que je venais de franchir une zone ou une dimension que ni la médecine, ni l'homme n'avaient encore expérimentée ou, du moins, révélée. J'avais la bouche sèche, mais j'ai rassemblé mon courage et j'ai avoué la vérité. « Ce n'est pas ce que j'ai pris. C'est ce que j'ai fait. »

« Et qu'avez-vous fait ? »

Je lui ai alors parlé de la voix que j'ai entendue. Je lui ai expliqué en détail que j'ai visualisé la lumière saumon et les disques tournoyants en train de gratter le pus de la paroi de mes reins.

Il m'écouta patiemment et finit par dire : « Catherine, je crois fermement à la guérison holistique. J'ai été témoin de guérisons miraculeuses. De gens qui se sont guéris. J'ai même vu des cancers disparaître alors qu'il n'y avait plus aucun espoir de rémission. Mais ceci... c'est entièrement différent. À ma connaissance, il n'y a jamais eu de cas pareil. »

Je lançai à la blague : « J'imagine qu'il faut une première en tout, n'est-ce pas ? »

Nous avons discuté encore un peu des subtilités de ma « méditation curative ». Il prit un tas de notes, de manière à ne rien oublier de ce que je lui avais confié. Il me donna ensuite une très grosse dose de Keflex que j'ai pris avant de me remettre en route. Je me souviens d'avoir eu de la difficulté à avaler l'énorme comprimé, ce qui m'a semblé étrange parce que j'ai toujours été capable d'avaler une poignée de vitamines d'un coup.

J'ai quitté le cabinet avec une nouvelle ordonnance de Bactrim, en promettant de revenir la semaine suivante pour une nouvelle culture.

En rentrant à la maison, je me sentais plus forte et je conduisais avec plus d'aisance quand tout à coup, je fus saisie d'une vague de nausée. Le besoin de vomir était tellement fort que j'ai arrêté la voiture sur l'accotement, j'ai ouvert la portière et vomi le comprimé de Keflex.

Je me souviens d'avoir pensé qu'il me faudrait rappeler mon médecin dès mon arrivée.

Au moment où j'ai fermé la portière et appuyé ma tête contre l'appuie-tête, j'ai alors entendu la voix : « Ne prends pas ce médicament. »

Je commençais à en avoir plus qu'assez de cette voix qui venait et partait sans ma permission. Je lançai d'un ton colérique : « Et pourquoi pas ? » Je n'escomptais pas obtenir une réponse, mais on m'en a donné une.

« Nous t'avons infligé cette maladie et nous l'avons guérie de façon que tu puisses en témoigner. Un jour, tu seras assez forte et assez courageuse pour écrire ton témoignage afin que d'autres le lisent. C'est le but de notre mission, la tienne, et la nôtre. »

Je suis rentrée à la maison. Je me suis couchée et je me suis reposée le reste de la journée. J'ai bu de l'eau et je n'ai pas pris de Bactrim.

Le lendemain, je suis rentrée au travail à 7 h, et j'ai organisé la journée de mes équipes de construction.

La semaine suivante, je suis retournée voir mon médecin, et, bien entendu, tous les tests se sont révélés négatifs comme la première fois.

Je n'ai plus jamais entendu la voix, bien qu'il y ait eu certains moments où j'ai souhaité qu'elle vienne à ma rescousse. Mais qui sait, peut-être que le revenant ou l'ange à qui elle appartient est toujours là, mais qu'il n'a tout simplement plus rien à me dire.

L'ange et l'empotée

J'aimerais pouvoir dire que je suis sportive. J'ai essayé à peu près tous les sports et je suis fière d'en faire état – du basket à l'aérobique, en passant par le ski alpin, le ski nautique, le golf et le tennis. Mais le fond de l'histoire, c'est qu'après un demi-siècle, je ne suis pas encore habituée à mon corps. Je me sens encore comme un poulain qui essaie de comprendre à quoi servent tous ses membres. Sachant cela, vous saisirez mieux l'anecdote qui suit.

Par un chaud après-midi d'été, Jim et moi promenions nos deux golden retrievers le long de notre rond-point jalonné de nombreux arbres. Des nuées orageuses s'agglutinaient au-dessus de Houston, et nous tenions absolument à promener les chiens et à rentrer avant qu'elles crèvent.

Notre plan échoua. Une pluie cinglante se mit à tomber à grosses gouttes, telle une volée de plombs. Bebe, ma petite chienne de deux ans, croyait encore qu'elle n'avait que deux semaines. C'est pour cela que je l'aime. Elle est aussi empotée que moi.

Je me suis mise à courir avec elle pour rentrer. Jim et Beau couraient derrière nous. Tout à coup, Bebe a décidé de faire une halte, de s'arrêter net. Et au lieu de stopper à côté de moi, elle s'est mise en travers de mon chemin.

Elle aurait tout aussi bien pu être une haie dans une course d'obstacles.

J'ai plané par-dessus son corps et atterri, visage contre la chaussée, « comme un sac de pommes de terre », d'après Jim. Je n'ai jamais maîtrisé la technique du « tomber-rouler »...

En voyant la chaussée venir vers moi, tout ce qui m'a traversé l'esprit, c'est que j'avais une entrevue télévisée le lendemain et que je ne pouvais me présenter avec le visage égratigné ou ensanglanté. J'ai donc fait ce que n'importe quelle empotée géniale aurait fait : j'ai voulu me servir de mon bras pour amortir ma chute.

Mon bras a glissé le long de l'asphalte, arrachant la peau au passage. Mais c'est mon épaule qui a encaissé le plus gros du choc. Face contre terre, souffle coupé, j'avais mal. Très mal.

La première préoccupation de mon mari fut qu'un camion de construction – ce qu'on voyait fréquemment dans notre quartier tout récent se pointe au coin de la rue et m'écrase au passage.

Jim avait les mains pleines : il lui fallait maîtriser deux chiens sous la pluie, tandis que je geignais de douleur. Il réussit à me remettre sur pied, et je boitillai jusqu'à la maison en m'appuyant sur lui, avec une Bebe repentante à la traîne derrière nous.

Une fois à la maison, nous avons pris soin de la très vilaine éraflure qui déparait la face interne de mon bras, ainsi que du « trou » que j'avais creusé dans ma paume. Mais j'avais l'épaule vraiment abîmée. Nous avons appliqué de la glace, et j'ai téléphoné à mon chiropraticien en or qui m'avait aidée au cours des derniers mois.

J'ai pris rendez-vous avec Scott pour le lendemain et suivi ses conseils pour le reste de la nuit.

Après un examen et quelques tests, j'ai appris que j'avais une dislocation partielle de l'épaule, ainsi qu'un tendon déchiré et meurtri. La convalescence serait longue. Malheureusement, il fallait que je prenne l'avion pour la tournée publicitaire d'un de mes livres. Je serais partie une semaine, ce qui me laisserait sans traitement durant une période critique de ma convalescence.

Je suis partie en tournée et j'ai mené mes affaires comme à l'ordinaire, en usant de mon sens de l'humour pour passer au travers du pire de l'épreuve. À mon retour, j'ai vu Scott deux fois par semaine pendant trois semaines, et, même si je guérissais, le processus était terriblement lent. Je commençais juste à ressentir un certain soulagement quand Scott a été muté.

J'ai continué à pratiquer mes exercices, mais je souffrais toujours. Certains jours étaient mieux que d'autres. Cependant, j'avais des nuits pénibles. Je souffrais d'insomnie, parfois pendant quatre ou cinq nuits d'affilée.

Je ne savais plus à quel saint me vouer. Par ailleurs, j'étais aux prises avec d'autres facteurs de stress qui ne favorisaient en rien ma guérison. Finalement, alors que je priais un soir, j'ai dit : « Mes anges, je n'en peux plus. Il faut que vous guérissiez mon épaule. Je ne peux plus vivre ainsi. J'ai trop de travail à faire sur cette Terre et tout cela me ralentit. »

Le lendemain, j'ai reçu dans ma boîte de courrier électronique un message de mon éditrice. Elle me parlait de Jerry, un jeune poète étonnant qui venait de lui tomber du ciel. Elle m'expliquait qu'elle lui avait parlé de moi et elle voulait savoir si elle pouvait lui donner mon numéro de téléphone. Il souhaitait faire ma connaissance par téléphone.

J'ai répondu que je serais honorée de faire sa connaissance. Avant de conclure, Kim a ajouté : « En passant, Jerry est guérisseur. »

Je suis restée figée devant mon bureau, fixant l'écran vide de mon ordinateur, avec la tonalité de manœuvre dans les oreilles. « Il est guérisseur ? C'est une chance, non ? »

J'ai reçu un appel de Jerry peu de temps après.

Qui se serait douté que chaque fois que notre conversation s'orientait vers sa poésie ou un autre sujet intéressant, mon autre téléphone sonnait. Ou Jerry recevait un autre appel. C'était une interruption après l'autre. Finalement, j'ai dit : « On ne veut pas que nous parlions maintenant. Pourquoi ne pas nous donner rendez-vous dans deux heures ? Je vais préparer le déjeuner de Jim et ensuite, nous pourrons bavarder. »

« Super », a-t-il répondu.

À l'heure dite, Jerry m'a expliqué comment il procédait pour voir à distance. Ce n'est pas que je sois sceptique, car j'ai des amis qui en sont capables et j'ai déjà rencontré une femme qui pratique la vision à distance pour l'armée des États-Unis.

« Vous avez les cheveux attachés et vous portez un corsage rose. Pas rose vif. Rose pâle », a dit Jerry.

« Pêche. Un pêche pastel, ai-je répondu. En plein dans le mille. »

Nous avons conversé un moment, puis j'ai demandé à Jerry s'il pouvait faire quelque chose pour mon épaule.

« Bien sûr. Je vais vous demander d'entrer en contact avec les arbres. Il y a peut-être près de votre maison un arbre que vous aimez particulièrement. Pourquoi est-ce que je vois un arbre sur votre toit ? » a-t-il demandé.

« Pas sur le toit. Il y a un puits de lumière dans ma salle de bain et un immense pin devant la maison. Grâce au reflet du miroir, je vois cet arbre chaque jour ; quand je suis dans le bain, je lève les yeux et je le vois. Ça me fit sourire. »

« C'est votre arbre, conclut Jerry. Il y a un chêne énorme sur la propriété de ma grand-mère ; j'entre en contact avec lui, et ensuite, je me sers de lui pour vous guérir. Les arbres sont réellement étonnants. Le plus jeune arbrisseau contient assez d'énergie emmagasinée pour rompre la surface de la planète. Quand vous aurez raccroché, essayez de trouver un endroit pour méditer 15 minutes, si vous le pouvez. Entrez en contact avec votre arbre. Je vais faire de même en esprit avec le mien. Imaginez la lumière et l'énergie de l'arbre qui entrent en vous par le sommet de votre crâne et qui descendent dans votre épaule pour la guérir. »

Je souffrais tellement après avoir étiré mon tendon en préparant le dîner la veille, que j'étais tout à fait disposée à essayer l'exercice.

L'après-midi, notre maison ressemble à la gare Grand Central. Quand il est au pays, Jim travaille à la maison, tout comme moi. Les chiens couraient un peu partout, le commis de FedEx est venu livrer quelque chose, les téléphones sonnaient, le télécopieur transmettait un document, et la femme de ménage passait l'aspirateur.

Tout ce qui m'est venu à l'esprit, c'est : « Je suis censée méditer dans tout ce boucan ? »

Quoi qu'il en soit, je me suis rendue dans la salle de bain, j'ai levé les yeux vers mon arbre et imaginé l'énergie et la lumière blanches qui en émanaient, descendant dans ma tête et mon épaule. Ensuite, je suis passée dans ma chambre pour m'étendre cinq minutes. Même si je n'avais jamais rencontré Jerry, j'ai essayé de le visualiser, d'entrer en contact avec son arbre. Remarquez que la seule image qui m'est venue, c'est la vision diffuse d'une lumière ayant la forme d'un homme.

En moins de cinq minutes, la douleur lancinante avait disparu. D'un seul coup. J'ai ouvert les yeux. Je n'arrivais pas à le croire.

« C'est mon imagination. »

Je me suis levée. Très, très lentement, j'ai effectué une rotation du bras. Aucune douleur.

Une des choses que je voulais faire à tout prix, c'était soulever un objet. N'importe lequel. Mon bras blessé était sans force ; même, ouvrir la portière de la voiture s'avérait difficile.

Je suis descendue à la cuisine sur-le-champ, avec l'idée de passer l'épreuve parmi toutes : vider le lave-vaisselle.

Miracle des miracles, j'ai réussi à ranger toute la vaisselle sans problème. Je suis même parvenue à soulever un gros chaudron pour le suspendre au support à casseroles au-dessus de ma tête.

Je n'ai rien dit à Jim. J'avais le sentiment que c'était trop beau pour être vrai. Je me suis dit que je verrais comment serait ma nuit : il y avait si longtemps que j'avais été incapable de dormir.

J'ai dormi comme une souche pour la première fois depuis un mois. Le lendemain, Jim et moi avons fait notre marche rapide de 6 km. Normalement, je porte des haltères de un kilo. Mais j'avais dû abandonner à cause de l'état de mon épaule. Ce matin-là, j'ai décidé de faire subir l'épreuve ultime à mon miracle. J'ai pris les haltères.

Mon épaule s'en est sortie comme une pro. J'ai marché 6 km et je n'ai pas même senti un pincement de douleur.

Jim a été extrêmement impressionné, et il m'a demandé pourquoi j'avais soudainement décidé de reprendre les haltères.

J'ai fini par lui raconter l'histoire de Jerry et de l'arbre.

Le lendemain, nous avons marché 8 km et j'ai porté mes haltères. J'étais plus forte que jamais.

Ce soir-là, après dîner, tandis que nous promenions nos chiens autour du rond-point, Jim m'a dit : « J'ai réfléchi à ton histoire à propos de Jerry. Je sais que notre terrain a la taille de la moitié d'un timbre-poste, mais je crois qu'il a raison à propos des arbres. Ils ont une énergie incroyable. J'ai même figuré où nous pourrions en planter au moins cinq de plus ! »

Ma guérison date maintenant d'une semaine, et mon bras est entièrement remis.

Cette semaine, je me suis rendue au gymnase et j'ai travaillé sur les appareils pour les bras. Hier, j'ai augmenté le poids de mes haltères courts à 2,25 kg chacun. Je reprends mes haltères de 3,6 kg dès demain pour les flexions des biceps et le travail des triceps.

Maintenant, quand j'entre dans la salle de bain et que je regarde mon pin favori, je le remercie de m'avoir guérie. Je récite aussi une prière pour Jerry et une autre pour Kim, l'ange messager qui nous a mis en contact.

La petiote de Dieu

À Houston, l'été 1986 avait été torride. Rod, mon mari, et moi avions été congédiés de l'entreprise de piscines et de spas qui nous employait. C'était tout juste après la crise du pétrole : l'engrenage du commerce de détail s'était arrêté en grinçant. Rod et moi avons fait alors la seule chose que nous savions faire : nous avons lancé notre propre entreprise de piscines et de spas.

Sans grand capital, nous avons loué un édifice abandonné que nous avons nettoyé nous-mêmes de fond en comble. Nous avons déniché des employés loyaux, mais au chômage – charpentiers, plombiers, manœuvres, et toute personne disposée à travailler pour un maigre salaire et avec beaucoup d'espoir.

Mon fils Ryan n'avait que 11 ans à l'époque, mais il travaillait avec nous, l'après-midi et les fins de semaine. Faire travailler un enfant n'était pas impensable quand nous ne savions pas comment payer l'épicerie.

Nous n'avions pas d'argent pour faire la publicité. Nous avons donc confectionné une affiche, loué une bonbonne d'hélium et couru dehors avec un bouquet de ballons pour attirer l'attention. Nous avions heureusement acquis une bonne réputation au sein de l'autre entreprise ; par conséquent, nos anciens clients se sont tournés vers nous pour l'achat des produits chimiques et l'entretien de leurs appareils.

Ils ont aussi pensé à nous quand leurs amis ont songé à faire effectuer des réparations, installer une piscine ou une construction nouvelle sur leur propriété. Résultat : nous survivions, mais tout juste.

À l'époque, j'écrivais furieusement la nuit et j'essayais de décrocher des travaux d'édition pour financer les frais de personnel et nous permettre à tous de survivre. Chaque mois, nous parvenions à joindre les deux bouts.

C'est alors que nous avons fait une percée formidable. Un de nos amis, annonceur à la radio, a accepté de nous promouvoir gratuitement, si nous refaisions l'entrée de sa résidence. Rod et moi avons organisé une vente de spas accrocheuse, et la campagne-éclair que nous avons planifiée a donné des résultats au-delà de nos attentes.

Nous étions débordés, mais nous avons attaqué la tâche avec joie. Et les journées de quatorze heures. Au cours de l'été, j'ai fréquemment envoyé mes hommes à bord d'un camion chargé de conduites, de colle, de pompes et d'accessoires de plomberie, pour installer de la tuyauterie de 22 h à 1 h. Nos clients étaient tellement contents de nous voir arriver qu'ils acceptèrent notre façon de procéder. Nos employés aimaient l'horaire, parce qu'il faisait frais et que le travail avançait deux fois plus vite.

Finalement, nous avons obtenu trois contrats d'aménagement de piscines, qui étaient notre propre conception, et pour lesquels nous avions déposé une soumission. Nous avons eu le sentiment que nous passions parmi les premiers. Nous étions euphoriques.

Nous avions engagé une équipe de pisciniers qui avaient la réputation d'être d'excellents travailleurs. En quelques jours, nous avons découvert que c'était tout le contraire. S'il était possible de faire du grabuge sur un chantier, on pouvait compter sur ces types pour s'en charger. J'avais envie de m'arracher les cheveux tellement ils me donnaient de maux de tête.

Sitôt que je réussissais à corriger la situation, ils faisaient quelque chose de stupide, comme boire de la bière sur le chantier, déserter les lieux deux ou trois jours d'affilée ou pire, creuser un trou carré sur le terrain où ils étaient censés installer une piscine ronde.

Pour finir, l'un des hommes enguirlanda une cliente. Elle chassa l'équipe de sa propriété, mais son agresseur déclara qu'il allait s'armer d'un fusil et me descendre pour l'avoir envoyé travailler là en premier lieu !

J'ai téléphoné au service de police. Des agents ont déboulé en catastrophe dans notre magasin pour assurer ma protection. L'employé a fait irruption à l'intérieur en criant et en agitant son arme, puis les policiers l'ont intercepté et emmené.

Ma secrétaire, mon assistante et deux des vendeurs étaient choqués et effrayés. Qu'allions-nous faire maintenant sans équipe pour creuser et installer nos piscines ?

J'ai vu leurs visages me fixer du regard. J'étais leur lien avec le chèque de paie qu'ils recevaient le vendredi, qui nourrissait leurs enfants et assurait leur solvabilité. Ils avaient besoin de moi. Or j'étais atterrée.

Je ne savais que faire, ni comment rectifier la situation. À ce stade, nous étions handicapés par la crise du pétrole. Les travailleurs de la construction, les menuisiers et les plombiers avaient quitté le Texas en masse. À Houston, des dizaines de milliers de propriétaires avaient tout simplement quitté leur maison, abandonné leur hypothèque et déclaré faillite. Nous savions tous qu'il n'y avait personne à employer.

La situation était désespérée.

Sous les yeux de mes employés qui se tournaient vers moi pour des conseils et une solution, j'ai posé ma tête sur le comptoir et je me suis mise à pleurer. J'avais l'impression que tout espoir était vain. Puis, j'ai levé les yeux au ciel et prié tout haut : « Dieu, c'est Catherine, Ta petiote. J'ai besoin d'aide. Mon entreprise a besoin d'aide. J'ai besoin d'une équipe de pisciniers. Tout de suite. Aujourd'hui. Merci de m'aider, Dieu. »

J'ai regardé mes employés. Personne ne souriait.

« C'est tout ? C'est tout ce que vous allez faire ? » balbutia ma secrétaire.

« C'est tout ce que je peux faire. Je donne des coups de fil depuis des semaines partout en ville pour essayer de remplacer ces gars-là. Il n'y a personne. »

Sur ces entrefaites, la porte du magasin s'ouvrit pour livrer passage à trois hommes vêtus de jeans, t-shirts et bottines de travail.

« Dites donc, madame ! » lança le plus grand et le plus costaud des trois. « Nous avons vu vos ballons en passant en voiture. Nous ne savions pas qu'il y avait une entreprise de piscines ici. Nous arrivons de l'extérieur, nous venons tout juste d'emménager. Vous n'auriez pas du travail pour trois pisciniers, par hasard ? »

Des frissons me parcoururent l'échine. Des frissons angéliques.

Ma secrétaire a poussé un cri avant de plaquer une main sur sa bouche.

« Ça alors ! » prononça l'un des vendeurs, estomaqué, avant de s'effondrer sur sa chaise comme s'il avait les jambes en coton.

Mon assistante est accourue. En me saisissant par le coude, elle s'est exclamée : « Je n'ai jamais vu une réponse aussi rapide à une prière ! »

J'ai souri. « Vous pensez qu'Il a aimé cette histoire de "petiote" ? »

« En tout cas, continuez de vous en servir. Ça marche. »

J'ai engagé les trois hommes sur-le-champ et je les ai envoyés chez la cliente laissée en plan. C'était, et c'est toujours, la plus jolie piscine que nous ayons bâtie. Cela doit être à cause de cette nuée angélique qui semble flotter au-dessus et la bénir chaque jour.

Tout l'été, mes employés ont parlé de cette équipe de pisciniers et de la façon dont ils étaient venus à nous. Les trois hommes sont restés des années à notre emploi. Par conséquent, ce n'était pas comme s'ils étaient des apparitions ou un truc du genre. Ils avaient prié pour obtenir du travail. J'avais prié pour qu'ils me soient envoyés.

Nos chemins divins se sont croisés, non pas de façon mystérieuse, mais selon un plan. Et dans sa simplicité, ce plan s'est avéré absolument merveilleux.

Les anges financiers

C'était une période noire pour notre entreprise de piscines. Nous avions pris de l'expansion et ouvert un second magasin – quoique, avec un budget de misère –, parce que nous voulions être au même endroit que la clientèle. Mais la crise du pétrole était à son apogée et les gens quittaient leur domicile en masse. Durant l'automne, Houston avait perdu 350 000 résidants. Les centres commerciaux étaient vacants. On offrait une année de location gratuite dans les immeubles de bureaux, dans l'espoir que l'occupant parviendrait à payer le loyer durant trois ans. Les ventes d'automobiles étaient à leur plus bas en vingt ans. Dans les grandes sociétés, les mises à pied avaient diminué au point où il n'y avait plus d'emploi disponible, pas même dans les restaurants rapides. L'homme qui entretenait ma pelouse avait été géologue chez Shell. Nous connaissions personnellement trois hommes qui s'étaient suicidés durant l'hiver, une fois la poussière retombée sur les documents de leur faillite.

Le centre-ville de Houston ressemblait à une gigantesque ville fantôme, ce qu'elle était. Deux ans plus tôt, j'avais cru que lancer notre entreprise durant les premiers jours de la crise du pétrole était ce qui pourrait nous arriver de pire. J'avais tort. La situation se dégradait encore.

Nous risquions de devoir fermer notre commerce, vendre la maison, et déménager Dieu sait où.

Mon mari n'avait pas de réponses. Il a donc fait la seule chose qu'il savait faire : il est parti en randonnée équestre avec ses amis, me laissant responsable des ventes. Selon moi, il a pensé que tout était fini, et il a laissé tomber. Il s'est probablement dit que, puisque nous allions devoir vendre le cheval, il était aussi bien d'aller chevaucher une dernière fois.

Pour envenimer les choses, nous étions en plein hiver, une période où personne ne songe à faire fonctionner sa piscine et où il n'y a aucun client en magasin. Mes vendeurs en étaient réduits à lancer des cartes à jouer dans leur casquette durant leur pause-café, qui durait entre cinq et six heures par jour. La morosité était tangible. Les membres de nos équipes partaient travailler pour d'autres sociétés ou dans d'autres villes. Nous n'avions plus qu'une poignée d'hommes. Si nous étions incapables de les payer à la fin de la semaine, je devrais encore en congédier deux. Sans cette précieuse main-d'œuvre, nous n'avions plus d'entreprise à proprement parler. En toute honnêteté, notre seule option consistait à fermer.

Trois jours avant de partir pour sa chevauchée de dix jours avec le Houston Livestock and Rodeo, mon mari conçut une série d'annonces dans les journaux d'une vente qui aurait lieu durant son absence. Le plan était plutôt futé et ne pouvait fonctionner que durant ces jours austères de faillites massives et de fermetures de commerces. Sur l'annonce, on lisait : Vente d'expansion.

Vous avez bien lu : non pas « vente de liquidation », mais « vente d'expansion ».

Le premier jour de la vente, j'ai préparé du café et des biscuits pour nos deux magasins. J'avais fait installer des bonbonnes d'hélium aux deux endroits et décoré les spas et les étagères en me servant de la moitié des serviettes, des verres à vin et des arrangements floraux en soie que j'avais à la maison. Nos magasins avaient fière allure. Mais ce n'était pas suffisant.

Je me suis rendue à l'entrepôt et j'ai rassemblé les employés qui restaient. Je leur ai expliqué que nos comptables avaient déclaré qu'il nous fallait vendre 150 000 $ de marchandises pour sortir de l'impasse. À l'époque, le chiffre était astronomique. Il aurait aussi bien pu s'agir de un million. C'était comme une montagne dont nous ne parviendrions jamais à atteindre le sommet sans aide.

Je savais ce qu'il nous fallait faire. Nous avons formé un cercle de prière, nous nous sommes agenouillés et nous avons supplié Dieu de sauver notre entreprise, nos emplois, le travail qui nous permettait de nourrir nos enfants. Ensuite, je me suis rendue au plus grand de nos magasins et j'ai fait la même chose avec les vendeurs. J'ai dit à tous nos employés que nous jouions notre dernière carte. Si la vente échouait, il nous faudrait fermer.

Durant la vente, j'ai appelé l'équipe de nos magasins chaque jour pour rappeler à tout le monde de prier. Je demandais à chacun de prier dès qu'il avait un moment. J'ai même fait brûler une chandelle sur ma table de travail dans notre bureau, dans le nord de la ville.

Le premier miracle de ces dix jours eut lieu dès l'ouverture, le samedi matin. Le premier client à franchir la porte déclara qu'il avait vu l'annonce de notre vente de liquidation. Souriante, je lui expliquai qu'il avait mal lu. Nous étions toujours en affaires, à Dieu ne plaise, et nous avions même une vente formidable en cours. Je confiai au client que si nous ne vendions pas un nombre donné de piscines et de spas dans les dix jours, nous serions obligés de fermer. Il acheta un spa, une terrasse et une gloriette.

Avant que la signature des documents soit terminée, un couple est entré, annonce en main. Il avait fait la même erreur en la lisant. Néanmoins, notre vente était légitime, nous avions des réductions exceptionnelles et un financement formidable. Le couple acheta un spa et une terrasse.

Cette journée et la suivante ont été parmi les plus incroyables de ma vie. Les vendeurs étaient submergés de clients. Les téléphones n'arrêtaient pas de sonner : on nous demandait des rendez-vous pour des conceptions de terrasses, de piscines et d'aménagements paysagers.

Durant exactement dix jours, nos magasins furent bondés. Des gens à qui les vendeurs avaient téléphoné au moins un an avant resurgissaient tout d'un coup pour faire un dépôt sur une piscine que nous avions pensé ne jamais bâtir. Les produits chimiques disparaissaient à toute vitesse des étagères. On commandait des accessoires et des pièces par douzaines. À un moment donné, il y avait tellement de monde dans notre magasin du quartier nord que j'ai dû donner une conférence à l'intention des personnes présentes. La cafetière était constamment en marche, et le soir, je cuisinais des biscuits.

Quand mon mari est revenu de sa chevauchée, nous avions en main 159 000 $. Nos vendeurs avaient des rendez-vous de soumissions prévus pour chaque soir des trois semaines à venir.

Une fois la vente terminée, je jubilais et j'étais en larmes tout à la fois. Les employés et moi sommes tombés à genoux pour offrir une prière de reconnaissance à Dieu qui avait sauvé notre entreprise. L'hiver a laissé la place au printemps. Même si les affaires n'ont plus jamais été aussi étourdissantes, nous avons pu garder notre équipe et nos employés durant l'hiver, jusqu'à ce que les affaires reprennent au printemps et à l'été, comme c'est toujours le cas.

Pour ceux qui ont vécu et peuvent témoigner de ces jours miraculeux, notre expérience a vraiment démontré le pouvoir de la prière.

Il y a plusieurs années, j'ai lu les conférences de Napoleon Hill, le conseiller financier des Carnegie et des

Vanderbilt, au siècle dernier. Sa théorie s'appelait le maître-esprit. Hill croyait que lorsque deux esprits ou plus se concentrent sur un même but, ce dernier est atteint avec une rapidité qui augmente en proportion du nombre d'esprits engagés dans l'exercice. Comme j'avais enrôlé tous les employés de l'administration, les vendeurs et les équipes de pisciniers, plusieurs esprits se concentraient pour sauver notre compagnie.

Même dans ce cas, je suis assez sage pour savoir qu'il a fallu plus que nos prières. La prière est le supercarburant des miracles.

À ce jour, l'entreprise prospère toujours ; elle fournit maintenant une carrière à mon fils, Ryan, et met de la nourriture sur la table où s'assied Caylin, mon unique petite-fille. Encore aujourd'hui, j'aime à penser que si je n'avais pas remis nos vies à Dieu lors de cet épisode critique, ce tournant de notre existence, notre destin aurait probablement été différent.

Mais cela, Dieu seul le sait.

DEUXIÈME
2
PARTIE

Rêves

Du rêve prémonitoire que fit Calpurnia à propos de la mort de Jules César à l'interprétation que Freud donne du ça, du moi et du surmoi, en passant par les archétypes de Carl Jung, les rêves et leur interprétation sont un fait de l'existence humaine.

L'homme ne peut vivre sans rêver. Psychiatres et psychologues affirment que bien que nous passions un tiers de notre vie à dormir, nous ne sommes pas inactifs durant ce temps. Le rêve est aussi indispensable à la santé mentale que le sont l'exercice et une alimentation saine au bien-être physique.

Nous rêvons tous. Ce qui fait la différence, c'est le fait de se souvenir ou non de ses rêves.

L'Histoire nous raconte comment Crésus vit son fils assassiné en rêve. Joseph sauva l'Égypte de la famine en interprétant avec exactitude les songes du pharaon. C'est d'un rêve que Coleridge tira *Kublaï Khan*. Jeanne d'Arc prédit son trépas en rêve. Shakespeare se servit de ses rêves pour nourrir son inspiration.

Ces personnes ont utilisé leurs rêves pour modeler leur vie et le monde autour d'eux.

Edgar Cayce, le « prophète endormi » de Virginia Beach, définit les rêves avec beaucoup de justesse :

« Quelles qu'en soient les caractéristiques, les visions ou les rêves reflètent :

1) des conditions physiques ;
2) l'inconscient. [Ici] les conditions se rapportant au corps physique et à ses actes [se manifestent] soit à travers l'esprit, soit à travers les éléments de l'entité spirituelle ;
3) une projection des forces spirituelles (supraconscience) transmises à l'inconscient de l'individu.

Heureux soit celui qui est capable de dire qu'on s'est adressé à lui en songe ou dans une vision. »

— Edgar Cayce (traduction libre)

Les récits de cette deuxième partie portent sur les rêves transformateurs. Certains ont changé le monde, comme le rêve de mon grand-père. D'autres sont prémonitoires, comme ce compte rendu du rêve de Plutarque dans lequel Auguste se fait dire qu'il doit immédiatement quitter sa tente et après quoi, ses ennemis surviennent et transpercent son lit de leurs épées.

J'ai choisi uniquement des rêves nocturnes. C'est délibérément que j'ai omis d'inclure les récits engageant le genre d'état onirique qu'on atteint en méditation ou en prière.

Les rêves narrés dans cet ouvrage ont été influencés par des interventions des royaumes angélique et spirituel. L'élément divin est présent et transparaît dans le récit afin que vous sachiez s'il vous arrive d'avoir un tel songe, d'avoir un rêve que vous ne pouvez oublier, peu importe les années ou les milliers de rêves que vous ferez par la suite que les anges vous parlent. Il est à souhaiter que, la prochaine fois, vous serez disponible. Vous serez aux aguets.

Le rêve de grand-père Manning

Crestview, Floride, 1931

Un matin, mon grand-père, Clyde Foshe Manning, se réveilla et dit à ma grand-mère : « Ethel, réveille-toi ! J'ai fait le rêve le plus étrange qui soit. J'ai vu des avions, des jets, même des fusées, atterrir à Postal Point ! »

« Tu as perdu l'esprit, Clyde. Il n'y a que des marécages à Postal Point. »

« Oui, en ce moment, répondit-il en se levant. Je te parle de l'avenir. Je pouvais le voir. »

« Voir quoi ? »

« L'avenir. Et ce n'était pas du tout comme dans un rêve. Je sentais le carburant. J'entendais les bruits. Ils m'ont presque crevé les tympans tellement ils étaient bruyants. Comme si… comme si… ils avaient franchi le mur du son. »

« Ne sois pas ridicule. »

Nostalgique, mon grand-père poursuivit. « C'était *réel.* Ces appareils *franchissaient vraiment* le mur du son. C'était un endroit immense. Avec des hangars, des baraquements. Voilà ce que c'était ! C'était une base d'aviation. »

Grand-mère grommela : « Tu as toujours des idées de fou, Clyde. Oublie tout cela. »

La journée et la semaine se sont écoulés, mais grand-père Manning était incapable d'oublier. Il rencontra un de ses amis, James E. Plugh, l'inventeur du siège à ressort pour bicyclette, qui avait aussi fondé la Chicago Linen Supply après la mort de son père, pour payer ses études à l'Université de Chicago. À ce jour, les entreprises de linge de maison du monde entier doivent payer une redevance à la Chicago Linen Supply.

James était convaincu que l'idée de Clyde était bonne, et les deux hommes ont donc parlé à Chuck Ruckle, le gendre de James, qui a aussi admis que le rêve de grand-père était viable.

Les trois hommes se sont rendus à Montgomery, en Alabama, pour rencontrer le lieutenant Rich, à Maxwell Field. Le lieutenant a non seulement aimé l'idée, mais il a formé une équipe d'officiers et de formateurs qu'il a envoyée par avion à Postal Point pour tâter le terrain.

L'équipe décida que la pointe pourrait facilement accommoder des baraquements, des bureaux et un club pour les officiers. Ils installeraient des cibles au milieu de la baie de Choctahatchee pour la formation des pilotes et des artilleurs. Le terrain plat et aride convenait parfaitement aux pistes et aux terrains d'atterrissage.

Le lieutenant Rich se rendit à Washington, DC, et raconta aux généraux le rêve de Clyde Manning, au sujet d'une base aérienne à Postal Point, en Floride.

Ma mère se souvient de cette époque parce qu'elle était au lycée et que les avions du corps de l'armée de l'air annonçaient leur arrivée en survolant le lycée de Crestview. Comme la plupart du temps, mon grand-père était occupé par des réunions à la banque, ma mère quittait l'école en vitesse, franchissait en courant les deux pâtés qui la séparaient de la maison, montait dans la voiture familiale, et se rendait au petit aéroport de Crestview. Elle passait prendre le lieutenant Rich et ses supérieurs et les ramenait à la maison où ma grand-mère préparait le dîner pour toute la compagnie. Ma mère se souvient que durant ces années passionnantes, sa famille a reçu des représentants de la Floride au Congrès, comme John Yon de Mayo, par exemple. À cette époque, grand-père Manning était responsable de l'installation d'un réseau électrique dans la partie sud du comté d'Okaloosa, où il n'y en avait pas encore.

Quand ma mère est sortie du lycée en 1936, le paysage de cette partie du nord-ouest de la Floride avait changé à jamais. À l'époque où j'étais moi-même au lycée et où je rendais visite à mes cousines Barb et Beth qui habitaient une maison surplombant la baie de Choctahatchee, je devais couvrir mes oreilles pour amortir le bruit des bangs supersoniques qui se succédaient quand les avions à réaction franchissaient le mur du son, comme grand-père l'avait prédit 30 ans plus tôt.

J'évoque souvent la scène de grand-père et grand-mère assis à la table de la salle à manger, en compagnie du lieutenant Rich et de quelques autres, tandis que le corps de l'armée de l'air des États-Unis conçoit des plans pour construire ce qui est devenu la base aérienne Eglin.

Et tout cela, parce que grand-papa Manning a eu foi en son rêve et a fait en sorte de le concrétiser.

Un jour, mon prince viendra

Les plages de Destin et de Fort Walton, en Floride, ont toujours occupé une place importante dans mes rêves sur mon âme sœur, sans doute parce que la famille de ma mère vivait dans cet État et qu'elle possédait des propriétés dans ces deux régions et les alentours. Mes souvenirs de Destin remontent à ma petite enfance; plus tard, lors de mes visites à mes cousines Barb et Beth, nous avons passé bien des journées estivales à enfoncer nos pieds dans les sables chantants.

J'avais 13 ou 14 ans, soit à peu près l'âge où les filles commencent à rêver à l'homme qu'elles épouseront, quand j'ai « vu » mon âme sœur pour la première fois. Dans mon rêve, j'étais debout dans le brouillard, les orteils enfoncés dans le sable de la plage de Destin. Un homme, et non un garçon, sortait des flots et s'approchait de moi. J'étais incapable de le décrire, sauf pour dire qu'il était de grande taille. Il me prenait la main, simplement. Je me souviens d'avoir pensé qu'il avait les doigts longs et sensibles, comme un poète.

Même s'il s'agissait d'un rêve, la rencontre était bien réelle; pendant des jours, je n'ai pu l'oublier. Quand l'homme avait pris ma main, j'aurais juré avoir touché de la chair, et non un fantôme.

Je ne rêvai plus à lui avant d'avoir 16 ans. Le rêve était encore plus frappant que la fois précédente, et au réveil, j'étais médusée de constater qu'il s'agissait du même homme. Tout cela n'avait aucun sens pour moi. Je sentais que l'homme était extrêmement intelligent, mais je n'arrivais pas à voir ses traits, et il ne disait jamais un mot.

Le jour de mon dix-huitième anniversaire, j'étais en voiture avec mon père — un avocat. Nous étions en route pour le travail quand il m'a dit : « Tu as maintenant l'âge légal. Tu peux t'enfuir et te marier sans me le dire, mais j'espère que tu ne le feras pas. »

Il faisait une blague, mais je me souviens de lui avoir répondu, en regardant la neige tomber par la glace de la portière : « Je ne rencontrerai pas le bon avant d'avoir 50 ans, papa. »

Il a éclaté de rire. « Ne sois pas ridicule. Tu sors beaucoup. Tu rencontreras certainement quelqu'un avant cet âge. »

J'ai répliqué : « J'ai de la difficulté avec ces histoires de rendez-vous. Personne n'est capable de soutenir une conversation intelligente. »

Il a hoché la tête d'un air sérieux avant de répondre. « Malheureusement, tu as reçu mon intelligence en cadeau. J'ai eu le même problème presque toute ma vie. »

Bouche bée, j'ai tourné la tête vers lui : « Ah bon ? » Son aveu ne me réconfortait pas beaucoup. « Et quelle est la solution ? »

« Attendre », dit-il en souriant.

J'ai levé les bras au ciel : « Tu vois ! C'est ce que j'ai dit ! Je serai une relique ! »

« Cinquante ans, c'est loin d'être ancien », rétorqua-t-il d'un air songeur.

« Ça l'est pour moi », ai-je grommelé en songeant que personne n'a d'enfant à 50 ans. La vie allait me passer sous le nez.

Les années se sont écoulées, je suis entrée à l'université, et j'ai décidé de ne pas attendre d'avoir 50 ans. Mes rêves sur mon « roi des mers » n'étaient que cela, des rêves. Je renonçai à lui. Après tout, c'était un fantasme, et il fallait que j'avance dans la vie.

J'ai donc relégué mon enfance derrière moi et épousé Andy. Nous avons acheté une petite maison de plain-pied ; j'ai fait un jardin et eu la joie de donner naissance à mon fils. Je m'enracinais et j'étais tout à fait satisfaite de ma vie qui, bien que petite, restait agréable.

C'est alors que l'incroyable s'est produit. La veille de mon vingt-cinquième anniversaire, j'étais en train de m'habiller pour une soirée. Je m'étais confectionné une table de maquillage avec un boîtier de poste de télévision que j'avais payé 5 $ dans une vente-débarras, et j'avais dissimulé la cavité béante sous un drapé de cotonnade bleue bon marché. J'y avais posé un de ces miroirs à maquillage éclairés qui me restait de ma première année de lycée. Je me maquillais devant ce miroir depuis dix ans. Il n'y avait rien de nouveau ou d'inhabituel dans mon rituel.

Tandis que je me maquillais, mon reflet s'est effacé lentement du miroir pour céder la place au visage de mon « roi des mers » oublié. J'ai cligné des yeux deux fois, délibérément, pour le faire disparaître. Mais il est resté.

Jusqu'à cet instant, je n'avais jamais pensé aux boules de cristal ou à la cristallomancie (divination du futur). Je me souviens d'avoir songé : « C'est mon avenir. »

J'ai vu l'ensemble de ma vie adulte se dérouler devant moi en images, en portraits et en courtes scènes, comme un scénario déjà rédigé. Je me suis vue dans le futur. Ma vie allait changer du tout au tout quand j'aurais 32 ans. Je me voyais très clairement. J'étais plus âgée, j'étais épanouie et indépendante, mais mon conjoint n'était plus à mes côtés. Choquée, j'ai plaqué mes mains sur ma bouche. J'avais les larmes aux yeux, car je ne voulais surtout pas qu'Andy meure. L'idée du divorce me répugnait tellement que je croyais que seul son décès pourrait faire de cette vision une réalité.

À l'époque, mon fils n'avait que quatre mois, mais dans le miroir, il avait presque sept ans. En regardant plus avant, je vis le « roi des mers » émerger de l'océan, comme il l'avait fait quand j'avais rêvé de lui à 13 ans.

Cette fois, il m'a appelée et j'ai pu entendre sa voix. Il avait un accent du Sud très prononcé. Mes mains tremblaient tellement que j'ai couvert mon visage, et tout a disparu.

Portant cet incident apeurant au compte de mon imagination trop fertile, je me suis forcée à oublier ce que j'avais vu. Quand le souvenir me revenait, je commandais que ces événements ne se matérialisent pas. J'étais la maîtresse de mon destin, la capitaine de ma destinée. Combien de fois mes parents me l'avaient répété ? J'avais le pouvoir de construire mon avenir.

Un an plus tard, mon mari a été muté à la Nouvelle-Orléans. Nous sommes partis vers une nouvelle aventure et je m'y suis lancée de tout cœur.

Au cours des trois années suivantes, nous avons souvent rendu visite à ma cousine Beth et à sa famille à Gulfport, au Mississippi. Chaque fois que nous pouvions nous évader de la ville pour une fin de semaine à la plage avec Beth et ses garçons, nous en profitions. Mon rêve du roi des mers revenait périodiquement, au point où il finit par être mensuel.

À certaines époques, je sentais mon roi des mers très près de moi. Un jour, dans une épicerie de Gulfport, je me souviens d'avoir senti qu'on me protégeait. J'avais le sentiment que mon protecteur se trouvait peut-être dans l'allée voisine. Sachant que c'était impossible et que je vivais une existence ancrée dans la réalité et non dans les rêves, je m'obligeai à mettre les choses en perspective.

Nous avons déménagé dans le Michigan. Un an plus tard, j'ai perdu un enfant. Un fils, Ethan. J'ai sombré dans une grave dépression qui a duré six mois. Je n'avais qu'un désir : mourir. Nous avons déménagé au Texas, mais notre union agonisait. J'ai prié pour avoir la force de survivre à cette rupture, parce qu'il fallait que je prenne soin de mon aîné.

Mon quotidien était hanté par la peur de l'avenir, la culpabilité et le remords. Et pourtant, j'étais déterminée à rester saine d'esprit. Or, quand le roi des mers est réapparu, ce n'était pas en rêve.

C'était la fin de l'après-midi. J'étais dans ma chambre, étendue sur mon lit, et je pleurais. Tout à coup, j'ai eu l'étrange sensation qu'il y avait quelqu'un dans la pièce. J'ai cessé de pleurer et essuyé mes larmes. J'ai jeté un coup d'œil autour de moi. Des frissons me parcouraient le corps. La peur me tenait.

Mes yeux se sont tournés vers la fenêtre. La silhouette d'un homme s'encadrait entre les rideaux retenus par des embrasses. Je distinguais clairement ses cheveux sombres et raides. Il avait de larges épaules, un torse massif, comme celui de mon fils, et des hanches étroites. Il a dit : « Je te protégerai », puis il a disparu.

Dès lors, j'ai su que même si le chemin où j'avançais semblait incorrect aux yeux de ma famille et de mes amis, c'était celui que j'étais forcée d'emprunter. Je ne comprenais pas pourquoi les événements me poussaient à divorcer et à redevenir célibataire, car ce n'est pas un style de vie que je préconisais. Ce n'est que beaucoup plus tard, sous une perspective entièrement nouvelle, que j'ai obtenu une explication. Pour l'instant, je n'avais d'autre choix que d'avancer.

Durant cette année-là, j'ai écrit un livre, signé un contrat avec un agent, vendu le livre, obtenu mon premier « vrai » emploi dans les ventes, divorcé d'Andy, vendu ma belle maison et loué une maison en rangée. Je me retrouvai seule pour la première fois de ma vie. J'avais 32 ans.

C'est seulement après que tout fut derrière moi que j'ai pris conscience que j'avais matérialisé – inconsciemment, sans le faire exprès peut-être – le rêve entrevu dans mon miroir, la veille de mon vingt-cinquième anniversaire.

Durant quinze ans, j'ai travaillé, écrit, élevé mon fils et déménagé. Je me suis remariée avec Rod cette fois, j'ai divorcé, et jamais, pendant tout ce temps, je n'ai rencontré mon « roi des mers ». À peu près à l'époque où j'avais fini par me convaincre que je n'avais pas vu de silhouette entre les rideaux, ni entendu de voix, il est revenu me voir. En force.

J'assistais à un dîner avec Rod, mon conjoint de l'époque. On nous a présentés à Vicki et à Jim, son mari. Elle s'est montrée polie, mais j'ai vu que nous ne deviendrions probablement pas de grandes amies parce qu'elle fut très réservée avec moi.

Quelques semaines plus tard, Lisa, qui avait été notre hôtesse, nous invita toutes deux à déjeuner. À cette occasion, Lisa m'informa que Vicki était plus qu'un peu clairvoyante. Elle ajouta qu'elle avait planifié ce déjeuner de façon que Vicki et moi puissions éclaircir la situation entre nous.

« Je ne savais pas que nous avions un conflit, ai-je dit. Je vous connais à peine. »

« Je comprends. Je suis très directe et honnête. Et c'est exactement comme cela que les choses doivent se passer avec moi. »

« Je n'y vois pas d'inconvénient », ai-je répondu, ne comprenant pas où menait cet échange.

« Voyez-vous, j'ai une moralité très stricte, et je n'aime pas fréquenter des gens qui n'en ont pas. »

Je ne comprenais toujours pas à quoi elle faisait allusion. Soudain, j'ai saisi : « Vous pensez que je manque de moralité ? Vous voulez rire ? Au lycée et à l'université, on me surnommait "la petite sainte" ! »

« Comme Lisa vous l'a dit, je suis clairvoyante. Le soir où nous avons fait connaissance chez elle, j'ai eu la vision très nette d'un homme debout près de vous. Et à en croire l'énergie entre vous, ce n'était certainement pas votre frère ! Comment expliquez-vous cela ? »

« Mais de quel homme parlez-vous ? »

« De celui avec qui vous avez une liaison, évidemment ! »

Ma gorge se serra. « Vous avez vu un homme ? »

« Absolument ! Voulez-vous que je vous le décrive ? »

J'ai senti mon sang quitter mon corps. Je n'étais pas certaine de vouloir entendre ce que cette femme avait à me dire. Et pourtant, ma curiosité exigeait satisfaction. « Oui. »

« Il est grand. Torse puissant, hanches étroites. Chevelure foncée, qui se raréfie sur le sommet du crâne et grisonne aux tempes. Ça lui fait comme des ailes parce qu'il grisonne vers l'arrière de la tête. Il a les yeux bruns et il porte des lunettes. Eh ma belle, il n'y a rien qui pourra vous tenir éloignés l'un de l'autre. Il habite la Floride, non ? Près de Destin ou de Perdido Key. Quelque part par là. Il possède un bateau, c'est certain. »

J'ai compris immédiatement qu'elle « voyait » mon roi des mers. « Vous pouvez le voir ? Qui est-il ? Comment s'appelle-t-il ? Il me hante depuis que j'ai treize ans. »

C'était au tour de Vicki de s'étouffer avec son thé. « Vous ne le connaissez pas ? »

« Je ne l'ai jamais rencontré. Seulement en rêve. »

Elle avait les yeux ronds comme des soucoupes. « C'est impossible. Je n'ai jamais vu quelqu'un qui n'était pas déjà présent dans la vie d'une personne. »

J'ai ri. « J'imagine qu'il faut une première fois en tout. »

Il s'écoula onze ans avant qu'un ami commun me présente Jim, mon âme sœur. Dès que je l'ai vu, j'ai su. Lui aussi. Il m'a dit que ses rêves avaient été hantés par une âme sœur aux yeux bleus.

J'ai déballé mes histoires sur mon roi des mers la première fois que nous avons bavardé. Je voulais qu'il sache d'entrée de jeu à quel point j'étais folle.

Il n'a pas bronché. Nous avons comparé nos vies — endroits, dates, situations. Il avait vécu presque toute sa vie à Gulfport, où je rendais visite à ma cousine Beth. Il avait vécu à Houston en même temps que moi. Il avait assisté à certains des mêmes événements, au même hôtel ; dans certains cas, nous connaissions les mêmes gens. Nous avons pris conscience que nous nous étions continuellement croisés, et que pendant des années, nous étions passés à un cheveu de nous rencontrer.

J'ai découvert que la première femme de Jim et la mère de son fils unique étaient nées un 7 décembre, le même jour et la même année de naissance que ma sœur. Qui est Sagittaire. Comme moi. Est-ce une coïncidence ou un signe ?

Quand Jim a rencontré mon fils Ryan et sa conjointe Christy, ils ont sympathisé immédiatement. Mais c'est quelques semaines plus tard, en faisant la connaissance de Bear, le fils de Jim, que j'ai reçu un de mes plus grands chocs.

« Pourquoi ne m'as-tu pas dit que les garçons pourraient passer pour des jumeaux ? Ils ont les mêmes goûts, les mêmes valeurs, la même compassion, la même intelligence ? »

Il a secoué la tête. « Je n'ai rien dit parce que je n'arrive toujours pas à le croire. Incroyable, n'est-ce pas ? »

« Incroyable ou juste un autre signe que nous sommes destinés à être ensemble. »

Une autre confirmation devait nous parvenir.

Environ un an plus tard, je suis allée rendre visite à Ryan et Christy, avec Bear, pour qu'il fasse leur connaissance. Nous faisions une visite rapide de leur charmante maison quand en entrant dans la cuisine, Bear s'est arrêté net.

Les yeux écarquillés, il a foncé sur le réfrigérateur. Ryan y avait collé une photo de moi à 24 ans, alors que je le tenais dans mes bras et qu'il n'était qu'un poupon pleurnichard de deux mois.

Montrant la photo du doigt, Bear déclara : « Je me souviens de cette photo de maman et moi. Comment as-tu fait pour l'obtenir, Ryan ? »

Ryan a souri. « Ce n'est pas ta mère, Bear. C'est la mienne. »

« Ce n'est pas moi ? » Bear saisit l'instantané.

« Non », ai-je répondu, en frottant mes bras couverts de chair de poule. « C'est Ryan que je tiens dans mes bras. »

« Impossible », souffla Bear avant de me regarder. Il tremblait visiblement en remettant la photo à sa place. « Eh bien ! C'est la chose la plus bizarre qui m'est arrivée. »

Ryan lui assena une claque dans le dos : « Tu ferais mieux de t'y habituer, mec. Ce genre de choses arrive tout le temps avec ma mère. »

Si jamais j'ai voulu obtenir une validation d'une intervention divine, mon souhait fut exaucé ce jour-là. J'ai mis cinquante ans à y parvenir.

Je me suis inspirée de ces bribes de vie, évoquant les errements et les obstacles qui ont ponctué mon chemin divin, pour écrire mon roman *Elusive Love*.

Le jour où Nancy s'est mordu la langue

Ma sœur, Nancy, a plus d'énergie que moi. Il est important de s'en souvenir en lisant les histoires qui nous concernent toutes deux. L'incident dont il est question s'est produit en octobre 1957, un peu avant le quatrième anniversaire de Nancy, en décembre. Comme je suis son aînée de cinq ans, j'avais huit ans à l'époque. Pour comprendre l'histoire, il faut aussi savoir que nous étions au beau milieu de la Guerre froide. La fin de la guerre de Corée avait été amère à avaler pour les Américains. Toutes les nouvelles concernant nos luttes sociales et politiques contre les pays communistes étaient comme des organismes vivants dans notre foyer. Mon père voulait que ses enfants soient éduqués dans la conscience des événements mondiaux et qu'ils soient capables de tenir des conversations significatives et intelligentes à table.

Le fait que nous étions âgés de huit ans ou moins (mon frère Bob avait un mois à l'époque) n'éteignait pas son désir de nous inculquer une soif et un désir de dépasser les limites de notre petite ville pour aller chercher nos expériences de croissance aux quatre coins de la planète. Au dîner, mes parents discutaient donc *ad nauseam* de leurs peurs et de leurs inquiétudes concernant les Russes et la « Chine rouge », ce que les journaux appelaient alors la « Chine communiste ».

Pour ma part, je voulais bien m'enthousiasmer devant la perspective de notre ruine imminente et de l'invasion de notre pays par une nation étrangère belliqueuse, ne serait-ce que pour soulager l'ennui des longs jours d'été. Je préférais de loin la salle de classe et la compagnie de mes camarades plutôt que de ne rien faire de tout l'été, sauf lorsqu'il s'agissait d'aider ma mère à faire la lessive, à tondre la pelouse et à changer les couches du nouveau bébé. Pour moi, la peur, c'était me faire dire que je devais garder le bébé toute la journée du samedi. Pour mes parents, qui avaient connu de première main les horreurs de la guerre, la peur, c'était la Chine.

Nous ne possédions pas encore de téléviseur, comme mon père traitait cette invention de « boîte à idioties ». Heureusement pour nous, les trois plus vieux, nous avons fini par le plier à notre volonté collective en déformant ses propos à notre profit. Dans un monde « moderne », il fallait que nous soyons sensibilisés et conscients sur le plan politique ; or, le fait de ne pas posséder de téléviseur retardait notre évolution. L'évocation de cet argument et de la promesse de renoncer à notre argent de poche pour les prochaines décennies – nous n'avons pas tenu promesse – nous a valu la victoire. En octobre 1957, un poste de télévision noir et blanc Admiral flambant neuf, équipé d'antennes, fut livré à la maison.

Nous approchions de l'Halloween quand un matin, après le déjeuner, ma mère m'a confié qu'elle avait fait un horrible cauchemar la veille et qu'elle avait été incapable de se rendormir. « J'ai rêvé que la Chine rouge avait envahi l'Amérique. Les soldats étaient ici, à La Porte, et ils avaient capturé Nancy. Ils l'avaient enlevée et j'étais incapable de la retrouver. Je la cherchais partout, et finalement, en découvrant leur cachette, j'ai vu par la fenêtre qu'ils étaient en train de lui couper la langue. »

« C'est épouvantable, maman ! soufflai-je, choquée d'horreur. C'est le pire cauchemar que je n'ai jamais entendu. » Mon imagination débordante m'a dépeint instantanément cette scène où l'on torturait ma douce petite sœur. Juste le fait d'y penser m'était insupportable.

Ma mère m'a attrapée par les épaules et m'a fixée d'un regard déterminé et ardent. « Peu importe ce qui arrive aujourd'hui, ne laisse pas Nancy sans surveillance. J'ai un pressentiment horrible, horrible que quelque chose va lui arriver. »

Comme je n'avais que huit ans, sur le plan de l'argumentation, j'étais nulle, mais j'ai quand même essayé de convaincre ma mère qu'elle avait une réaction exagérée à son cauchemar. « Quand je fais un cauchemar, maman, tu me dis toujours que "ce n'est qu'un mauvais rêve". »

Les yeux de ma mère étaient de ce gris perçant qui lui vient de temps en temps quand elle regarde à travers moi. « Ce n'est pas la même chose. Je connais ce genre de rêve. C'est un avertissement. » Elle m'a serré les bras un peu plus fort : « Promets-moi que tu vas la surveiller. »

« Je te le promets », ai-je répondu, tout en pensant, *Seigneur !*

C'était finalement un samedi tout à fait ordinaire chez les Lanigan. Mon frère Ed faisait le ménage du garage. Il avait sept ans et se comportait déjà en macho. Il le décrétait chaque jour. S'il le voulait, il pouvait tout détruire ici, et à mains nues encore. Il était plus fort que Davy Crockett. (C'est ce qu'il me disait, je le jure.)

Je donnais un coup de main avec la lessive et je jouais avec Bob, le nouveau-né.

Mais c'était Nancy qui avait la meilleure part : elle se rendait à la fête d'anniversaire de Sherry Parker. Ce n'était pas une de ces grosses fêtes de quartier où l'on invite 16 gosses. C'était juste une petite fête intime cette année ; il n'y aurait que Sherry et trois petites amies « du même âge », dont Nancy.

Ma sœur avait une robe pour les occasions spéciales, en soie et en organza bleu pâle, ornée d'une large ceinture à la taille, qu'elle portait avec des crinolines bouffantes. Quand elle virevoltait, chaussée de ses souliers vernis noirs tout neufs, elle ressemblait à une poupée irlandaise de Dresde.

J'ai aidé Nancy à prendre un bain et à s'habiller, puis j'ai brossé sa chevelure blonde et frisée – que j'enviais plus qu'il est permis de le faire pour un chrétien. Elle avait toujours eu les joues les plus roses et la bouche la plus rouge de toutes. J'étais d'avis que ma sœur était la plus jolie fillette du pays.

Comme elle n'en pouvait plus d'attendre pour enfiler la nouvelle robe que maman lui avait confectionnée, elle m'a suppliée, elle a argumenté pour finalement exiger (d'un ton de voix devenu strident) de s'habiller deux heures avant la fête. Nous avons dû céder, c'était plus facile.

Mais évidemment, fidèle au modèle ultra-dynamique des Lanigan, Nancy s'est vite ennuyée à attendre l'heure de la fête.

« Je veux jouer dehors. »

« Non, ai-je répondu. Maman a dit que tu dois rester dans la maison pour ne pas te salir. »

« Je ne me salirai pas. Je vais juste jouer dans la cage à grimper. »

« Non, ai-je répondu. Maman a dit que tu ne peux pas sortir parce que c'est dangereux. »

Nancy a tordu son adorable visage d'enfant Campbell et posé ses petites mains sur sa jupe bouffante. « Non. »

« Si. »

Indignée, elle a foncé vers les rideaux de la fenêtre donnant sur la cour et en a brusquement écarté un des pans. « Ça m'a l'air sans danger. »

J'ai roulé les yeux. Je détestais quand elle nous rivait le clou avec son sens commun.

« Pourquoi ne peux-tu pas agir comme tous les enfants de trois ans et obéir ? »

« Ce n'est pas toi qui mènes ! trépigna-t-elle. Je veux jouer dehors. »

« J'ai une idée, ai-je proposé. On pourrait regarder la télé. C'est samedi après-midi et nous n'avons pas vu la moitié des émissions à l'horaire à cette heure. »

Comme c'est encore le cas aujourd'hui, les émissions du samedi après-midi n'avaient rien pour attirer un enfant. La plupart des adultes non plus, d'ailleurs. Aujourd'hui, nous avons le golf et le tennis. À l'époque, c'était les quilles.

Nancy s'est bouché le nez. « C'est dégueu ! »

« Écoute, c'est comme ça. Maman a dit que tu ne pouvais pas sortir tant que ce ne sera pas le moment pour moi de t'emmener à la fête de Sherry. C'est tout. »

« Parfait ! cracha ma sœur. Je vais dans ma chambre jouer avec mes poupées en attendant. »

« Avec toutes les 41 ? Bonne idée. Ça devrait te tenir occupée », ai-je laissé tomber. Je venais de me rendre compte que WBBM-TV présentait un film. Je me suis assise sur le canapé et j'ai été instantanément emportée par cette « projection spéciale ».

Ma mère était à la cuisine, devant l'évier. Elle nettoyait des légumes et préparait le dîner. Tout à coup, elle a suspendu son geste. Un frisson l'a parcourue, lui coupant le souffle. Le couteau est tombé de sa main et a claqué sur la porcelaine.

« Nancy ! » a-t-elle hurlé en sortant à toute vitesse de la cuisine. « Où est Nancy ? » a-t-elle crié, frénétique, en faisant irruption dans la salle de séjour.

« Dans notre chambre... »

Les yeux de maman ont volé vers la fenêtre. C'est alors que nous avons entendu le cri le plus glaçant que j'avais entendu dans ma vie.

« Nancy... », ai-je balbutié, sentant mon sang se glacer dans mes veines.

Elle a hurlé de nouveau. Le son venait de la cour arrière.

Ma mère et moi avons regardé en direction de la fenêtre.

Nancy était manifestement tombée de la cage à grimper. Elle avait la bouche grande ouverte et du sang giclait sur le corsage de sa robe bleu pâle.

« Je t'avais dit de la surveiller ! » cria ma mère avant de courir vers la porte de derrière. « Appelle ton père ! Dis-lui de venir avec la voiture ! »

Mes yeux sont revenus au flot de sang qui coulait de la bouche de Nancy. Je me suis précipitée dans la cuisine et j'ai composé le numéro de téléphone du cabinet juridique de mon père. J'ai dit à la secrétaire qu'il fallait que mon père rentre tout de suite à la maison. Elle m'a répondu qu'il était sorti faire une course.

J'ai raccroché et couru à la porte. « Qu'est-il arrivé ? » ai-je crié.

« Elle s'est tranché la langue en la mordant ! » me cria ma mère en retour.

Tout à coup, j'ai eu l'impression de bouger au ralenti. La scène survenue plus tôt m'est revenue en mémoire. La veille, maman avait rêvé que Nancy serait enlevée, torturée et qu'on lui arracherait la langue. J'avais froid dans le dos. Je me suis mise à pleurer. J'étais plus que terrifiée. Je savais que Dieu ne me pardonnerait jamais de ne pas avoir surveillé Nancy. Il avait envoyé les anges pour prévenir ma mère. Et je n'écoutais pas.

« Je suis désolée », dis-je autant à ma mère qu'à Nancy, mais les mots figèrent dans mon cerveau à mi-chemin de ma bouche. Je ne pouvais que pleurer et trembler. *S'il Te plaît, ne la laisse pas mourir.*

Ma mère était à mi-chemin de la maison ; elle avait un bras autour des épaules de Nancy qui hurlait à cause de la douleur, atroce, et l'autre main, sous la bouche de ma sœur.

« Papa n'est pas là ! Qu'allons-nous faire ? »

Ma mère n'a pas bronché. « Je vais emmener Nancy chez Fran, à côté. Sa voiture est là. Elle nous conduira à l'hôpital. Rappelle au bureau. Raconte ce qui est arrivé à ton père et dis-lui où nous sommes. Demande-lui de nous rejoindre à l'hôpital. »

Terrifiée devant la quantité incroyable de sang qui inondait le visage et la robe de ma petite sœur, je n'ai pas pris le temps de penser. J'ai rappelé la secrétaire qui m'a promis de trouver mon père et de lui raconter l'accident.

Les heures qu'il a fallu au médecin pour examiner Nancy et lui recoudre la langue ont été les plus longues et les plus terrifiantes de ma vie. J'ai marché de long en large des millions de fois, en priant Dieu de ne pas m'enlever ma petite sœur.

Je me rappelais quand mes parents m'avaient annoncé à cinq ans que nous allions avoir un nouveau bébé. Dès que j'avais entendu la nouvelle, j'avais su dans mon cœur que ce serait une fille. Même si mon frère Ed voulait un petit frère, je savais que Dieu m'aimait tellement qu'Il me donnerait une sœur. C'était comme si je l'avais entendu m'appeler de l'autre côté du voile avant même qu'elle ne naisse. Curieusement, avant la naissance du bébé, ma mère ne choisit qu'un prénom de fille, Nancy Jean, mais aucun prénom masculin. Selon moi, c'était le signe que j'aurais une petite sœur.

Ma négligence était inexcusable : j'avais voulu regarder la « boîte à idioties ». On m'avait chargée d'une tâche, d'une responsabilité, et j'avais échoué.

Je me suis rendue dans ma chambre. J'ai pris mon rosaire et j'ai prié, mais la culpabilité m'a engloutie comme un tsunami. Le temps s'est traîné si longtemps que j'ai fini par me dire que les nouvelles étaient sûrement mauvaises. Le téléphone restait muet. J'étais certaine de savoir pourquoi. Nancy était morte.

C'était la fin de l'après-midi. Le soleil luisait entre les feuilles de nos érables dorés par l'automne. Bébé Bob se réveilla de sa sieste. Je changeai sa couche, fis chauffer son biberon et le nourris. Tout en le berçant dans mes bras, je retournai dans la salle de séjour, devant la « fenêtre panoramique ». Je marchai de long en large. Dans l'attente, l'espoir et la prière.

Finalement, j'ai entendu le moteur de la voiture de mon père qui prenait le virage au coin de la rue. Mon cœur s'est arrêté de battre. J'ai plissé les yeux pour voir les passagers de la voiture. Assise sur la banquette entre mon père et ma mère, il y avait Nancy !

Je n'avais jamais ressenti une joie aussi forte, pas depuis le jour où mes parents l'avaient ramenée de l'hôpital après sa naissance. J'ai hurlé tellement fort que j'ai fait peur à Bob. Il s'est mis à pleurer.

Tandis que maman et papa sortaient de la voiture, on aurait dit que la nouvelle du retour de Nancy avait été télégraphiée à tout le quartier. À vélo, à pied, en tricycle ou en voiturette, tous les enfants du quartier ont convergé vers ma sœur.

Avant même que j'aie la chance de la serrer dans mes bras, les enfants ont voulu voir sa robe ensanglantée. Ils voulaient aussi que Nancy leur montre sa langue monstrueusement enflée et ses points de suture. Et ils voulaient tous savoir la vérité.

« As-tu pleuré quand on t'a recousu, Nancy ? »

« Elle est restée de glace », a répondu mon père, tout fier. « Elle n'a pas dit un mot. Le médecin a dit qu'il n'avait jamais rien vu de tel. Elle n'a même pas eu d'analgésique. Elle est restée parfaitement immobile tandis que le médecin se servait de ce gros fil noir pour lui recoudre la langue. Je parie qu'aucun de vous ne seriez capable de traverser ce que Nancy a traversé, les enfants. »

L'émerveillement fit béer plusieurs bouches.

En voyant les enfants agglutinés autour d'elle, j'ai songé que si Nancy avait demandé 1 $ par coup d'œil, elle arriverait à se payer des leçons de piano durant un an. Elle était célèbre !

Mais c'est uniquement lorsque les enfants ont entendu l'histoire du rêve prémonitoire de ma mère que l'émerveillement fit place à la déférence.

Je les ai tous regardés, l'un après l'autre, tandis qu'ils réfléchissaient à l'énormité des événements de la journée. Les enfants sont parfois plus intuitifs que les adultes et comprennent mieux le fonctionnement de l'Univers. En cet instant, nous sentions tous les anges flotter au-dessus de notre maison. Il y a eu des échanges de regards entendus et des hochements de tête solennels.

En partant, les enfants ont félicité Nancy, chacun leur tour. Ils lui ont donné l'accolade. Ils étaient tous d'accord : Nancy était courageuse... mais ma mère était une légende.

Un grand rêve

La première fois que j'ai fait *le rêve,* je n'en ai pas fait grand cas. Il semblait assez banal. Je me souviens très bien que j'avais cinq ans. Je n'allais pas encore à l'école. Il n'y avait pas de maternelle à l'époque. Et pas d'école du dimanche pour m'influencer dans un sens ou dans l'autre.

Dans le rêve, j'étais blonde et j'avais cinq ans. Je me souviens que mes cheveux étaient attachés en tresses épaisses, bien que dans ma « vraie » vie, je n'aie jamais porté cette coiffure. Je vivais dans un immense château, mais je ne me souviens de nul autre détail, à l'exception de la fenêtre. Le rêve se passait en hiver, et une épaisse couche de neige couvrait le sol. Je n'avais pas froid, même si je ne portais qu'une sorte de robe tyrolienne ou de chasuble de laine noire pardessus une chemise blanche à manches longues. Le corsage était lacé et il y avait des fleurs brodées sur l'encolure de la chemise. Comme dans la « vraie » vie, j'aime bien ce type de chemise. Ma mère confectionnait la majorité de mes vêtements quand j'étais enfant et elle déployait beaucoup d'efforts pour broder mes corsages ou les orner de ruchés. Ma sœur et moi étions très fières de nos robes, car maman donnait une touche spéciale à tout ce qu'elle faisait.

Dans le rêve, j'entendais des gens rire et chanter. Je me suis avancée en catimini dans la neige, espérant que personne ne me verrait, tandis que je m'approchais d'une fenêtre illuminée. C'était un soir sombre du début de l'hiver. La fenêtre à petits carreaux et les pierres du mur me glaçaient les mains, alors que je me penchais vers la fenêtre pour regarder à l'intérieur.

J'y voyais plusieurs hommes et deux femmes. La plus corpulente était la cuisinière vêtue d'une robe à jupe ample couverte d'un tablier maculé de farine. Ses cheveux blonds étaient tressés. Les hommes riaient, tout comme les femmes. Ils semblaient tous très heureux, assis près du foyer gigantesque. Un chaudron de ragoût ou un autre plat mijotait au-dessus d'un grand feu. Une table à tréteaux occupait le centre de la pièce sur laquelle on avait déposé de grosses miches de pain chaud. Les hommes buvaient dans des chopes de métal mat.

L'aspect le plus remarquable de ce rêve était que je m'émerveillais du bonheur sincère de ces gens. Je me disais : « Ils sont pauvres, mais ils sont heureux. Je n'ai jamais connu un tel bonheur. »

Au réveil, je n'ai pas tellement pensé à mon rêve, sauf que je l'ai raconté à ma mère. Elle m'a dit que c'était une jolie histoire, sans plus. À mon avis, ce n'était pas moi dans le rêve, car notre maison était toujours remplie de rires et de bonheur ; par conséquent, je n'aurais pas dû m'étonner que la fillette soit surprise du bonheur des gens. Je doute qu'à cinq ans, mes pensées aient été formulées avec autant de cohérence, mais j'en déduisis toutefois que la fillette n'était pas moi.

Tout ce qui s'était produit dans ce rêve avait l'air si réel que j'en étais ébahie. Cependant, au fil du temps, je l'ai oublié.

L'année suivante, je fis le même rêve. Tout était exactement pareil, sauf que je savais que j'avais les yeux bleus. Autrement, rien n'avait changé, si ce n'est que j'avais vieilli d'un an.

Encore une fois, je racontai mon rêve à ma mère qui n'en fit pas de cas.

Jusqu'à l'âge de 14 ans, soit durant les huit années qui ont suivi, j'ai refait ce rêve à maintes reprises. Il revenait maintenant plus d'une fois par année. Certaines années, il se présentait jusqu'à six ou sept fois. Rien ne changeait. Je n'obtenais aucun autre détail sur moi, sauf que je vieillissais.

À ce stade, mes proches en avaient assez de m'en entendre parler. Ce qui n'arrangeait rien, c'est qu'il n'y avait ni intrigue, ni scénario, seulement le fait que je continuais d'y retourner périodiquement. Je n'avais personne à qui en parler. On ne connaissait pas l'existence des psychologues et des analystes de rêves, et, bien entendu, il n'y en avait pas dans ma petite localité du Midwest.

À mon entrée au lycée, le rêve ayant disparu, je l'ai rangé dans mes archives mentales avec le reste de mes histoires d'enfant.

J'ai poursuivi mes études à l'université, en psychologie et en métaphysique. Je n'ai plus repensé au rêve jusqu'à l'âge de 22 ans, quand j'y suis retournée. Cette fois, la fille avait 19 ans ; elle se détourna de la fenêtre, comme si elle regardait la lentille d'un appareil photo, ou comme si elle me regardait, et dit : « Ne sais-tu pas que je suis toi ? »

Je me suis dressée d'un bond dans mon lit, toutes les cellules de mon corps en alerte, haletante, luttant pour retenir un cri de terreur.

Qui était moi ? Le rêve était moi ? J'étais le rêve.

D'un coup, toutes mes philosophies existentielles se sont mises à tourbillonner dans mon esprit. Est-ce que j'étais schizoïde ? Est-ce que je devenais folle ? Je vivais peut-être dans une réalité parallèle. Dieu sait que j'avais passé assez d'heures devant la télé à regarder *La quatrième dimension* et *Night Gallery*, sans compter que j'étais une fanatique de *Star Trek* de premier choix.

Cependant, j'avais cette fois des conseillers éclairés dans mon entourage. J'avais le choix parmi plusieurs professeurs et enseignants pour m'aider avec ce problème. C'est à cette occasion que mon professeur de métaphysique m'a initiée au concept de la réincarnation et des vies antérieures. Aussi étrange que cela me parût, il n'en restait pas moins que c'était la seule explication qui avait du sens.

Mon professeur de psychologie me dit que selon lui, l'analyse des rêves explique les traumatismes et les problématiques mentales et psychologiques présentes dans l'esprit du patient au moment présent. Cela suppose que le rêve s'améliore ou s'empire selon la condition mentale du sujet. Le rêve ne restera pas statique. Même lui était d'avis qu'il s'agissait d'une situation rappelant *La quatrième dimension*.

Après que j'eus tout rapporté ce qui précède à ma mère, elle m'avoua que, même si elle n'était pas entièrement convaincue de l'existence de choses comme les vies antérieures, elle ne faisait cependant pas une croix dessus. Super. Ma mère était aussi au parfum. J'étais la seule à ne rien savoir.

C'est alors que ma mère m'a expliqué que j'avais peut-être établi un lien inconscient avec nos ancêtres d'Alsace-Lorraine. C'était sensé. Je n'avais pas pensé à mes racines accrochées au sommet des Vosges, entre la France et l'Allemagne.

À l'époque, je poursuivais deux majeures, une en histoire et l'autre en littérature anglaise. J'avais aussi des mineures dans à peu près tous les domaines qu'offrait mon université. Après tout, qu'est-ce qu'on peut faire dans une université pour filles, excepté étudier ?

Durant ces quatre années d'université, mon habileté à accéder au savoir que j'avais acquis durant cette vie passée s'est épanouie. Je lisais des romans pour mes cours de français ou j'étudiais la vie des philosophes allemands, et, sans même ouvrir le livre, je « connaissais » ces gens, les endroits où ils avaient vécu, la vie quotidienne d'il y a cent ou deux cents ans. J'étais capable de ressentir leurs émotions. Je savais comment ils se vêtaient, quels aliments ils mangeaient.

Leurs cultures et leur monde étaient aussi vivants que si j'avais partagé leur existence. Plus j'étudiais ces gens, plus je recevais d'information. La fin de semaine, je passais des heures à la bibliothèque, dévorant des biographies qui ne faisaient pas partie des lectures imposées, feuilletant des magazines et des suppléments illustrés sur les âges révolus, les vieux châteaux, l'architecture et l'art anciens.

J'avais une motivation : plus j'explorais ces mondes, plus je m'ouvrais au trésor de savoir caché dans mon esprit.

Il m'arrivait parfois, à la lecture de certaines biographies, d'avoir des réactions émotionnelles incongrues devant les joies et les épreuves des sujets. J'étais incapable de parler de ce qui m'arrivait à quiconque, car je ne savais ni nommer ce que je vivais, ni l'expliquer.

Le bon côté, c'est que cela me permit de conserver une moyenne semestrielle de 4,0 durant presque toutes mes études universitaires. C'était le côté pragmatique de cette histoire de rêve/souvenir.

Je n'ai jamais partagé ces expériences avec quiconque, de peur de passer pour hystérique ou pis, pour paresseuse. J'ai travaillé fort pour obtenir de bonnes notes, mais en même temps, j'ai formé mon cerveau à « allumer » sur commande.

Je ne me suis pas retirée dans un monde imaginaire. En fait, ce que je faisais était encore mieux. Je prenais l'imaginaire, et je le transformais pour l'appliquer dans mon quotidien. Je n'étais pas Walt Disney, mais je m'en rapprochais assez vite. Rédiger mes travaux de recherche devint un délice. Mes rapports brillaient d'une perspicacité qui dépassait visiblement mon esprit encore inculte. Dans mes cours de philosophie, mes séminaires de métaphysique et mes retraites de fin de semaine, je creusai davantage l'accès à ces portions inutilisées de mon cerveau. Je n'avais pas besoin de méditer ou de prier des heures. Je me détendais, je prenais quelques respirations profondes, et je demandais simplement l'information dont j'avais besoin.

Le secret, c'est de demander. Je me souvenais du verset de la Bible : « Demandez et vous recevrez. »

En ce moment, je réfléchis à notre façon de tourner en rond, en ronchonnant et en maugréant sur ce que nous n'avons pas. Sur ce dont nous avons besoin. Pourquoi n'arrivons-nous pas à « nous prendre en main » ? La vérité, c'est que nous sommes bien peu à *demander*. Tout simplement.

Chaque jour, quand je m'assieds pour écrire, je demande à mes anges de m'apporter ce qui m'est indispensable pour donner à mon histoire le meilleur contenu possible. S'il faut que je fasse une recherche, je le jure : je me rends en voiture à la librairie, je fais le tour des allées, je m'arrête pile devant une tablette, j'étire le bras... et voilà ! J'ai en main exactement le livre qu'il me faut, les renseignements nécessaires au bout de mes doigts. Et avec Internet, je n'ai même plus à sortir de chez moi. Quoi qu'il en soit, j'aime bien le côté théâtral de la scène à la librairie. Il m'est souvent arrivé de voir le livre dont j'avais besoin, tomber littéralement de sa tablette tandis que je traversais une rangée d'étagères de la bibliothèque.

Je ne crois pas que ce genre de choses n'arrive qu'à moi. Je pense qu'il s'en produit chaque jour dans la vie de chacun, mais que nous avons trop peur d'appeler les choses par leur nom. C'est notre ange gardien qui vient nous guider le long de notre route.

Je ne sais pas qui était la fille dans mon rêve récurrent. À ce jour, elle ne m'a pas dit son nom, mais je n'ai aucun doute qu'elle fait partie de mes ancêtres et qu'elle m'aide de l'Au-delà.

Je ne pense pas qu'elle ait nécessairement été « moi », ou que j'aie été « elle » dans le passé. Je pense qu'elle essayait de me dire qu'elle fait partie de moi. Son sang coule dans mes veines. Ses cellules mémoire sont encodées dans mon ADN ; enfin, si j'en crois ce que j'ai lu, à savoir que la science a prouvé que la cellule mémoire de nos ancêtres fait partie de notre héritage. Voilà pourquoi chaque génération bâtit sur les réalisations de la précédente. Autrement, nous mettrions jusqu'à l'âge adulte juste pour apprendre à parler.

Je me sens réconfortée à penser que grâce à mon ancêtre, j'ai pu trouver le moyen d'utiliser une plus grande part de mon cerveau. Elle m'a lancée dans des décennies d'enquêtes qui ont été, je l'avoue, tout intéressantes et enrichissantes.

Ce que je me demande maintenant est combien de temps s'écoulera-t-il avant que je la revoie ? J'ai lu que les anges vont et viennent dans notre vie ; ils servent une fonction durant une période donnée, ou au cours d'une crise en particulier. Ensuite, ils s'en vont.

J'y réfléchis. Puis je secoue la tête et je me dis : « Na... Je suis prête à parier qu'elle est encore là. »

Sharon et Josh, mère et fils mystiques

Récit narré par Sharon Reese, 18 août 1998

Ma très chère amie, Sharon, avait quitté Houston pour rentrer à Moscou avec George, son mari. Sharon et George vivaient en Russie depuis cinq ans. Cette fois, ils ne devaient pas être partis très longtemps loin de Josh, leur fils âgé de 21 ans. Sharon comptait revenir dans deux semaines.

Josh étudiait tout en travaillant ; ses activités le tenaient occupé, mais comme George et Sharon voyageaient beaucoup, il se chargeait de bonne grâce de l'entretien de la maison, de la cour, du courrier, des chats et des factures. Sharon et Josh avaient toujours été proches, mais avec les années de séparation, ils avaient développé un lien encore plus étroit, presque télépathique. Chacun semblait immanquablement savoir quand les pensées de l'autre se tournaient vers lui. En entendant une chanson à la radio, Sharon pensait à Josh à l'instant précis où il écoutait la même chanson de l'autre côté de la planète, à Houston.

Sharon et George étaient à Moscou depuis plus de une semaine ; ils étaient descendus à l'hôtel plutôt qu'à la datcha où ils avaient l'habitude de loger. En me racontant son histoire, Sharon me dit qu'il y avait neuf heures de décalage entre Moscou et Houston.

Il était trois heures du matin à Moscou quand Sharon se dressa dans son lit, le corps parcouru de frissons, envahie par la sensation que Josh avait un problème. Elle n'avait pas ressenti ce genre de frayeur depuis qu'il était tout petit.

Au début, elle a essayé de se libérer de son sentiment d'inquiétude, mais en vain. Elle avait l'impression d'entendre Josh qui l'appelait, mais elle se disait que c'était absurde. Cependant, il était hors de question qu'elle se rendorme.

L'intensité de sa frayeur l'empoigna davantage. Cette fois, elle entendit la voix de Josh comme s'il était dans la pièce voisine. Dès lors, elle comprit que quelque chose de terrible était arrivé à son fils.

Bondissant hors du lit, Sharon téléphona chez elle. Il était 18 h à Houston. Josh répondit à la première sonnerie.

« Josh, qu'est-ce qui ne va pas ? Je sais qu'il y a quelque chose qui ne va pas », s'exclama Sharon.

« Maman, je n'arrive pas à croire que tu aies téléphoné. Je suis malade, maman. Très malade. » D'ordinaire calme et posé, Josh pleurait. Il était terrifié. « Je n'arrive pas à me lever. Je ne vois plus rien. Je tr... tremble de partout. »

Sharon comprit tout de suite que, pour une raison quelconque, Josh allait tomber en convulsions.

« Josh, il faut que tu appelles Jim et Catherine. Peux-tu faire cela ? Peux-tu raccrocher et les appeler ? »

Josh rassembla ses esprits assez longtemps pour répondre : « Je... je l'ai déjà appelé, maman. Jim est en route. »

Incrédule, Sharon lui dit de raccrocher, puis elle composa le numéro du cellulaire de Jim à Houston. Jim répondit à l'instant où il franchissait le seuil et découvrait Josh en convulsions sur le plancher. Jim l'enveloppa dans une couverture et l'aida à monter dans la voiture.

J'étais sortie faire des courses à l'épicerie quand Jim m'a appelée sur mon cellulaire pour me raconter ce qui se passait. Même si j'avais encore une demi-douzaine de courses à faire, « mon petit doigt » m'avait dit de rentrer immédiatement à la maison. « Jim, tu ne me croiras pas, mais je suis au coin de la rue. »

Quand j'ai franchi le seuil, Jim et Josh étaient déjà là. Accroupi sur le plancher de la salle de bain, enveloppé dans une couverture, Josh avait la nausée. Sous le bronzage, sa peau avait une pâleur cadavérique.

Je savais que Josh travaillait comme sauveteur. Or, il avait fait incroyablement chaud durant la journée. Je compris sur-le-champ quel était le problème. « Il a fait une insolation. Il est déshydraté. » J'apportai un verre de Gatorade à Josh qui l'avala d'un trait.

C'était renversant : il retrouva ses couleurs sous nos yeux.

Quelques minutes plus tard, Sharon rappela de Moscou et Jim la rassura en lui affirmant que Josh allait s'en sortir.

En effet, en moins d'une heure, ce dernier avait totalement recouvré ses forces. « Qu'est-ce qu'il y a au menu ce soir ? » s'enquit-il avec le sourire.

« Des steaks, répondit Jim. Comment aimes-tu le tien ? »

« Épais. » Jim sourit en composant le numéro de sa mère pour la dernière fois de la journée afin de lui dire qu'il allait bien et qu'il l'aimait.

Comme le dit Sharon : « Toute ma vie, j'ai eu cette "intuition" sporadique à propos de mon fils, mais jamais aussi intensément que cette nuit-là. »

Une cloche sonne

Le rêve était court et précis. La Voix s'est fait entendre. Elle a dit : « Catherine, consulte le médecin. »

J'étais dans la quarantaine à l'époque. J'avais appris qu'il valait mieux ne pas remettre la Voix en question. Elle et moi étions pratiquement de vieilles connaissances. Je me demandais parfois pourquoi elle ne se contentait pas de me donner un coup de fil. Je n'aurais pas été obligée de perdre tout ce temps en sommeil. En y réfléchissant bien, peut-être que c'est la définition même du sommeil... une ligne de téléphone cellulaire jusqu'à nos anges.

Le lendemain, au saut du lit, je me suis habillée, j'ai sauté dans la voiture, et je me suis rendue au cabinet de mon médecin. Je n'ai même pas téléphoné pour l'avertir de mon arrivée.

J'ai passé la porte et dit à la nouvelle infirmière que je n'avais jamais rencontrée : « Il faut que je voie Ed. Est-il là ? »

« Non, il est en congé aujourd'hui, m'a-t-elle répondu. Il sera de retour demain. Est-ce une urgence ? Je peux lui téléphoner. »

« Une urgence ? »

« Oui », a-t-elle lancé, un peu irritée devant mon incapacité à me montrer plus précise.

J'étais habituée à l'ancienne infirmière; elle savait pratiquement tout sur moi, ma vie et même ma structure cellulaire. Tout à coup, j'ai pris conscience que je ne savais même pas ce qui n'allait pas chez moi, ni même si quelque chose clochait. Un rêve était responsable de mes actions et non les symptômes d'une quelconque maladie. Je savais seulement qu'il fallait que je voie Ed.

« Je... euh... c'est-à-dire... je... »

Elle énuméra la litanie que toutes les infirmières en gynécologie apprennent à l'école.

« Des saignements inhabituels ? »

« Non. »

« Des crampes ? De la fièvre ? »

« Non. »

« Des vomissements ? »

J'ai levé la main. « Oubliez le questionnaire en direct. D'après ce que je peux voir, je n'ai rien qui cloche. »

« Mais vous voulez rencontrer le médecin au point où vous n'avez pas pris le temps de téléphoner pour prendre rendez-vous ? » Elle arrivait clairement aux limites de sa patience.

« Je sais que c'est bizarre, mais je... »

Sur ces entrefaites, la porte s'est ouverte et Ed Zabrek est entré à reculons dans la salle d'attente. Vêtu d'un jean, d'un t-shirt et d'espadrilles, il tenait un petit poste de télévision dans les mains. Il était clair qu'il n'avait pas l'intention de recevoir des patients.

« Catherine ! Qu'est-ce que vous faites ici ? »

« Je ne sais pas. Je pensais que c'était votre jour de congé. »

« C'est le cas », a-t-il répondu avec un sourire en soulevant le poste de télé. « Je faisais le ménage de mon garage et j'ai trouvé ceci. Je voulais voir si je pouvais le brancher à mon nouvel ordinateur... » Il s'est brusquement interrompu.

« Que voulez-vous dire, vous ne savez pas ? » a-t-il repris, son sourire s'effaçant.

Jetant un coup d'œil intimidé à l'apprentie infirmière, je me suis retournée vers Ed. « Quelque chose m'a dit que je devais vous voir aujourd'hui. C'est urgent. »

« Quelque chose ? » Ses yeux se sont écarquillés.

« D'accord. Quelqu'un. En rêve. Cette voix s'est fait entendre et m'a dit que je devais consulter Ed tout de suite. »

En un instant, Ed est redevenu le professionnel à l'œuvre. Il m'a saisie par le bras. « Venez. » Puis, il s'est retourné brusquement vers l'infirmière. « Vous voyez cette femme ? Elle s'appelle Catherine Lanigan. Si jamais elle téléphone pour dire qu'elle a le rhume, alertez l'hôpital ! Elle minimise toujours tout. Et ce genre de truc lui arrive continuellement. Préparez la salle 4. Je veux lui faire un ultrason. » Il m'a regardée et m'a fait un clin d'œil. « Je crois qu'après tout, je vais avoir besoin de ce poste de télé dès aujourd'hui. »

L'infirmière en avait le souffle coupé. « Vous *avez besoin* de cette télé ? Maintenant ? »

« Venez, Cath. Déshabillez-vous. »

« Mais docteur, elle n'a aucun symptôme... de quoi que ce soit. »

En fermant la porte pour me changer, j'ai entendu Ed lui répondre : « Pensez-vous que c'est une coïncidence que je m'adonne à retrouver ce téléviseur que j'avais oublié dans mon garage, le lendemain du jour où j'ai pris conscience que nous avions besoin d'un nouveau moniteur pour l'ultrason ? Pensez-vous que c'est une coïncidence qu'elle se soit adonnée à être là juste comme j'arrivais ? Vous ne saviez même pas que j'étais en route. »

« Mais, si ce ne sont pas des coïncidences, de quoi s'agit-il ? »

« Vous verrez. »

Tandis que je grimpais sur la table d'examen, Ed a branché le poste de télé. Il a actionné un interrupteur et la seconde d'après, j'ai vu apparaître une version télévisuelle de mon intérieur « hystérectomisé ».

Tout à coup, j'ai observé une grosse tache noire à l'écran. Ed s'est immobilisé.

« Qu'est-ce que c'est ? » Je déglutis péniblement.

L'infirmière a pâli et inspiré fortement.

« Ed ? » J'avais des frissons qui me parcouraient tout le corps.

« C'est une tumeur. Elle a la taille d'un fœtus de quatre mois, voilà ce que c'est. »

Tout d'un coup, mon univers a basculé. Une tumeur. Un cancer. J'avais déjà eu un épisode de cancer cervical cinq ans plus tôt. Ed m'avait alors sauvé la vie. Et maintenant, ça.

Ma carrière était en suspens. Mes livres ne se vendaient plus comme avant, et bien que mon écriture fût meilleure que jamais, mon éditeur cherchait un prétexte pour me laisser tomber. Mon décès lui donnerait une excellente raison.

Sur le plan personnel, mon fils, maintenant à l'université, n'avait plus vraiment besoin de moi. Le plus étrange, c'est que 18 mois plus tôt, je m'étais remariée avec Rod, mon ex-conjoint. Une erreur magistrale. Rod affirmait qu'il voulait la seule chose que je ne pouvais pas lui donner : des enfants. Ironiquement, une forme de croissance s'était matérialisée dans mon corps — une tumeur, et non un enfant. Encore plus étrange, Ed disait qu'elle avait la taille non pas d'un poing ou d'une balle de basket, mais « d'un fœtus de quatre mois ».

Si l'ensemble de ma vie ne m'avait pas semblé si tragique, j'aurais pleuré. Au lieu de cela, j'ai ri. Puis j'ai pleuré.

Mon intuition me disait que j'avais frôlé la mort au moins une demi-douzaine de fois. Mais peut-être que j'avais perdu le compte et que j'en étais maintenant à ma neuvième vie. J'avais épuisé mes chances.

Durant ces quelques secondes, j'ai essayé de déterminer si je devais m'accrocher aux débris de ce qui restait de ma vie. J'ai décidé que si c'était la volonté de Dieu, je partirais. J'avais 43 ans. C'était peut-être le moment de tirer ma révérence. Je me souvenais d'avoir fait un rêve d'une vie antérieure où j'étais morte à l'âge de 43 ans dans un accident de voiture. C'était dans ma précédente incarnation. Peut-être est-ce tout ce que nous faisons : nous rejouons le passé. Dans ce cas, j'étais prête à partir.

« Qu'allons-nous faire ? » balbutiai-je, la langue collée au palais.

« Opérer. Demain matin à la première heure. »

« D'accord. »

« Vous connaissez la routine : rien par voie orale après minuit. Je vais demander à l'infirmière de réserver une salle. On vous appellera de l'hôpital pour faire votre préinscription par téléphone. »

« Je connais la routine », ai-je répondu, les yeux fixés sur l'écran. « Est-ce que je peux avoir une sortie imprimée des résultats ? »

« Certainement », acquiesça Ed, en lançant l'impression de la tache noire sur une feuille de télécopie. « Rentrez à la maison et reposez-vous. »

« Il faut que je parle à mon fils », dis-je, fixant des yeux la reproduction de la tumeur qui allait me tuer.

Je n'étais ni amère, ni en colère. J'étais résignée à mourir. J'étais plutôt anesthésiée, mais résolue à m'assurer de mettre les choses au clair avec mon fils. Je voulais qu'il sache que je l'aimais et je voulais aussi lui expliquer comment distribuer mes effets personnels. Ce genre de choses. J'étais choquée de constater à quel point j'étais calme en apprenant que ma vie touchait à son terme.

Ed s'est tourné vers l'infirmière estomaquée. « Vous voyez ce que je veux dire ? Catherine a fait un rêve lui disant qu'elle devait me consulter. À sa façon, le destin a fait un miracle ; je suis venu faire un tour ici au lieu d'aller ailleurs. »

Mon regard a volé vers son visage. « Vous pensez que je vais vivre ? »

C'était à son tour d'être stupéfait. « Mais, bien sûr ! Vous et moi avons toujours réussi à nous rendre aux portes de la mort et à en revenir. Tout ira bien. Je le sais. Autrement, pourquoi auriez-vous fait ce rêve vous disant de venir ici ? »

« Ah oui. Le rêve. La Voix. »

Je sortis de son cabinet dans une sorte de brouillard. Il faisait beau et chaud. Nous étions à la fin juillet. Les enfants étaient au cœur des vacances. Notre entreprise de piscine faisait des affaires d'or. Il y avait de l'activité, de la vie, autour de moi, mais j'étais aveugle à tout cela.

Je suis rentrée à la maison en voiture et je me suis préparée pour la chirurgie du lendemain. J'ai téléphoné à mes amies, Vicki, Stacy et Cherry. J'ai téléphoné à ma mère qui m'a promis d'être là pour l'opération. Je l'ai suppliée de ne rien faire, puis j'ai pensé que si j'étais destinée à mourir, il fallait qu'elle soit là pour soutenir Ryan. J'ai accepté qu'elle vienne.

Le soir, j'ai dit la vérité à Ryan. Au fond de moi, je savais que j'allais mourir. J'avais eu de la chance. J'avais été avertie. Je remis à mon fils la clé de mon coffret de sûreté où j'avais déposé mon testament, certaines de ses babioles d'enfant et quelques trucs sentimentaux auxquels seul un écrivain accorderait une valeur.

J'ai dit à Ryan que si, par un hasard extraordinaire, je survivais à l'opération, tout allait changer dans ma vie. Je lui dis que j'allais divorcer de nouveau. J'allais trouver un nouvel angle pour mon écriture. Décrocher un nouvel emploi de jour. Trouver un nouvel endroit où vivre. Me créer une nouvelle vie.

Comme Ryan est né avec une bonne tête sur les épaules, je savais qu'un jour, ce serait un homme, un mari et un père formidable. Je lui viendrais en aide de l'Au-delà et je l'aimerais toujours plus que j'avais aimé qui ou quoi que ce soit dans ma vie.

Nous nous sommes enlacés et nous avons pleuré longuement. Je trouvais étrange que Ryan affirme avec insistance qu'il ne croyait pas que j'allais mourir. Il voulait que je vive, sinon pour moi-même, du moins pour lui, encore une fois.

Le vol de ma mère arrivait tard dans la nuit, et je me suis rendue à l'aéroport pour l'accueillir. Quand elle m'a prise dans ses bras, j'étais heureuse qu'elle ait insisté pour venir. Elle a parlé de la manière de combattre le cancer si la tumeur était maligne, mais je n'écoutais pas.

« Elle ne sera pas cancéreuse », ai-je laissé tomber. Je ne lui ai pas confié que cela ne faisait aucune différence parce que je ne me réveillerais pas de la chirurgie.

Le lendemain, j'étais dans une sorte de brouillard : je pris la voiture pour me rendre à l'hôpital avec ma mère très inquiète, mon fils dans tous ses états, et mon mari qui faisait semblant d'être concerné.

J'eus l'impression que les papiers ne prirent que quelques secondes à remplir. Avant que j'aie le temps de respirer profondément, j'étais prête et on m'emmenait en salle d'opération. Je me souviens d'avoir pensé qu'une fois qu'on prend conscience de l'imminence de sa mort, elle ne vient pas lentement, mais vite.

Je me souviens d'avoir compté de 100 à 99. Puis, ce fut le noir complet.

Imaginez ma surprise quand j'ai ouvert les yeux en salle de réveil !

J'ai demandé à l'infirmière : « Y a-t-il des hôpitaux au Ciel ? »

Elle a pensé que j'étais folle. Mais je ne l'étais pas. J'étais vivante.

Quand on m'a ramenée à ma chambre, ma mère, souriante et aimante, était là pour m'accueillir, tout comme

Ryan, formidablement heureux que j'aie décidé de ne pas mourir.

Mon mari s'est approché du lit et s'est penché vers moi. « Cath, ton éditeur a téléphoné. Il a lu ton dernier livre et il veut renouveler ton contrat. »

« Tu entends, maman ? » La voix de Ryan tremblait. « Tu vois ? Rien n'a changé. »

J'ai pris sa main. « Non, tout a changé. J'ai franchi une barrière dont j'ignorais l'existence. Je te le dis, les choses ne seront plus jamais les mêmes. J'ai vu mon avenir quand je dormais. J'ai vu ton premier enfant. J'ai vu tellement de choses. »

Sur ces entrefaites, l'infirmière est entrée en annonçant que tout le monde devait partir. C'était si bon de les serrer dans mes bras ! Je suis incapable de décrire le flot d'émotions que j'ai ressenties, tandis que la douce pression de l'amour sur ma peau fondait dans la moelle de mes os. J'embrassais la vie à nouveau. Dans mon état à moitié conscient, je savais que Rod et moi allions nous quitter pour de bon, et que ce serait bientôt. Je savais que ma mère était en santé et qu'elle resterait près de moi encore bien des années. Je savais que la vie de Ryan allait être heureuse et exempte du genre de souffrances que j'avais vécues. Je savais que j'étais enveloppée d'une odeur de petit enfant.

Le soir, Ed est venu faire sa visite. Comme je m'y attendais, il m'a dit que nous avions intercepté la tumeur avant qu'elle devienne maligne. « Vous êtes propre comme un sou neuf. »

Souriante, je l'ai regardé et je lui ai dit : « Ed, vous serez peut-être surpris, mais devinez quoi ? »

« Quoi ? »

« C'était ma dernière chirurgie. »

Il m'a serré la main. « Vous avez eu le même message que moi. »

Interloquée, j'ai bégayé : « Vous... vous le saviez ? »

Hochant la tête, il a répondu : « Bien sûr. C'était la dernière. »

Après cette intervention, ma convalescence a été la plus rapide à ce jour. Trois mois plus tard, je quittais la maison pour reprendre ma vie en solo. J'avais le sentiment d'avoir signé un nouveau bail de vie.

Je ne suis pas morte physiquement, le jour de l'intervention, mais mon ancien moi est mort. Dès lors, je n'ai plus vécu pour autrui. Il y avait peut-être quelque chose de cette idée que j'avais franchi une barrière que je m'étais fixée, en mourant à 43 ans dans ma vie antérieure.

Dans les mois et les années qui ont suivi, j'ai changé beaucoup de choses. J'ai fait plus confiance à Dieu et à la mission qu'Il avait pour moi sur Terre, au lieu d'essayer de pousser et d'aiguiller mes propres initiatives. Je me suis libérée du doute et de la peur. Je me suis libérée de la colère, et je me suis ouverte à l'être spirituel et intuitif que j'avais toujours été.

C'est de cette période que date mon vœu, celui de ne plus jamais réprimer ma nature essentielle. J'ai reçu plusieurs dons en m'incarnant dans cette vie. J'avais tenté de minimiser leur importance pour trop de gens et pendant trop longtemps. Cette nouvelle vie n'appartenait qu'à Catherine. J'allais être moi-même.

Tout cela est arrivé il y a plus de dix ans. Depuis, j'ai eu deux grippes hivernales, mais la maladie ne fait plus partie de ma vie. D'une façon ou d'une autre, j'ai continué d'écrire, même si la nature de mon écriture s'est entièrement transformée, transmutée, jusqu'à devenir ce que vous lisez dans ces pages. J'ignore si j'écrirai de nouveau de la fiction, même si je ressens encore le désir de coucher des histoires sur papier.

Néanmoins, mon âme me pousse à écrire sur la « vraie vie ». Les vraies choses. Et tant que Dieu et les anges me garderont sur Terre, je n'aurai d'autre choix que de dire et d'écrire ce qu'ils me dictent.

Quel défi exceptionnel !

Le rêve de la maison cocon

Je l'admets. J'en faisais une obsession. Je voulais tellement devenir propriétaire que je ne pouvais plus me supporter. À l'époque, je vivais dans l'Indiana. Même si j'ai grandi avec les épouvantables hivers du Midwest, j'avais oublié après vingt ans dans le Sud profond que le mercure peut descendre jusqu'à -66 °C avec l'indice de refroidissement éolien, et que la température moyenne ambiante est de -45 °C en hiver. Ce n'était pas mon imagination. Dans les prairies, l'existence est rude.

Le Texas me manquait sur tous les plans. Je m'ennuyais de semer un jardin à la mi-janvier. Je m'ennuyais de la nourriture mexicaine et de sa profusion de jalapeños. Je m'ennuyais de mes amis. Je m'ennuyais de mon fils.

J'étais malheureuse.

Je voulais retourner au Texas, mais en raison de ma situation personnelle et financière, je devais rester dans l'Indiana. Il y avait un bon côté à mon malheur : pour m'occuper l'esprit, je travaillais mes techniques de visualisation. Je me sentais comme un prisonnier de la guerre du Vietnam, de ceux qui racontent qu'ils ont bâti des maisons en esprit bien qu'ils aient été confinés dans des cages de bambou. Je me sentais piégée physiquement, mais mon esprit était libre comme l'air. Il pouvait tout faire.

Même en travaillant au magasin de ma sœur plus de huit à dix heures par jour et en écrivant le soir et les fins de semaine, j'avais encore de l'énergie à revendre. La nuit, je restais éveillée et je rêvais à la maison que je me ferais bâtir un jour. Au fil des semaines d'hiver, je me mis à parler à ma mère et à ma sœur de la maison de mes rêves. Elles me regardaient avec un air indulgent, mais je savais ce qu'elles pensaient. Comment l'argent pour bâtir cette maison apparaîtrait-il ? Par magie ?

Je réfléchissais à la question. La magie n'était pas si mal. En fait, la magie avait ses bons côtés. Or, à l'époque, pas grand-chose d'autre n'en avait.

Dans la foulée des rationalisations, des acquisitions et des fusions du début des années 1990, j'avais été « libérée » par mon éditeur. C'était une façon polie de dire que j'avais été lâchée en chute libre. Je n'avais pas de revenus, seulement des dépenses. Je pondais des synopsis et des scénarios avec une profusion et une vitesse incroyables. Je travaillais sur un roman après l'autre, à la recherche de la formule magique qui bousculerait un éditeur, le ferait bondir hors de son fauteuil, dévaler le corridor jusqu'au bureau du « conseil » et déclarer : « Voici le grand roman américain. » Rien de tout cela ne se produisit.

Au lieu de cela, je continuai à écrire, remplissant de mots mon disque dur obsolète. Je travaillais dans un garage transformé, non chauffé, emmitouflée dans deux survêtements pour me tenir au chaud. De l'autre côté de la rue s'élevait un château d'eau. On y avait dessiné des graffitis là où la peinture se fendillait et s'écaillait. Par l'autre fenêtre d'angle, j'avais pour m'inspirer le spectacle d'une remorque en train de rouiller dans la cour du voisin. Je faisais de mon mieux pour trouver un élément édifiant à cette existence, mais il n'y avait rien. Elle était aussi stérile que la neige hivernale.

Le seul espoir qui me restait, c'était que mes mots coulaient comme une rivière, ancienne, constante et sans fin. Je perdais la notion du temps pendant des heures, presque des jours.

Mon autre espérance était que je retrouve, d'une façon ou d'une autre, ma vie à nouveau. Je décrétai pour ma propre gouverne que je vivrais cette nouvelle vie dans ma « maison cocon ».

Je conservais sur ma table de chevet de vieux magazines de décoration que ma sœur et ma mère avaient jetés aux ordures. Je commandais des plans d'étage gratuits et je découpais ceux qui étaient publiés dans le journal du dimanche. Comme j'avais travaillé dans le domaine des piscines et du remaniement d'intérieur, je savais que si l'on s'avisait de m'ouvrir les veines, on y trouverait de la sciure. Pas celle qu'on trouve dans les cirques, celle de la construction. En ce qui me concerne, l'odeur d'une planche de pin fraîchement débitée est un aphrodisiaque. J'adore le bruit des marteaux et des scies en pleine activité. Pendant la création. Je suis tout à fait convaincue que dans une ou plusieurs vies antérieures, j'ai été architecte. Bâtisseur. Menuisier. Des habiletés toutes fort valables.

Ce qu'il y a de bien avec l'hiver, c'est qu'il finit par passer. Quand avril pointa son nez, je me suis promis de prendre quelques jours de congé pour rendre visite à mon fils et à ma bru à Houston. J'étais incroyablement fière d'eux. Non seulement ces deux-là étaient des âmes sœurs qui s'étaient rencontrées, mais ils se construisaient une maison, à leur jeune âge ! Ils se préparaient à creuser les fondations et je voulais être présente pour les aider à baptiser les lieux.

La veille de mon départ, j'ai fait un rêve prémonitoire. Je me voyais approcher d'un chantier de construction. J'ai tout de suite compris qu'il ne s'agissait pas de la maison de Ryan et Christy, mais de la mienne. J'étais absolument fascinée par la taille de la maison. J'ai penché la tête en arrière pour voir le toit. Même dans le rêve, j'étais stupéfaite de constater que l'édifice avait manifestement trois étages.

Bien entendu, je savais que c'était impossible, puisque personne ne bâtit des maisons à trois étages – du moins pas dans l'Indiana, et certainement pas à Houston, où j'espérais retourner.

Dans le rêve, je respirais une odeur de bois. Une odeur de pin. Je traversais un long madrier de pin pour me rendre de la bordure du trottoir à la maison. Je me souviens d'avoir pensé que le terrain devant la maison était très exigu, car la distance entre la bordure et la maison était courte. La porte d'entrée était incroyablement haute, bien au-delà de 2,5 m, et le haut du chambranle était incurvé et non rectiligne. À droite, il y avait une grande fenêtre donnant sur une salle de séjour. À gauche se trouvait le garage. Les ouvriers s'activaient à clouer les feuilles de contreplaqué sur la charpente. J'avais l'impression que cette maison faisait vraiment partie de mon avenir et qu'elle était en cours de construction.

Je m'arrêtai juste devant la porte et dis à mon ange gardien : « Je sais que tu m'as envoyé ce rêve pour me donner de l'espoir. Mais je veux davantage. Je veux que tu me montres quand, exactement, cette maison sera bâtie. À quel moment dans l'avenir vivrai-je cette expérience ? »

Tout à coup, j'ai vu que je tenais un enfant dans mes bras. Ce n'était pas l'enfant de Christy et Ryan. Ce n'était pas ma petite-fille, j'en étais certaine. Je savais que c'était une fillette. Soudain, une deuxième fillette du même âge est apparue à mes côtés. Elle a saisi ma main, mis son doigt dans ma bouche et levé les yeux vers moi.

J'ai baissé les yeux : « Quel âge as-tu ? » ai-je demandé.

« J'ai 22 mois. »

« Et quel mois sommes-nous ? » ai-je demandé à l'autre.

« Presque à la fin juillet. »

« Et qui êtes-vous ? » ai-je demandé aux deux.

Elles ont ricané en échangeant un regard. « Nous sommes les enfants de Rod. »

Sur ces entrefaites, je me suis réveillée en sursaut.

Je tremblais et j'étais en sueur. Je me suis levée et je suis allée dans la salle de séjour où je me suis pelotonnée dans le fauteuil à oreilles que j'avais acheté quand Ryan avait eu quatre ans.

Rod était mon ex-conjoint. Parmi la multitude de problèmes que nous avions eus, il y avait le fait que Rod voulait des enfants. J'avais subi une hystérectomie. Je ne pouvais plus en avoir. Rod, si.

Absolument décontenancée, je compris qu'on m'avait permis un coup d'œil exceptionnel sur mon avenir. Mon avenir, et celui de quelques autres.

Je suis partie pour Houston. J'ai fait un merveilleux voyage méditatif. Quand je suis arrivée à l'appartement de Ryan et Christy, nous étions tous d'accord que la nourriture mexicaine s'imposait. Devant nos fajitas, j'ai demandé à Ryan si mon ex-conjoint s'était remarié ou s'il fréquentait quelqu'un.

« Non, m'a répondu mon fils. Qu'est-ce qui se passe, maman ? Tu ne me questionnes généralement pas à son sujet. »

J'ai raconté mon rêve, mais autant Ryan que Christy ont conclu que ce n'était rien de plus qu'un rêve. J'ai raconté le rêve à mes amies. Comme elles étaient plus âgées, plus sages, et qu'elles me connaissaient depuis des lustres, elles m'ont écoutée plus attentivement.

Mes heures de loisir à Houston sont venues à terme, et je suis retournée dans l'Indiana.

Un an plus tard, ma situation personnelle avait assez évolué pour que je retourne vivre à Houston. Ryan et Christy étaient bien installés dans leur nouvelle maison, mais comme ils venaient à peine de terminer leurs études universitaires, ils n'avaient pas d'ameublement et peu d'appareils ménagers. Je leur ai donc donné le contenu du camion de déménagement Ryder de 6 m que j'avais loué : il contenait suffisamment d'objets pour meubler leur maison et remplir leurs armoires. Je conservai mon ordinateur de onze ans, mon bureau, ma chaise, mes dossiers et mes vêtements, et je louai une chambre chez une amie jusqu'à l'automne, où je pourrais emménager dans sa maison sur la plage, à l'île Boliver, et la louer pour l'hiver.

Le jour de la fête des Pères, mon amie organisa un brunch familial auquel elle invita Jim. Elle me confia qu'il avait tout pour me déplaire : il était Irlandais, comme moi, il avait des cheveux et des yeux sombres, et il était avocat.

Elle avoua à Jim que je n'étais pas du tout son genre, puisqu'il préférait les blondes plantureuses sans carrière pour les retenir au même endroit, étant donné qu'il voyageait partout sur la planète et qu'il voulait de la compagnie.

Lors de notre premier rendez-vous, Jim m'a demandé quels étaient certains de mes objectifs à ce stade avancé de ma vie. Je lui ai confié que je voulais entre autres bâtir ma maison cocon.

À mesure que notre relation se développait et que j'apprenais à lui faire confiance, je lui ai parlé de mon rêve de ma maison cocon. Curieusement, il m'a demandé si je l'avais revue dans des rêves subséquents. J'ai pris conscience que non.

Le soir même, j'ai fait un deuxième rêve. Cette fois, j'étais à l'intérieur de la maison terminée. Dans la cuisine. Même dans le rêve, j'étais consciente qu'il était important que je me souvienne de tous les détails. J'ai vu un long comptoir recouvert d'écaille de tortue. Il y avait un énorme réfrigérateur Sub-Zero — je m'en souviens parce que la femme de ménage ou le traiteur y rangeait des aliments. Je me souviens aussi de m'être approchée de l'évier et d'avoir regardé dedans, puis d'avoir levé les yeux vers l'immense fenêtre. En regardant dehors, j'ai constaté qu'un mur de brique rouge s'élevait tout contre la fenêtre. Je me suis tournée vers le traiteur et j'ai dit : « Pourquoi est-ce que je bâtirais ma maison cocon à côté d'un mur de brique ? Il doit certainement y avoir des arbres entre nous. Un ravin. Un peu de nature quelque part ! »

C'est alors que j'ai entendu une voix d'homme : « Chérie, l'équipe de *People* est arrivée. »

J'ai entendu des talons de souliers féminins résonner contre le bois, puis le marbre.

J'étais très nerveuse parce que je savais que l'équipe était là pour m'interviewer à propos de *Wings of Destiny*. J'ai couru jusqu'au canapé et je me suis assise. J'étais stupéfaite de constater que c'était un canapé blanc, garni de duvet, et qu'il se trouvait au milieu de la cuisine ! Mon étonnement était tel que je me suis réveillée.

Trois ans plus tard, Jim et moi avons fait construire *notre* maison cocon. Je n'ai pas repensé à mon rêve durant la période où nous avons planifié, déplacé des lignes sur les plans, conçu la structure sur place, et choisi les couleurs pour l'intérieur.

Nous vivions à mi-temps en Équateur. J'écrivais trois ou quatre livres par année. J'avais maintenant deux golden retrievers à nourrir, à laver, à promener et à soigner, de même qu'une petite-fille. Mon existence étant remplie vingt-quatre heures par jour, la réflexion n'était pas à l'ordre du jour de mon calendrier.

Un après-midi, j'ai bravé les 47 °C de la fin juillet pour rencontrer l'entrepreneur sur le chantier. Il était en retard. Les menuisiers installaient le contreplaqué sur un côté de la maison quand j'ai franchi le madrier de pin qui me séparait de la porte d'entrée, haute de 2,75 m.

Je me suis immobilisée. Je sentais l'odeur caractéristique des pièces de bois de pin chauffé par le soleil. S'il n'avait pas fait si terriblement chaud, je n'aurais jamais expérimenté cette odeur particulière. Mon rêve m'est revenu tout d'un coup.

En 1998, le modèle de maison le plus populaire dans notre quartier de Houston, près de la Galleria, était un type de maison en rangée, détachée, à trois étages, avec portique rond comme porte d'entrée. À droite, il y avait une fenêtre double qui donnait sur la salle de séjour où j'espérais installer le plus gros sapin de Noël que je pourrais dénicher. À gauche, on trouvait un garage accommodant deux voitures. Il y avait en effet peu de distance entre la bordure du trottoir et la porte d'entrée.

Dans le rêve, je me souviens que je tenais ces « bébés de rêve » et qu'elles m'avaient dit qu'on était à la fin juillet. Mon sang se glaça dans mes veines. Je frissonnai. « Mon Dieu, c'était donc vrai ! »

Durant les trois années qui avaient suivi mon rêve, mon ex-mari Rod s'était remarié et était maintenant le père de deux jumelles. Les fillettes avaient eu 22 mois en ce jour de juillet où je me tenais sur ce madrier.

Je courus jusqu'à la cuisine et m'approchai de la fenêtre qu'on venait d'installer. Elle avait plus de 3 m de haut et s'élevait jusqu'au plafond. La maison de mon voisin n'était qu'à 1,5 m de la fenêtre. Elle était en brique rouge.

Au bout de l'endroit où nous comptions installer l'îlot, Jim et moi avions prévu un espace pour un réfrigérateur Sub-Zero. Les comptoirs que nous venions de choisir n'étaient pas en écaille de tortue, ce qui est illégal et impossible, mais en granit de couleur chocolat foncé, qui imitait l'écaille de tortue.

Dans la salle à manger et la salle de séjour, les planchers seraient en bois dur, et ceux du vestibule et de l'aire ouverte cuisine/salle familiale, en marbre.

Trois ans plus tôt, Jim m'avait fait une surprise en m'offrant un canapé blanc, garni de duvet. Nous avions l'intention de le placer dans la salle familiale, près de l'îlot, de manière que Jim puisse me faire la conversation pendant que je cuisinais. Mon canapé était dans la cuisine !

Et l'équipe de *People ?* Cela ne s'est pas encore produit. Mais mon intuition me dit que ce n'est qu'une question de temps.

Mon rêve sud-américain

Jim travaillait d'arrache-pied pour une pétrolière américaine dont il vendait les royautés. C'était un combat de tous les instants, même les bons jours. Le cours des valeurs mobilières était tellement haut que presque personne ne souhaitait investir dans le forage aux États-Unis. Comme il était assez intelligent pour mesurer la gravité de la situation, Jim s'est mis en quête de nouvelles occasions d'affaires.

Au bout de quelques jours, une société aéronautique allemande l'a contacté et lui a offert de faire partie de ses représentants. Jim a assisté à quelques réunions durant les vacances et les coups de fil en provenance d'Europe paraissaient prometteurs.

Les Allemands voulaient que Jim vienne les rencontrer outre-mer au début du mois de janvier. Mais en raison de ses engagements antérieurs, il leur dit qu'il serait incapable de se libérer avant la fin du mois. Une réunion fut donc prévue pour le dernier mardi de janvier. Jim espérait que l'entente se finaliserait à cette occasion.

Durant les vacances, j'ai commencé à fantasmer sur ce que l'Allemagne aurait l'air. Je n'y avais jamais mis les pieds, mais je dois avouer que je revoyais les scènes de Shirley Temple dans *Heidi*, au moins un million de fois. Je me rappelais les histoires de ma grand-mère à propos de Munich et de Francfort, et combien elle aimait le peuple allemand. J'avais encore la petite broche en ivoire en forme d'edelweiss qu'elle m'avait achetée à Munich trente-cinq ans auparavant.

Noël passé, j'enlevai les ornements du sapin pour les ranger, puis je commençai un nouveau livre. Notre existence reprit sa routine habituelle.

Un matin de la mi-janvier, je me réveillai très tôt. Jim était déjà en bas à pratiquer ce qu'il fait le mieux : réfléchir en marchant de long en large.

« J'ai fait un rêve vraiment bizarre, lui dis-je. J'ai rêvé que nous avions mis nos affaires dans une remorque et que nous étions partis en voiture pour l'Amérique du Sud. C'était tellement réel que je ne peux m'arrêter de penser à cette scène où nous faisions nos bagages. Beau venait même avec nous. »

Jim me tapota la main avec condescendance et répondit : « C'est bien, mon cœur, mais si nous devons déménager quelque part, c'est de ta maîtrise de l'allemand que tu dois te préoccuper. Pas de l'espagnol. »

Haussant les épaules, je répliquai : « Je ne parle ni l'une ni l'autre de ces langues, alors j'imagine que ce n'est pas un problème. Pourtant... la dernière fois que j'ai fait un rêve de ce genre, il s'est réalisé. »

Jim repoussa l'idée d'un grognement. « Lundi, je m'en vais au centre-ville où l'on me dira qu'on n'a plus besoin de mes services, et ce sera terminé. » Il se rendit à son bureau, fouilla dans sa mallette et revint à la table du petit déjeuner. « Tu vois ? C'est mon billet pour l'Allemagne, pour mardi matin. Tout est prévu. »

« Je sais », répondis-je en hochant la tête et en desservant mon couvert. En montant l'escalier pour me rendre à mon bureau, je continuais d'y penser : « Il a raison. Après tout, pourquoi irions-nous en Amérique du Sud ? »

La semaine suivante, je fis nettoyer tous les lainages de Jim de façon qu'ils soient prêts à mettre dans ses valises. Je m'arrêtai même dans un grand magasin pour lui acheter des gants de laine très chauds. Quand on vit à Houston, ces choses-là ne sont pas des priorités.

Le lundi matin, Jim fit un paquet de tous les dossiers qu'il devait remettre à la pétrolière qui l'employait, concernant les contrats qu'il avait signés durant l'automne et l'hiver, ainsi que les rapports de résultats.

Il arriva à l'heure à la réunion, mais le président de la société tenait une audience à huis clos avec son conseil d'administration. On demanda à Jim d'attendre dans le hall en lui disant qu'il n'y en aurait plus pour très longtemps. Quinze minutes s'écoulèrent. Une demi-heure. Jim attendait patiemment.

Tout à coup, les portes de la salle de réunion se sont ouvertes, et le président est sorti. « Jim ! Exactement la personne que je voulais voir. »

« Ah bon ? »

« Qui connaissez-vous en Équateur ? »

Jim sourit : « Seulement l'ancien ministre de l'Énergie et des Mines. »

Le président en resta bouche bée. « Entrez, Jim. Il faut que nous parlions. »

J'étais à la maison et j'attendais le coup de fil de Jim. Il m'avait dit que la rencontre serait brève et que nous déjeunerions ensemble.

J'attendis. L'heure du repas du midi passa. Treize heures sonnèrent.

Renonçant à attendre, je me remis au travail et me perdis dans le suspense du chapitre que je rédigeais pour mon livre en cours.

À 15 h 45, le téléphone sonna : c'était Jim.

« Tu ne croiras pas ce qui vient d'arriver, dit-il. Je pars demain. »

« Je sais, Jim. Tu t'envoles pour l'Allemagne. »

« Non, dit-il, il y a eu un changement majeur dans les plans. Je pars pour l'Équateur. »

« L'Équateur ? Je suis un brin rouillée en géographie », fis-je. J'avais les poils de la nuque qui se hérissaient. « Est-ce en Afrique ou en... » Alors que des bribes de mon rêve me revenaient en mémoire, je craignis de prononcer les mots : « ... en Amérique du Sud ? »

« Bingo ! En Amérique du Sud. N'est-ce pas bizarre ? Je pars pour l'Amérique du Sud. »

« Comme dans le rêve », a-t-on dit à l'unisson.

Je tremblais. Un autre de mes rêves s'était réalisé. Sauf que je ne l'avais pas souhaité. Il s'était simplement produit.

« Il faut que tu sortes tous mes vêtements d'hiver de mes bagages. C'est l'été en Équateur. Par contre, je serai à Quito où c'est un peu comme le printemps à l'année. Il faut que j'échange mon billet d'avion et... » Il énumérait d'une voix enthousiaste tout ce qu'il devait faire avant de partir.

« Jim. C'est réellement vrai ? »

« Oui ! Tu peux me croire ! Ton rêve était juste. »

« En entier, sauf pour la remorque », lui ai-je fait remarquer. Ces paroles n'avaient pas aussitôt quitté ma bouche que j'eus la sensation que mon sang se figeait dans mes veines. « Nous allons tous y aller, Jim. Même Beau. »

« Eh bien, nous verrons pour la suite. Je dois d'abord y aller et explorer les possibilités. »

Tout à coup, j'ai pu voir notre avenir se dérouler devant nous comme un pique-nique. « Nous serons là au printemps. Dans une maison. Une grande maison blanche. »

« Bien sûr, ma chérie, acquiesça-t-il. Je serai à la maison dans quelques minutes et nous pourrons discuter de tout cela. »

Nous avons raccroché, mais ma vision de l'Équateur ne m'a pas quittée. J'avais des visions fugaces des pièces d'une maison inconnue. Je n'avais aucune idée où se trouvait Quito. Bien que j'aie fait une recherche dans Internet et dans mon encyclopédie, rien ne m'avait préparée pour les merveilles naturelles que j'ai découvertes là-bas au cours des deux ans et demi où Quito fut notre second foyer.

Rêve un peu à moi

Les rêves récurrents sont des phénomènes inhabituels, mais certains que j'ai expérimentés se sont avérés singulièrement profonds et prémonitoires. Ils m'ont aussi révélé que ma croyance dans les vies antérieures avait des fondements factuels. De telles croyances ne peuvent venir que d'expériences personnelles bien ancrées. C'est grâce à nos souffrances et à nos joies que nous apprenons à nous connaître sous toutes nos coutures. Mon existence m'a présenté des rêves révélateurs qui m'ont ouvert le portail du dédale inexploré du lien âme/esprit et servi de guide durant une période difficile de ma vie.

En incluant ici ce rêve d'une vie antérieure, mon but est peut-être de mettre en lumière vos songes et rêveries irrésolus qui semblent absurdes en surface, mais qui sont en fait des repères sur votre chemin divin.

L'être humain considère les mystères comme des coupables sombres et douteux qui rôdent dans sa psyché ou son quotidien. Les mystères nous confondent et sèment la confusion en nous. Ils nous égarent. Arracher leur masque et révéler leur vérité ne devrait-il pas représenter notre but ?

On pourrait le croire. Mais trop souvent, la vérité est tout près de nous ; glorieuse dans son essence, nous nous en détournons. La vérité pourrait nous obliger à changer notre façon de penser. Peut-être allons-nous juger nécessaire de travailler un peu plus fort sur notre existence, sur la structure de notre âme ; nous allons peut-être devoir prier sincèrement au lieu de nous contenter de souscrire aux apparences. Et parmi tous nos préjugés, quels sont ceux dont nous devrions nous défaire ?

Il est difficile d'accepter la vérité. Cela fait partie de notre évolution vers une plus grande spiritualité. Avec l'aide de Dieu, nous en sommes capables.

★★★★

Je ne me souviens pas d'avoir fait ce rêve avant mon adolescence. Il m'est venu par bribes, comme un kaléidoscope de couleurs et de formes. Tous les éléments étaient présents pour tisser la trame d'une histoire, mais il a fallu une certaine maturation et les expériences fondamentales de la vie, la plupart douloureuses, pour que le rêve se transforme en production cinématographique.

J'ai toujours aimé les bateaux de bois à moteur intérieur des années 1920 et 1930. Leurs lignes pures, le bois de teck verni et brillant, les accessoires chromés ; tout cela illustre « le chic » pour moi. Mes parents n'ont jamais eu de bateau, en dépit du fait que nous vivions dans une ville comportant sept lacs. Non, mon amour pour ces bateaux me vient bien plus des bribes et des visions fugitives que j'ai eues en rêve, que d'une quelconque expérience pratique avec ce type d'embarcation.

Certains rêvent de voiliers ou de transatlantiques. Mes rêves portaient toujours sur les yachts de course. Quand j'ai laissé mon adolescence derrière moi, chaque fois que je rêvais d'un bateau, je me voyais avec des amis sur un yacht rapide et brillant. Nous étions tous vêtus de marine et de blanc : les femmes portaient des jupes blanches à plis et des blazers marine, tandis que les hommes étaient en pantalon blanc et en blazer marine. Je me souviens que le capitaine portait une casquette blanche avec une visière en cuir verni marine. Une ancre ornait le devant de la casquette. Nous riions et nous nous racontions des blagues. Je me souviens que je me réveillais toujours en pensant que les personnages de mon rêve s'amusaient vraiment beaucoup, alors que c'était loin d'être mon cas.

Durant des années, j'ai pensé que ce rêve mensuel était simplement un moyen grâce auquel mon esprit équilibrait ma journée de travail dans le monde réel et mon excitante vie onirique. Je me disais que mon rêve était une sorte d'exercice mental.

J'avais à peu près vingt-huit ans et mon fils quatre ans quand le rêve s'est mis à changer. Je voyais maintenant les visages plus clairement. Le capitaine était blond. Je ne le connaissais pas dans ma vie éveillée. Je n'avais jamais rencontré quelqu'un qui agissait ou parlait comme lui, ne serait-ce qu'un peu. Une nuit surtout, il me dit : « Tu ne sais pas encore qui je suis ? Nous sommes en 1935. Il importe que tu te souviennes de moi et de l'année. Très important. »

Au réveil, j'étais ébranlée. J'avais le sentiment d'avoir reçu la visite d'une personne bien vivante. Ce n'était pas la voix angélique que j'avais déjà entendue ; c'était la voix d'un homme bien réel.

Mais j'étais jeune. Mettant l'incident au compte d'un cauchemar, j'ai entrepris de faire des marinades et de mettre en conserve la récolte des légumes d'automne.

Or le rêve revint un mois plus tard. Cette fois, la scène était différente. Nous étions cinq : deux hommes et trois femmes. Et nous étions en maillot de bain. Je me souviens que le mien était blanc et collait étroitement à mon corps. Il était plutôt long, mais j'avais un peu l'impression que je portais un short très court. Le corsage était plissé et, en l'examinant avec mon regard d'alors, j'ai songé : « Seigneur ! Pour un maillot, il y a vraiment beaucoup de tissu ! »

Nous avions navigué toute la journée. Certains avaient nagé. J'étais bonne nageuse, en dépit du fait que l'eau était glaciale. Je savais, je ne sais comment, que nous étions sur le lac Louise, près de Banff, au Canada. Je n'ai jamais été au Canada, et certainement jamais au lac Louise. Ma mère avait visité cette région quand elle était enfant avec ses parents, mais je n'y avais pas encore été, même à 30 ans. À ce jour, je n'ai pas encore vu le lac Louise, bien qu'il figure sur la liste des lieux « que je dois visiter » sur cette planète.

Le capitaine blond était un homme de forte carrure, beaucoup plus âgé que moi. Apparemment, je le connaissais très bien et je l'aimais beaucoup, mais je sentais aussi qu'il était amoureux de moi. Je savais que je n'étais pas encore mariée, que je ne l'avais jamais été, ou que je ne l'avais pas été depuis très longtemps. J'avais exactement le même âge que l'année. Nous étions en 1935.

Le capitaine a accosté à un quai et nous avons couru à travers une pelouse douce et verte jusqu'à une maison. Je me souviens distinctement d'avoir fait un commentaire sur la hampe du drapeau érigée dans la cour et sur les fleurs colorées qui l'entouraient. J'ai eu l'impression que c'était le 4 juillet et que nous étions en vacances.

Le couple qui courait derrière moi se querellait. Je les connaissais peu, l'un et l'autre, et je me suis retournée pour prendre note de leur visage. Elle était blonde et ses yeux, très intéressants, étaient d'un vert jaunâtre. Elle était juive et terriblement amoureuse de son amant, un homme à la chevelure sombre et aux yeux verts. Je savais qu'elle insistait pour qu'il la demande en mariage, mais il ne voulait rien savoir. C'était un coureur de jupons notoire. Je le connaissais depuis au moins dix ans et je me suis dit : « Il fait de nouveau des siennes. »

Nous sommes entrés en courant dans la maison ; c'était une grande résidence, mais pas un château. Elle était vaste pour l'époque, et le fait qu'il s'agissait d'une résidence secondaire révélait que le capitaine était fortuné. Les murs étaient en pierre ronde lavée, les lambris en bois clair, et il y avait de nombreuses fenêtres à carreaux. Les planchers étaient recouverts de larges lattes de pin polies ou vernies comme un miroir. Les meubles rembourrés à plein étaient égayés d'un chintz anglais à imprimé floral. Des tapis navajos aux couleurs vives étaient suspendus à la balustrade de la mezzanine à l'étage. Le séjour avait un plafond cathédral renforcé de poutres. Un énorme chandelier de fer forgé noir était suspendu au milieu de la pièce.

Le foyer massif était fabriqué avec ces pierres particulières que j'avais vues en Californie et au Colorado, mais jamais dans le Nord, ni au Texas. Au-dessus du manteau de la cheminée, il y avait une belle peinture du « pin solitaire » près de Carmel, en Californie, que l'on a dépeint de maintes façons de la carte postale à l'aquarelle, en passant par la peinture à l'huile.

Je me suis arrêtée net devant la peinture au moment où nous sommes entrés en courant dans la maison, frissonnant sous l'arrivée de l'air nocturne. Le capitaine a attrapé une couverture en tricot sur le canapé et l'a jetée sur mes épaules alors que j'observais la peinture.

Il s'est avancé derrière moi et a placé la couverture sur mes épaules, en les pressant de ses mains.

« C'est ma peinture favorite », ai-je fait remarquer en fixant le pin des yeux.

« Je sais », a-t-il répondu.

« Tu as acheté la peinture pour moi ? »

« J'ai bâti la maison pour toi », répondit-il.

J'étais stupéfaite. Je me suis tournée vers lui. En regardant ses yeux bleus, j'ai vu qu'ils étaient pleins de larmes. Il était profondément amoureux de moi.

« Mais tu es marié », dis-je, ressentant une vague de tristesse envahir mon âme. Je savais qu'il ne quitterait jamais sa femme et ses enfants. Je n'étais pas encore sa maîtresse.

Soudain, j'ai compris que c'était réciproque. J'ai aussi compris que j'allais devenir sa maîtresse.

« J'ai demandé le divorce à ma femme. »

Ma tristesse s'est transformée en allégresse. Je me suis pendue à son cou et je l'ai serré contre moi. J'avais attendu très longtemps qu'il prononce ces paroles. Je le croyais. Je l'aimais. Bien entendu, il me disait la vérité.

C'est alors qu'il me fit tourner et, avec une certaine ardeur, me fit avancer vers la droite. Il y avait une alcôve où la pierre laissait la place aux lambris. Je vis, éclairée par une petite lampe à tableau, une photographie noir et blanc de moi suspendue dans l'alcôve par un long ruban de satin bleu, comme c'était la mode dans les années 1920.

J'étais exactement comme je suis aujourd'hui.

Je sentis monter des larmes d'amour et de gratitude à l'égard de cet homme qui m'avait apparemment ouvert son cœur.

Ses bras encerclèrent ma taille tandis qu'il posait ses lèvres près de mon oreille pour murmurer : « Je t'aime. »

Je fis un pas en avant et touchai l'encadrement de bois. Tandis que je contemplais mon portrait, il se produisit un phénomène étrange. Je me retrouvai soudain hors du rêve. J'étais à l'extérieur du rêve et j'étais consciente de ma vie aux deux époques, passée et présente.

Je lançai à voix haute : « À ma mort, que garderai-je de cette vie ? »

Des profondeurs de mon âme ou du haut des Cieux, la Voix tonitruante répondit : « De la déception. Tu devras tout reprendre de zéro. »

Sans comprendre pourquoi, je me sentis submergée par la honte et les reproches. Je fis de franches excuses à Dieu pour avoir gaspillé l'incarnation précieuse qui m'avait été donnée. Je ne savais pas pourquoi j'étais déçue de moi, mais je l'étais. J'avais l'impression que mon âme savait pourquoi j'étais venue sur Terre, mais aussi que je n'avais pas rempli la mission qui lui avait été échue. Je n'avais laissé tomber personne, sauf moi.

À mon avis, ce n'était pas une question de morale par rapport à l'état matrimonial du capitaine. C'était plus profond, et aussi, beaucoup plus dénigrant. C'était une question d'éthique spirituelle. J'avais omis de faire quelque chose que j'aurais dû faire. Là se trouvait le nœud de mon crime scandaleux.

Étrangement, la photographie prit feu ; elle se consuma du coin inférieur droit vers le haut, comme si le film avait été surexposé. Mon portrait devint horrible et en lambeaux.

Je m'éveillai en hurlant. Couverte de sueur, je frissonnais pourtant. Je me ruai hors du lit et m'élançai dans la salle de bain où j'aspergeai mon visage d'eau froide. Je suppose que j'ai d'abord cru que j'avais pris feu.

J'observai mon reflet dans le miroir. Je n'avais que 30 ans, et non 35. Nous étions en 1977, et non en 1935.

À cette époque de ma vie, je faisais fi de mes rêves récurrents, autant celui qui précède que ceux concernant le « roi des mers ». Ce n'était pas le même homme, et par ailleurs, j'étais trop occupée à prendre soin de ma famille et de ma nouvelle maison pour perdre mon temps dans des réflexions ésotériques.

Encore une fois, je me répétai que ce n'était qu'un rêve. Son souvenir finira bien par s'estomper, de la même manière que les cauchemars.

Mais le temps passait et le rêve ne s'estompait pas. C'était comme si,une fois remis dans le bon ordre, il se plaisait à renouveler le contact.

Ma vie changea. Nous déménageâmes au Texas. J'étais divorcée, j'avais un emploi et je vivais seule. D'autres rêves récurrents parsemaient mon univers nocturne. D'autres mémoires de vies antérieures faisaient irruption dans mes rêveries éveillées. C'était comme si j'étais forcée d'accepter ou de rejeter une fois pour toutes l'idée des vies antérieures.

J'étais toujours mariée à Rod, mon deuxième mari, quand une nuit, le rêve est venu jeter une lumière éblouissante sur ma vie.

J'ai pris conscience que l'homme aux cheveux foncés et aux yeux verts qui se querellait avec la femme blonde était aujourd'hui mon mari. Je l'avais vu en rêve quatre ans avant notre mariage. Vous imaginez sans peine mon choc au réveil. Le fait de réaliser que j'avais hérité du don de ma mère, celui de voir le futur dans les rêves, m'a explosé en plein visage. Mes rêves ne disparaissaient pas, au contraire : ils devenaient de plus en plus précis.

Six ans plus tard, j'ai vraiment fait la connaissance de la femme aux yeux jaunes. Nous sommes devenues amies, mais elle a quitté ma vie avec des sentiments d'animosité à mon égard. Rod et moi avons divorcé après dix ans de vie commune. Quatorze ans au moins après que j'ai fait l'expérience du rêve dans sa totalité, j'ai rencontré le capitaine blond qui avait bâti la maison à mon intention. Nous avons été ensemble plus d'un an, puis il a lui aussi déserté ma vie.

Ce rêve n'est plus jamais revenu. Je crois que dans cette incarnation, j'éprouvais de la colère envers certaines personnes, alors que j'aurais dû apprendre à les laisser partir dans l'amour. Je crois que je ne priais pas pour eux avec le cœur ouvert et un amour inconditionnel. Ma leçon, que j'allais apprendre dans ce rêve et ma vie actuelle, consistait à continuer d'aimer toutes les personnes qui étaient passées dans ma vie et qui m'avaient influencée. Grâce aux expériences que j'avais vécues avec chacune de ces personnes, on m'avait donné l'opportunité d'aimer. J'avais établi mon propre itinéraire sur mon chemin divin. Je suis tout à fait responsable des détours que j'ai pris, et j'admets que chacun a été un phare à partir duquel j'ai éclairé ma voie.

Ces êtres n'étaient pas les méchants de l'histoire, pas plus qu'ils ne le sont aujourd'hui. Je ne suis pas non plus une héroïne. En fait, ce sont eux, les héros, car ils sont venus me donner une nouvelle chance de remettre les pendules à l'heure. Pour cela, je les bénis et je les recommande à Dieu.

Dans cette incarnation, mon but, le jour de ma mort, est de regarder en arrière et dire : « Je suis satisfaite. »

La dernière vie de Dottie

J'ai confié à mon amie Dottie ma régression dans une vie antérieure avec mon ex-conjoint, et même si je m'attendais à une réaction, je n'avais pas prévu celle que j'ai obtenue.

Dottie m'a dit : « Je sais exactement de quoi tu parles. Je sais comment je m'appelais dans ma dernière vie : John Smith. »

Mes yeux se sont écarquillés. Je connaissais tous les détails de ma plus récente vie antérieure, mais je n'avais jamais été capable d'obtenir un nom. Comme Dottie ne m'avait jamais parlé de ses croyances, j'ai été étonnée qu'elle me fasse cette confidence. « Comment le sais-tu ? »

Elle m'a expliqué qu'elle avait aussi un cauchemar récurrent à propos d'un décès. La seule différence, c'est qu'elle était un homme dans sa dernière incarnation. Elle se voyait sur un énorme navire, vêtue d'un uniforme de la Marine, où elle n'était que simple marin.

« Je n'étais pas une personne influente. Juste un matelot de pont. Durant des années, je n'ai pas accordé d'importance à ce cauchemar, mais, en vieillissant et depuis mon mariage avec Sonny, il est revenu plus souvent, avec plus de détails. »

« Des détails ? »

« Dans le rêve, je prenais conscience que j'étais à Hawaï et que je mourais au moment de l'attaque de Pearl Harbor.

Il y eut une énorme explosion. J'avais l'impression d'être en enfer, tellement il y avait des flammes et de la fumée. J'étais terrifiée. Je savais que j'avais 22 ans dans le rêve. Je me voyais voler dans les airs et mourir en plein ciel sous l'impact du shrapnel et des débris. Je n'ai rien senti quand je suis tombée à l'eau. En fait, le cauchemar était tellement violent et réel que je réveillais toujours Sonny avec mes cris de terreur. »

« Qu'as-tu fait pour que le cauchemar cesse ? »

« Je n'ai rien fait, mais Sonny a fini par en avoir assez de mes histoires de vies antérieures. Un jour, il est rentré à la maison avec deux billets d'avion pour Hawaï. Il m'a dit : "Nous allons mettre un terme à cette idiotie dès aujourd'hui." »

Je suis restée bouche bée : « Il t'a emmenée en voyage à Hawaï pour enquêter sur ton rêve d'une vie passée ? Mon genre d'homme ! »

« Bien sûr. Il s'est dit qu'il pourrait prouver que j'étais idiote et m'expédier chez le psy ; comme ça, la question serait réglée. »

Je l'interrompis : « Ne me dis rien. Les choses n'ont pas tourné comme il le pensait ? »

Dottie eut un large sourire. « Rien ne s'est passé comme il l'escomptait. En arrivant à l'hôtel, nous avons immédiatement téléphoné au directeur du musée historique pour convenir d'un rendez-vous. J'ai aussi communiqué avec la bibliothèque locale et expliqué que nous recherchions des coupures de journaux concernant l'attaque de Pearl Harbor. »

« Sonny a usé de son influence et obtenu par l'entremise de l'armée la liste des hommes décédés le jour de l'attaque. En consultant la liste, nous avons trouvé un John Smith. Nous avons apporté la liste à la bibliothèque et découvert à partir des articles de journaux, une description de l'explosion du navire sur lequel John Smith avait été éjecté. Son corps a été repêché par l'un de ses camarades. »

Sonny avait sous les yeux une preuve irréfutable. Des années durant, il s'était moqué du cauchemar de Dottie, ajoutant qu'elle aurait pu se montrer un peu plus inventive quant au choix du nom. Celui de John Smith était un peu trop commun.

Dottie a ajouté que depuis ce jour, Sonny croit fermement à la réincarnation. Il avait une preuve vérifiable, un élément que peu de gens peuvent obtenir.

Après ce voyage à Hawaï, le cauchemar récurrent de Dottie sur la mort de John Smith a cessé de la hanter. Depuis, elle dort beaucoup mieux, contrairement à Sonny...

TROISIÈME
3
PARTIE

Signes

Pauvres signes ! Les sceptiques aiment bien les ridiculiser. Il est si facile de mal les interpréter. En effet, ils sont généralement subtils et ils ne signifient rien ou presque rien pour qui que ce soit, sauf leur destinataire. Les gens qui désespèrent et souffrent de solitude cherchent des signes dans les éléments les plus bizarres de leur vie.

Les signes ne se laissent pas malmener. Ce sont de petits coriaces qui reviennent et insistent quand vous n'en faites pas de cas. Ils sont persistants et toujours présents. Ils sont semblables à de petits cailloux blancs destinés à rassurer. Ce sont ces excentricités et ces étincelles étranges qui vous donnent une raison de sourire au lieu de vous renfrogner. Les signes mettent de la couleur sur vos joues quand votre visage est pâle de désespoir.

Vous connaissez ce que c'est d'être pris dans un bouchon à l'heure de pointe et de vous demander pourquoi vous continuez de travailler pour une entreprise qui ne vous apprécie guère et qui est sur le point de vous congédier, de toute façon. Vous avez le sentiment que votre existence tombe en ruine. Puis, durant votre trajet du matin, l'animateur fait tourner à la radio *Reach Out: I'll be there*.

Vous pensez à votre meilleur ami. À votre enfant. À un parent décédé ou au sermon que vous avez entendu dimanche dernier. C'est le signe que vous devez vous armer de courage, car même si vous êtes congédié, c'était censé se produire ainsi. De meilleurs jours vous attendent.

Une fois que vous vous ouvrez au petit miracle de l'intervention divine, vous recevez plus abondamment que vous pouvez l'imaginer.

Disons que vous écartez l'événement en le taxant de « coïncidence ».

Vous rentrez au travail, vous êtes congédié, et il se passe des semaines, peut-être des mois, avant qu'une offre d'emploi se présente. Même dans ce cas, c'est une situation pire que celle que vous venez de perdre. Vous êtes découragé, déprimé, et bientôt désespéré. Vous feriez n'importe quoi pour décrocher un emploi qui vous convient. Vous faites appel au seul moyen d'action possible : la prière.

Quelques jours plus tard, vous recevez un coup de fil d'une des premières sociétés qui vous ont reçu en entrevue. Cette fois, on vous offre un emploi avec plus de responsabilités et un meilleur salaire. C'est le défi que vous attendiez. Mais pour atteindre votre objectif, vous avez été forcé d'entreprendre un « processus d'ouverture ».

Revenons au moment où vous avez entendu cette chanson spéciale à la radio tandis que vous attendiez dans l'embouteillage. Imaginons que vous prenez conscience que vos anges vous ont envoyé cette chanson pour vous dire que votre vie change peut-être sur le plan matériel, mais qu'ils sont toujours là, à l'écoute de vos besoins et de vos désirs. Ils s'occupent de vous. Ils vous protègent.

Vous rentrez au travail, on vous congédie. Vous paniquez quand même. Après tout, vous êtes humain. Mais votre panique ne dure qu'une minute. Les papillons qui s'agitent dans votre estomac se calment ; votre petite voix intérieure vous murmure que votre vie est en train de changer. Les réponses viendront, et vous saurez quelle direction prendre parce que vous avez foi en vos anges.

Le soir même, vous sortez dîner avec des amis. Ils vous présentent quelques-uns de leurs amis qui s'adonnent à s'arrêter à votre table. Vous bavardez. Vous apprenez que ces personnes lancent une nouvelle entreprise et qu'elles viennent d'obtenir leur financement. Elles sont à la recherche d'une personne possédant vos compétences. Vous aimez leur sourire engageant et leur ouverture. Vous acceptez de les rencontrer le lendemain.

Vous rentrez en vitesse à la maison pour chercher votre curriculum vitae. Miraculeusement, il se trouve dans le premier dossier que vous ouvrez. Votre plus beau costume a été nettoyé et pressé, vous n'avez qu'à passer le prendre chez le nettoyeur — vous aviez oublié que vous l'y aviez déposé deux semaines plus tôt.

Le lendemain, vous vous réveillez avec tout le temps nécessaire pour vous préparer à l'entrevue « officielle ». La circulation vers le centre-ville étant inhabituellement fluide, la conduite ne vous occasionne par bonheur aucun stress.

La rencontre se déroule sans anicroche. Vos interlocuteurs sont bien plus qu'une équipe de travail bien rodée. Vous avez l'impression de converser avec les membres d'une famille aimante. Non seulement le salaire correspond à ce que vous vouliez et à ce dont vous avez besoin, mais les projets sont excitants, stimulants, et créatifs.

En rentrant chez vous, vous constatez qu'il y a un message sur votre répondeur. Vos nouveaux employeurs sont tellement heureux de vous avoir trouvé qu'ils n'ont pu attendre avant de vous annoncer la bonne nouvelle : vous êtes engagé.

Quand vous êtes à un carrefour de votre vie, les signes pointent toujours dans le sens inverse de la peur qui vous ferait régresser. Ils pointent en direction de l'amour divin. Ils nous montrent la voie pour nous aider à créer l'« ouverture » pour recevoir la joie, le bonheur et l'abondance qui nous reviennent une fois que nous sommes connectés au divin de la vie.

J'ose espérer qu'en lisant les récits qui suivent, vous commencerez à « voir » Dieu à l'œuvre dans votre quotidien, dans tout ce que vous faites.

Sedona, Stacy et moi

À l'automne 1989, mon amie Stacy, son copain, Rod, mon mari d'alors, et moi sommes partis pour Phoenix, en Arizona. Tandis que les hommes participaient à des ateliers et à des réunions d'acheteurs dans le cadre d'un congrès, Stacy et moi avons loué une voiture pour nous rendre à Sedona. Je lui avais beaucoup parlé de l'aura de calme et de spiritualité qui régnait là-bas, à l'époque où mon père agonisait à l'hôpital de Flagstaff. Stacy a toujours eu une affinité particulière pour tout ce qui touche les Amérindiens et elle était impatiente de voir autant les pierres que les lieux.

Lors de ma première visite à Sedona, en compagnie de ma mère et de ma sœur, j'avais acheté plusieurs livres sur les Amérindiens, leur culture et l'histoire de Sedona. J'avais même lu la Bible des Hopis que j'avais jugée fascinante. Stacy n'avait lu aucun de ces livres, mais le trajet avait été assez long pour que je puisse lui brosser un portrait sommaire de la beauté et de la configuration des lieux. Stacy étant une artiste, elle avait apporté son appareil photo, quantité de films, un carnet de croquis et des crayons.

Nous avions prévu déjeuner dans la petite ville, le long de la rivière, dans un établissement où j'avais mangé avec mes proches la première fois. La nourriture était bonne, mais l'aura des arbres, de la rivière et des rochers ne ressemblait à rien de ce que j'avais déjà expérimenté. Stacy se montrait ouverte à mes expériences et se faisait une joie de passer une journée agréable en ma compagnie, à visiter et à faire les magasins. Rien dans notre conditionnement de touriste n'aurait pu nous préparer à ce qui s'est finalement passé.

Après avoir fait le tour des boutiques pour établir nos repères, nous avons bavardé avec les commerçants et des gens du coin des attractions locales. Nous étions stupéfaites de découvrir qu'ils parlaient d'apparitions d'ovni et de visions étranges dans le ciel nocturne, comme si ce type d'événement relevait du quotidien de chacun. Nous avons réprimé un sourire quand on nous a suggéré de nous rendre à Cathedral Rock pour méditer un moment, si nous voulions vivre une expérience « hors du commun ».

Désireuse d'en savoir le plus possible sur les us et coutumes autochtones, Stacy s'informa sur les « moulins à prière » auprès d'un commerçant.

« Ah oui ! On trouve des moulins à prière sur la plupart des falaises et des hauts sommets. Mais il faut grimper pour y accéder. Et puis, ajouta-t-il, chacun sait qu'on n'a pas besoin d'un moulin à prières, seulement d'un cœur ouvert. »

Intriguées, nous avons acheté une carte des environs et demandé des instructions détaillées pour nous rendre à Cathedral Rock.

La journée était splendide. Il n'y avait pas un nuage et l'air était d'une clarté et d'une netteté entièrement nouvelles pour nous. À mesure que la matinée avançait, la chaleur augmenta. Nous avions opté pour un jean, au cas où nous déciderions de nous montrer aventureuses et d'escalader une de ces falaises dont tout le monde parlait. Nous avons enlevé nos vestes légères avant de partir en voiture en direction du rocher.

J'ai été déçue. Peut-être parce que je m'attendais à ce que Cathedral Rock ressemble... à une cathédrale. Je me suis mise à ronchonner en voyant la longue et haute mesa. « Il n'y a pas de clocher ! Comment pourrait-on imaginer que ça ressemble à une cathédrale ? »

Stacy n'était pas du tout déçue. Au contraire. « Tu n'as jamais voyagé en France ; quant à moi, je m'y suis rendue plusieurs fois. Ça ressemble tout à fait à une cathédrale française, longue et élégante. Et ces rochers, émergeant du sol au sommet, font penser à des arcs-boutants. Ça ressemble à Notre-Dame de Paris. »

J'ai l'imagination fertile. C'est avec elle que je gagne ma vie, mais j'étais manifestement en dehors de mon élément sur ce coup-là. Stacy était meilleure que moi pour transformer les rochers en cathédrale.

Nous avons quitté la route et garé la voiture dans une clairière. Nous étions à 400 m au moins du rocher, mais de ce point d'observation, nous pouvions prendre des photos sensationnelles. Nous en avons pris quelques-unes, remplissant nos poumons de cet air fabuleusement sec et pur, les yeux fixés sur cet environnement fantastique.

J'étais subjuguée par les rochers et la terre si rouges et le ciel si bleu. En fait, le ciel était presque bleu sarcelle, contrairement au bleu céruléen qu'on voit d'ordinaire. En observant le rocher, je remarquai que le ciel autour semblait d'un bleu plus sombre, comme s'il le contournait de marine. À la périphérie de cette bande de lumière, le ciel était bleu sarcelle, puis il se fondait dans un bleu azur. Sans réfléchir, je dis à Stacy : « Je ne suis pas une artiste, mais on dirait qu'il y a une bande de lumière marine autour du rocher. »

« Tu la vois aussi ? »

Interloquée, j'ai réagi : « Aussi ? Tu veux dire que ce n'est pas mon imagination ? »

« Non. En fait, j'ai l'impression que la lumière est l'aura du rocher. Parce qu'après cette bande, il y a une bande bleu-vert, un bleu... »

« Sarcelle ? » avons-nous ajouté de concert.

Nous nous sommes tournées l'une vers l'autre, les yeux écarquillés.

« Penses-tu que c'est un phénomène ou un truc du genre ? » ai-je demandé.

Stacy s'est retournée vers le rocher. « Les couleurs n'ont pas changé. »

J'avais presque peur de regarder de nouveau. Cette fois, j'ai eu l'impression que le rocher se déplaçait, vibrait, tel un mirage. C'était évident que mes yeux me jouaient des tours. Sauf qu'avec mes lentilles cornéennes que je porte en tout temps, ma vision est absolument parfaite.

« Le rocher... on dirait qu'il rayonne, non ? » lança Stacy.

« Tu veux parler de cette sorte de teinte dorée sur les côtés ? »

« Oui, de ça », répondit-elle, la gorge serrée.

« Quel truc bizarre ! » répliquai-je.

Nous avons fait quelques pas en direction du rocher, écrasant herbes et fleurs sauvages sous nos chaussures de sport. Puis, Stacy s'est arrêtée. « Disons une prière ici », a-t-elle suggéré. Elle s'est assise sur une touffe d'herbes piquantes, jambes croisées.

« Tous les endroits sont bons pour prier », répondis-je.

Je me suis placée derrière elle et j'ai posé mes mains sur ses épaules, tout en continuant à observer Cathedral Rock qui semblait animé de pulsations. J'ai ouvert la bouche pour dire quelque chose quand subitement, le vent s'est levé.

Ce n'était pas un vent ordinaire.

À 50 ou 100 pas de nous, les cyprès et les pins étiques n'étaient pas touchés par le vent, mais il nous enveloppait. Il souleva mes longs cheveux de mes épaules. Je pouvais sentir le vent parcourir mon visage et son souffle sec sur ma peau.

« Est-ce que tu vois ce que je vois ? » demanda Stacy, en désignant du doigt une grosse boule d'amarante qui se dirigeait vers nous. Elle parcourut environ 1,5 m avant de commencer à tourner autour de nous en décrivant un cercle parfait dans le sens inverse des aiguilles d'une montre.

« Je le vois, mais je ne le crois pas. »

La boule d'amarante fit lentement deux cercles, complets et parfaits, autour de nous. Elle mit environ cinq minutes à compléter ce manège. Je pense que nous n'avons pas respiré, ni l'une ni l'autre, pendant que nous observions le phénomène. J'aurais pu jurer que mon cœur avait cessé de battre.

Juste comme la boule d'amarante s'est immobilisée, j'ai regardé par terre, à l'intérieur du cercle ainsi circonscrit. (Nous étions au centre du cercle que la boule avait « dessiné ».)

On aurait dit que la terre d'argile rouge s'était transformée et était devenue transparente. Juste en dessous de la surface du sol maintenant invisible, je voyais une série de grilles d'énergie, un peu comme des fils très fins, chargés d'une électricité dorée scintillante qui parcourait les réseaux de haut en bas, en crépitant et en faisant des étincelles. Du nord au sud, de l'est à l'ouest, les lignes se croisaient à une distance de 30 cm.

« Qu'est-ce que c'est ? »

J'expliquai à Stacy : « J'ai entendu parler des lignes appelées *leys*. Les grilles énergétiques de la planète. »

« Eh bien, pas moi ! glapit Stacy. Pourquoi est-ce que je vois la même chose que toi ? »

« Je pense que nous sommes ici pour en être témoins, toi et moi. Nous n'avons pas demandé à voir ce phénomène. »

« Je voulais voir un moulin à prières, Catherine. Te rends-tu compte que c'est exactement ce qui se passe ? Quelqu'un ou quelque chose a créé un moulin à prières juste pour nous. »

« Super. Et maintenant, pour quoi allons-nous prier ? »

« Je ne sais pas. Mais j'ai le sentiment que nous avons intérêt à trouver quelque chose de bien. »

« D'après moi, nous devrions d'abord prier pour la planète, pour que l'environnement soit pur et toujours assez propre et abondant pour assurer la survie de l'humanité. Ensuite, nous prierons pour les peuples de la Terre. »

« Oui, opina mon amie. Les visibles comme les invisibles. »

« Ah bon ? »

Stacy hocha la tête. « Tu sais, j'ai grandi avec les fantômes ; ils sont là depuis toujours. C'est peut-être ma chance de les aider. »

« Eh bien... Quelqu'un veut manifestement que nous fassions quelque chose. »

Soudainement, nous nous sommes toutes deux senties inadéquates, non préparées et remplies d'humilité devant cette opportunité que nous donnait Dieu, l'Univers, ou peut-être les esprits des Amérindiens disparus ayant vécu dans la région. Nous ignorions si nous étions sur une terre sacrée ou à proximité d'un lieu semblable. Quoi qu'il en soit, ce fut un épisode particulièrement fascinant dans nos vies.

Les grilles restèrent visibles pendant plus de quinze minutes, ce qui nous laissa le temps de prier pour tout — l'humanité et toutes choses. Aucune cause ni aucune cure ne furent oubliées ; elles furent toutes mentionnées. Quand nous avons mis fin à nos prières, les grilles avaient disparu et la terre d'argile rouge avait repris sa densité. Le vent avait cessé depuis un bon moment. L'atmosphère était calme.

Nous sommes restées en prière, sans parler, encore vingt ou trente minutes peut-être. Nous voulions absorber tout ce que nous avions vu. Nous avons remercié les forces et les esprits — quels qu'ils soient — qui avaient tenté d'entrer en contact avec nous.

Nous ne savions pas si nous connaîtrions un jour la raison de notre étrange aventure ; nous étions tout simplement reconnaissantes de l'occasion qui nous avait été donnée de diriger cette énergie incroyable partout sur la planète.

Nous sommes retournés à la voiture en silence. En conduisant, nous étions encore frappées d'émerveillement par ce que nous venions de vivre.

Nous avons convenu que, au cours de notre vie, nous n'avions jamais ressenti autant de paix et de tranquillité. Nous étions certaines qu'un phénomène aussi bizarre ne se reproduirait jamais.

Nous n'aurions pu nous tromper davantage.

Le stylo automatique de Stacy

Après notre incroyable expérience à Cathedral Rock, Stacy et moi n'avions plus envie de « jouer les touristes ». Nous avons décidé de rentrer à Phoenix pour assister au dîner organisé le soir même par un des manufacturiers de mon mari. En fait, nous avions amplement de temps, mais nous avions besoin d'une excuse pour digérer tout ce qui venait de nous arriver.

Nous étions dans la voiture depuis à peu près quinze minutes, et toutes deux si volubiles que je ne sais pas comment nous faisions pour entendre les questions que nous nous lancions. Soudain, Stacy s'est tu un moment avant de reprendre : « Qu'est-ce que tu as dit ? »

« Je n'ai rien dit. »

« Oh... », a-t-elle fait, en me lançant un regard interrogateur. Puis elle eut un haut-le-corps et s'écria :

« As-tu entendu ceci ? »

« Quoi ? »

« Cette voix. Une voix d'homme ! » dit-elle, sur un ton qui avait grimpé d'une octave.

J'ai d'abord pensé à vérifier la radio. Elle était éteinte.

« Je n'ai rien entendu », ai-je commencé, mais à cet instant, j'ai entendu une voix d'homme dans ma tête. Ce n'était pas le genre de voix qui vient de l'extérieur. On aurait dit qu'elle venait de l'intérieur de moi.

« Demande-lui d'écrire », dit la voix.

Je regardai Stacy. Je savais que j'avais manifestement pâli.

« Il te dit qu'il veut que j'écrive ? » a-t-elle soufflé, les yeux ronds comme des soucoupes.

« Exactement », ai-je murmuré, la bouche sèche. La situation commençait à me donner la chair de poule. « Où sont tes crayons et ton carnet de croquis ? »

« Sur le siège arrière. »

« Prends-les et vois ce qui arrive. »

« Tu veux dire... de l'écriture automatique ? »

J'ai hoché la tête. « Je pense que c'est ce qui va se produire. »

Comme de fait, Stacy a saisi ses crayons et son carnet, puis elle a fermé les yeux, mais seulement pour une fraction de seconde. Instantanément, sa main a commencé à glisser sur la page, les mots sortant à toute vitesse de sa plume. Ou d'un « au-delà » lointain.

J'ai continué à conduire. Je ne voulais pas savoir ce qui était en train de se passer, enfin, presque pas... J'avais essayé de faire de l'écriture automatique à l'occasion. Les seules fois où j'avais obtenu de l'information de valeur, c'était après de longues et profondes méditations, au cours desquelles je savais que j'avais écarté du chemin mon ego, mon intellect et mes « pensées restrictives », pour laisser la place à la vérité ou à ce qui voulait s'exprimer. Que les choses soient claires : je faisais précéder chacune de mes méditations d'une bénédiction bien sentie, je récitais plusieurs *Notre Père*, et je m'entourais de lumière blanche. J'en enveloppais également la pièce, la maison et tout le quartier. La plupart du temps, j'entre en méditation en tenant au moins ma Bible ou mon rosaire.

Il est évident que je suis une fanatique de sécurité.

Assez vite, j'ai demandé à Stacy de s'arrêter ; le temps de dire un *Notre Père* et de nous envelopper de lumière blanche et argent pour plus de protection. Je n'avais pas d'objection à recevoir une ou deux visites de revenants, mais je voulais m'assurer que ceux qui se présentaient étaient non seulement « de la lumière », mais aussi des revenants intelligents et non du genre farceur. Autrement dit, je voulais que l'initiation de Stacy à l'écriture automatique se fasse absolument dans les règles.

Pendant que Stacy écrivait, elle prononça quelques paroles tout haut. En conduisant, j'appris que notre visiteur était un vieux sage amérindien qui avait été chef de sa tribu. Il dit à Stacy qu'il avait été son grand-père dans plusieurs incarnations, la plus importante s'étant déroulée en Égypte. Dans cette vie, la mère de Stacy se prénommait Constance. L'esprit a aussi dit à Stacy qu'elle ferait un voyage en Europe avant la fin de l'année.

« C'est impossible, répondit Stacy. Il faut que je travaille et je n'ai accumulé aucun congé. »

Par le biais de l'écriture automatique, il lui révéla que le voyage serait un cadeau, et qu'elle irait en Angleterre et en France. L'esprit ajouta qu'il se ferait reconnaître lorsqu'elle serait en Angleterre et que ce qu'il disait était vrai. Il annonça également que Stacy recevrait une bague en cadeau.

Le chef amérindien nous annonça que dans quelques années, j'allais témoigner de cette expérience, et que j'écrirais cette histoire dans un recueil, non seulement pour révéler au monde l'existence des esprits vivants de « l'autre côté du voile », mais parce que ce serait ma mission, ma destinée dans cette incarnation, d'être la voix des esprits de l'Au-delà. L'esprit ajouta qu'à travers mes romans, j'allais expliquer aux gens « comment ça marche », et que j'avais été mise sur Terre pour aider à dissoudre les peurs concernant les âmes des défunts, les esprits et les anciens résidants de la planète.

Une des « tâches » que doit accomplir un esprit dans l'Au-delà est d'exemplifier assez de pureté de cœur pour qu'on l'autorise à venir s'exprimer par l'entremise des cœurs humains. Il y a une vie après la mort.

Il est faux de penser qu'il n'y a rien au-delà de cette vie. Qui plus est, l'être humain se limite en ne planifiant que sa seule existence dans la chair. L'humanité doit comprendre qu'elle peut, et doit, faire appel à ses ancêtres et à ses amis du monde spirituel pour obtenir leur aide au quotidien. Nos guides spirituels peuvent contribuer à organiser des rencontres, des contacts et des opportunités. Ils peuvent soulager les tensions que nous ressentons par rapport à notre carrière, nos décisions financières, nos relations amoureuses et nos amitiés.

Tout ce que nous avons à faire, c'est de demander. Le secret consiste à demander. C'est comme parler à un ami au téléphone. Il suffit de dire : « S'il te plaît, aide-moi. » Tout comme nous, les esprits ont un travail à faire sur leur plan. Il consiste à rendre nos vies plus joyeuses.

Les inventions du cinéma selon lesquelles les fantômes seraient des créatures effrayantes sont illusoires. C'est dans l'homme que réside la peur. L'homme crée les démons avec son esprit. Si vous croyez que les démons existent, vous créerez des entités bien vivantes qui vous hanteront et vous nuiront éternellement.

Sortez-vous ces idées de la tête ! Remplissez-la plutôt d'amour pour vos semblables, du désir et de la passion d'améliorer le monde, et vous verrez des dizaines d'esprits se ranger à vos côtés pour accélérer les choses et favoriser leur bon déroulement.

Il n'y a qu'à certaines époques de l'année que les esprits prennent leurs « vacances ». Le moment le plus important est quand Mercure est rétrograde. Il y a une certaine similitude avec les treillis d'énergie qui nous ont été montrés. Quand Mercure est rétrograde, les treillis vibrent selon un ton différent. Les communications sont embrouillées et des erreurs se produisent. Mercure est dans cette position trois fois par année, trois semaines chaque fois.

Cependant, c'est le bon moment pour nous, humains, de « rebrousser chemin », de revenir sur nos pas. C'est le moment idéal pour faire le ménage des armoires, des classeurs et du garage. Assurez-vous de bien vérifier votre travail. Sachez cependant que la période est propice pour écrire. Pour une raison ou une autre, l'écriture automatique est favorisée durant ces périodes. Cela a à voir avec le fait que le cerveau droit (le côté créatif) reçoit plus d'énergie. Durant cette période, il n'est pas éclipsé par le cerveau gauche, l'hémisphère analytique.

Stacy cessa abruptement d'écrire et leva les yeux vers moi.

« Je pense que ça y est. »

« Quoi ? Pas d'au revoir ? Aucune perle de sagesse ultime ? Je veux une conclusion ! » lançai-je à la blague.

Stacy avait l'air épuisé. Elle essuya les gouttes de transpiration qui perlaient sur son front et baissa les yeux sur ce qu'elle venait d'écrire. « J'ai écrit tout cela ? »

« Tu ne t'en souviens pas, n'est-ce pas ? »

« À peu près pas. » Elle secoua la tête. « C'est renversant. »

« Je suis d'accord. En tout cas, il y a beaucoup de choses là-dedans sur ce que je suis censée faire. »

« Il a été très clair quant à ta mission de vie, répondit Stacy. Vas-tu le faire ? »

« Jamais de la vie, laissai-je tomber sur un ton moqueur. Peu importe. Quiconque lirait ces propos conclurait que je suis folle. On m'accuse déjà d'avoir l'imagination trop fertile. Que diraient les gens ? Je serais brûlée sur le bûcher. » Je lançai un regard d'avertissement à Stacy. « Faisons un pacte, toi et moi. Nous ne parlerons jamais, au grand jamais, de ce qui est arrivé aujourd'hui, et surtout pas de ces idioties que tu viens d'écrire. En fait, nous devrions déchirer tout cela. »

« Pas question ! » répliqua Stacy d'un air protecteur, en pliant les feuillets et en les rangeant dans son sac à main. « C'est à moi. Je les garde. »

« Mais pourquoi ? C'est la preuve que nous... »

« Nous quoi ? Nous avons peut-être découvert la vérité ? Nous sommes peut-être entrées en contact avec une entité désincarnée ? Ou peut-être nos cerveaux sont-ils devenus capables de lire dans l'avenir d'une façon qui nous échappe ? Ne t'inquiète pas, je ne vais pas dire aux médias que tu étais dans le coup. C'est mon écriture. Ce sont mes affaires. »

Je cédai : « D'accord, fais ce que tu veux. »

« De toute façon, ricana Stacy, il est impossible que ce soit vrai. Qui me ferait cadeau d'un voyage en Europe ? »

Je ris avec elle. « Tu as raison. Notre imagination nous joue simplement des tours. »

À la mi-novembre, les parents de Stacy lui offrirent un cadeau de Noël avant l'heure. Ils prévoyaient partir pour l'Angleterre et la France ; or, comme Stacy venait de divorcer, ils voulaient lui offrir quelque chose de spécial. Ils lui ont donc remis un billet pour Londres. Comme le père de Stacy était là pour affaires, cette dernière pourrait rester avec sa mère et lui tenir compagnie. Le voyage durerait une semaine.

Le lendemain, Stacy se rendit au travail ; elle était sur le point de demander congé à son patron quand il lui a annoncé que la firme était tellement satisfaite de son travail qu'on lui offrait une prime : une semaine de vacances payées qu'elle pourrait prendre avant les Fêtes, si elle le souhaitait. Totalement éberluée, Stacy n'arrivait pas à croire à sa « chance ».

Elle s'envola pour Londres, et après avoir débarqué à Heathrow et défait ses bagages à l'hôtel, elle sortit dîner le soir même avec sa mère. Stacy remarqua que sa mère portait une bague magnifique qu'elle n'avait jamais vue.

« Elle semble... égyptienne », dit Stacy, immédiatement attirée par le bijou. Sa mère était ravie : en effet, elle l'avait découverte plus tôt dans la journée en courant les antiquaires. La bague n'était pas très coûteuse, mais elle avait attiré son attention. « Regarde, ma chérie, expliqua-t-elle, c'est l'inscription gravée à l'intérieur qui a attiré mon attention. »

Sally sentit les poils de sa nuque se hérisser. Soudainement, elle se souvenait du « signe » que le chef amérindien lui avait prédit. « Une inscription ? »

« Oui : "À Constance de Mary, 1826". » La mère de Stacy poussa un soupir.

Stacy pâlit en se remémorant les prédictions du guide amérindien. La bouche sèche, elle fixa d'abord sa mère, puis la bague. « Puis-je l'essayer ? »

« Bien sûr. J'ai pensé te l'offrir en cadeau pour Noël. »

« Ah oui ? »

« Oui, elle te ressemble, je trouve. »

« Elle a un air égyptien », fit remarquer Stacy.

Sa mère hocha la tête : « C'est vrai. Je sais que tu as toujours été attirée par tout ce qui rappelle l'Égypte, même quand tu étais enfant. »

« Je l'étais ? Je veux dire, oui, je l'étais. Je le suis. »

Les mains de Stacy tremblaient quand elle a passé la bague à son doigt. Elle lui allait parfaitement. « Je me demande qui était Mary ? »

« Je ne sais pas, ma chérie. Mais j'ai l'impression que c'était le cadeau d'une grand-mère à sa petite-fille. »

Stacy a senti des frissons parcourir son corps. Sa mère exprimait précisément la pensée qui venait de lui traverser l'esprit.

« Je pense que tu as raison, maman. »

L'ange de la nuit

Même si Stacy et moi avions décidé de ne jamais révéler à quiconque notre expérience bouleversante à Cathedral Rock, nous échouâmes. Stacy vendit la mèche le soir même en racontant notre aventure à son petit copain. Ce dernier en parla illico à mon mari.

Cynique jusqu'à la moelle, Rod tourna toute l'affaire en ridicule. En fait, son mépris était si intense qu'il nous mit au défi de produire un deuxième phénomène spirituel.

Nous lui avons donc expliqué qu'on ne peut pas commander de tels événements. Soit qu'ils se produisent et que l'on fasse preuve d'ouverture d'esprit, soit qu'il n'arrive absolument rien. J'ajoutai que de telles choses surviennent peut-être constamment des centaines de petits miracles chaque jour, mais que certains sont tout simplement trop aveugles, sourds et muets pour percevoir leur côté merveilleux. Bien entendu, cet argument a complètement dépassé Rod.

Cependant, sitôt après le dîner, nous avons enfilé un jean et vers 23 h, nous sommes partis pour Sedona, un trajet de quatre-vingt-dix minutes en voiture. En route, Stacy répéta ce qu'on nous avait dit dans les boutiques à propos du meilleur endroit pour admirer la voûte nocturne. Selon nos informations, s'il y avait quelque chose à voir, ce serait à Bell Rock que nous le trouverions.

Nos deux compagnons se sont moqués de nous. Ils avaient terriblement hâte de prouver que nous avions tort.

Stacy et moi avons courbé l'échine, sachant intérieurement que la nuit serait un désastre. Nous allions mettre des années à nous relever de cette échappée. Après cette aventure, aucun des deux hommes n'allait plus jamais croire à nos affirmations. Nous étions dans le pétrin.

Il y avait très peu de voitures sur la route qui menait à Sedona. Plus nous nous éloignions de la ville polluée et de la vallée, plus mes sinus se dégageaient en respirant l'air frais. J'avais l'impression d'être transportée au Ciel en faisant ainsi l'ascension des montagnes. Il y a beaucoup de polluants chimiques artificiels dans l'air de Phoenix, et lors de ce voyage, j'ai compris que j'étais extrêmement allergique à tous. J'étais misérable en ville, extatique dans les montagnes.

Il était près d'une heure du matin quand nous sommes arrivés à Bell Rock en suivant les indications que les commerçants nous avaient données. En arrêtant la voiture, nous étions stupéfaits de constater qu'il y avait au moins deux douzaines de véhicules et de camionnettes sur les lieux.

En levant les yeux, nous avons aperçu un groupe important qui formait un cercle de prière non loin du sommet de Bell Rock. Apparemment, les gens avaient allumé un feu de camp ainsi que des lanternes et des chandelles. La lueur de leur feu éclairait notre route.

Nous avons commencé l'ascension.

Mais avant que nous ayons parcouru la moitié du trajet, le groupe s'est dispersé et les gens se sont mis à redescendre. En les croisant, j'ai demandé si notre présence avait interrompu leurs prières. Ils m'ont rassurée : ils ne savaient pas qu'ils n'étaient plus seuls. En fait, ils avaient pris conscience que l'heure où ils avaient compté partir était dépassée depuis belle lurette.

Mon mari demanda avec désinvolture s'ils avaient rencontré des extraterrestres, avant de se mettre à rire.

Un homme d'âge moyen, vêtu d'un survêtement coûteux, lui jeta un regard hautain avant de répondre : « Tout dépend de ce que vous entendez par extraterrestres. »

Rod rétorqua : « Des extraterrestres. Des petits hommes verts. »

Sérieux comme un pape, l'autre laissa tomber : « Ils sont gris », et poursuivit son chemin.

Rod recouvra instantanément son sérieux.

Nous grimpâmes jusqu'au sommet. La vision du ciel nocturne était incroyable. Entourée de tant d'espace, d'infini, j'avais l'impression de flotter. J'avais vraiment de la difficulté à garder mon équilibre. La lune était pleine et donnait à la terre un lustre argenté d'une brillance inhabituelle, qui illuminait les montagnes, les mesas et les roches. Je n'oublierai jamais ce paysage.

Nous avons tous commenté cette beauté inimaginable. De même, nous avons tous été étonnés que plus d'une heure se fût écoulée depuis que nous avions garé la voiture.

Nous avons observé le ciel encore vingt minutes, mais nous n'avons pas vu d'ovnis. Ni de petits hommes verts. Pas plus que de petits hommes gris, d'ailleurs. Nous avons entamé la descente.

Au pied du rocher, il n'y avait plus une voiture à l'exception de la nôtre. Nous étions sur le point de retourner à la voiture quand j'ai suggéré de nous arrêter pour réciter un *Notre Père*, ne serait-ce que pour remercier Dieu de notre santé et de l'occasion qui nous avait été offerte de contempler cette beauté. Tous ont acquiescé. Nous avons prononcé la prière à l'unisson en nous tenant la main.

Comme nous jetions un dernier regard vers le ciel, le copain de Stacy a dit : « C'est quoi, cette drôle de lueur rouge là-haut ? »

« Quelle lueur rouge ? répondit mon mari. Je ne vois que la verte. »

Retenant notre souffle, Stacy et moi avons subrepticement échangé un regard. Puis, nous avons levé les yeux vers le coin de ciel que nos compagnons désignaient du doigt.

Je n'ai pas dit un mot. Stacy non plus.

Je n'ai pas vu de lueur rouge ou verte. J'ai vu les deux. Plus tard, Stacy m'a confié qu'elle les avait vues aussi.

Les deux lumières sont devenues de plus en plus brillantes et de plus en plus grosses. Leur taille a doublé. Triplé. Elles semblaient se fondre l'une dans l'autre et créer deux courants de lumière pourpre. Les couleurs sont devenues de plus en plus brillantes. Ensuite, elles ont blanchi. Elles se sont allongées comme de grandes ailes dans le ciel, et de l'endroit où nous étions, elles semblaient avoir une envergure d'au moins 800 m.

« Avez-vous vu ça ? » s'exclama le compagnon de Stacy.

« Vu quoi ? » souffla cette dernière d'une voix tremblante.

« Ces... ces... ailes. »

« C'est une colombe », ai-je crié avant de plaquer une main sur ma bouche. J'avais juré de ne rien dire.

« Ce n'est pas une colombe », répliqua mon mari.

« C'est un ange ! » murmura Stacy.

Les longs traits de lumière pourpre ont viré au blanc, créant une sorte de robe flottante prolongeant les grandes ailes déployées.

« Je vois un ange », annonça le copain de Stacy.

« Un ange », opina Rod.

C'est moi qui entendis la voix. « Il essaie de nous transmettre un message », lançai-je, oubliant mon code de silence. « Il dit : "Paix sur Terre aux hommes de bonne volonté". »

« Je n'entends rien », rétorqua mon mari.

« Je l'ai entendu », avoua Stacy.

« Je ne l'ai pas entendu, mais je le vois », ajouta le copain de Stacy.

Je clignai des yeux. La vision était toujours là. Je fermai les yeux, puis je les rouvris. Elle était toujours là. « Les amis, dis-je, fermez les yeux, puis rouvrez-les. Vérifiez si vous voyez toujours la même chose. »

Tout le monde obtempéra. La vision resta là. Nous continuâmes de l'observer pendant vingt ou vingt-cinq minutes.

« Tout ceci est ridicule. Je ne vois rien », s'écria mon mari.

« Ne t'en fais pas, lançai-je. De toute façon, ta mémoire est tellement médiocre que tu ne te souviendras de rien demain matin. »

Nous avons tous éclaté de rire parce que Rod avait vraiment un mal de chien avec sa mémoire. Nous avons fait quelques blagues, mais la vision est restée.

« C'est une illusion d'optique, décida Rod. Elle disparaîtra aussitôt que nous lui tournerons le dos et que nous nous éloignerons. »

« Bonne idée », opina le copain de Stacy, en rebroussant chemin.

J'ai fait quelques pas vers la droite, puis vers la gauche. L'ange est resté suspendu dans le ciel. Stacy m'a imitée. Nous avons franchi la cinquantaine de mètres qui nous séparaient de la voiture sans que la silhouette de l'ange bouge. Pas seulement quelques secondes, mais pendant quinze minutes au moins.

Puis tout à coup, il a disparu. Il a repris la forme de la silhouette d'une colombe blanche. Lentement, la colombe est redevenue une lumière pourpre qui s'est scindée en lueurs rouge et verte. Pour finir, la lumière est devenue blanche et immense, comme une planète suspendue dans le ciel.

Nous sommes montés dans la voiture et nous avons démarré.

Nous avons observé la lumière semblable à une planète diminuer d'intensité et redevenir une étoile d'aspect tout à fait ordinaire.

« Écoutez, personne ne pourrait deviner qu'il s'est produit quelque chose d'inhabituel », ai-je fait remarquer.

J'ai vu que Rod agrippait le volant et qu'il se mordillait la lèvre inférieure.

Le copain de Stacy a avoué : « Je n'ai jamais vécu quelque chose d'aussi renversant. »

« Moi non plus », a ajouté Rod.

Nous avons continué à bavarder un moment jusqu'à ce que je prenne soudain conscience que quelque chose n'allait pas.

« Il n'était pas juste le message qu'il, ou elle, ou quoi que ce soit d'autre, nous a donné. C'est censé être "Paix sur la Terre parmi les hommes qu'Il agrée". Mais ce n'est pas le message que nous avons reçu. Il disait "aux hommes de bonne volonté". »

« Qu'est-ce que ça signifie ? » demanda Rod.

« Que pour jouir de la paix et des bienfaits, il faut avoir un cœur pur. Nous avons la responsabilité d'être d'abord "de bonne volonté". Ensuite, nous recevons. »

« Nous sommes responsables », ajouta Stacy.

Nous avons fait silence et réfléchi à tout ceci sur la route qui nous ramenait à Phoenix.

Pendant un moment, nous avions été témoins d'un phénomène. Chacun en avait vu une manifestation distincte, et pourtant, nous avions tous vu la même chose. Dans les semaines et les mois qui ont suivi, Stacy et moi avons été les seules à continuer de croire que ce que nous avions vu était réel et non « un fantasme tiré de notre imaginaire ».

J'ai souvent repensé à cette nuit. Au message que j'ai entendu. Stacy avait raison. Les paroles de « l'ange de la nuit » étaient porteuses d'une grande responsabilisation. Dix ans plus tard, je constate que de nos jours, notre monde manque désespérément de la capacité de prendre ses responsabilités.

Je ne peux m'empêcher de me questionner. Est-ce que j'aurais eu tort de ne pas écrire ces histoires et de les donner au monde ? Et qu'en est-il de tous ceux qui sont « à l'affût des anges » et qui restent dans l'ombre ? Est-ce que leur silence est aussi représentatif d'une nation qui pardonne à son président des indiscrétions que personne n'aurait tolérées il y a dix ans ? Et que dire de notre « tolérance » à l'égard d'un néophyte du genre de Hitler, qui a massacré des populations entières en raison de leur nationalité et de leurs croyances religieuses ?

Qu'en est-il de toutes nos incapacités à rendre des comptes des abus et du dénigrement envers l'autre par amour de notre ego ? Ou des résultats financiers des sociétés ?

Des hommes de bonne volonté.

Dans les décennies à venir, j'espère que nous pourrons nous montrer aussi forts que nous sommes censés l'être.

Lissy rencontre l'ange Jodee

Le père de Jodee venait de mourir et elle avait le sentiment de vivre la fin du monde. Elle avait un appartement sur North Lakeshore Drive, à Chicago, d'où elle s'occupait de ses trois comptes de relations publiques, tout en trouvant tout juste du temps pour aider sa mère à la succession paternelle. Jodee ne savait plus que faire, à force de penser à des moyens de remettre sa carrière sur la bonne voie et de lui donner de l'expansion selon ce qu'elle considérait en son cœur sa destinée.

Un tourbillon d'idées lui traversa soudain l'esprit. Elle se rappelait Tracy Becktol, une femme pour qui elle avait travaillé à Los Angeles des années plus tôt. « J'ai besoin d'aide », avoua-t-elle à Tracy. « Après moi, tu es la meilleure agente de relations publiques qui soit », poursuivit-elle sans trop de modestie. « J'ai trois très gros clients qui lancent des gammes de produits et il faut que je sois en mesure de les aider à prendre de l'expansion. »

« Mais comment puis-je t'aider, Jodee ? Tu es à Chicago et je suis à Los Angeles. Je ne peux pas partir d'ici. »

« Et je ne peux pas quitter Chicago », répondit Jodee.

« Mon Dieu ! Jodee ! s'écria Tracy. Lissy ! »

« Je te demande pardon ? »

« Lissy, à part nous deux, est la meilleure sur la planète dans le domaine. Et tu ne le croiras peut-être pas, mais elle est en route pour Chicago en ce moment même. Elle a quitté Los Angeles il y a deux jours.»

«C'est impossible! Elle déménage ici? Pourquoi?»

«Elle vient de se marier et son nouveau conjoint, Ron, travaille là-bas.»

«Tracy, je sens que le destin vient de se manifester.»

«C'est aussi mon impression. Je retrouve son numéro de téléphone et je te rappelle.»

Le lendemain, Lissy était à l'appartement de son nouveau conjoint en train de défaire ses boîtes. Elle nageait au milieu d'un fouillis — ordinateur, dossiers de relations publiques, fichier rotatif de clients — voisinant leurs cadeaux de noce. Elle raconte qu'elle n'oubliera jamais ce moment parce qu'elle portait une vieille chemise de Ron et des jambières ayant appartenu à sa mère.

Ron est entré dans la pièce en disant : «Chérie, il y a cette fille au téléphone qui dit qu'elle doit te parler aujourd'hui.»

Essuyant la sueur qui lui inondait le front, Lissy répondit : «Demande-lui de rappeler... plus tard, la semaine prochaine», termina-t-elle, après avoir jeté un regard sur la montagne de boîtes qui l'entouraient.

«Elle dit qu'il *faut* que tu lui parles.»

«Bon d'accord», répondit-elle en prenant le récepteur.

«Vous ne me connaissez pas, mais mon nom est Jodee Blanco. Je suis une amie de Tracy et elle me dit que vous êtes la meilleure agente de relations publiques qu'elle connaisse», déclara Jodee.

«Vous connaissez Tracy?» demanda Lissy.

«J'ai déjà travaillé avec elle.»

Interloquée, Lissy reprit : «Tracy est ma meilleure amie. Si elle affirme qu'il faut que je vous rencontre, je le ferai.»

Puis se tournant sur-le-champ vers Ron, elle ajouta : «Il faut que je parte.»

«Quoi? Maintenant? Mais tu viens d'arriver.» Il l'embrassa au passage et elle sortit.

Jodee fut renversée de voir Lissy sur le pas de sa porte. « Vous êtes ici ? » s'exclamatelle.

« Oui. Dites-moi ce dont vous avez besoin. »

Après l'avoir fait entrer, Jodee attrapa une liasse de communiqués de presse que son assistante précédente avait rédigés. Lissy les a lus, puis sans prendre le temps d'obtenir une réponse à sa question, elle les a déchirés. « Ça ne vaut pas tripette. Mettons-nous au travail. »

« Mon Dieu ! Vous êtes un ange. Et un ange avec du cran, en plus ! »

Les deux femmes se sont assises et mises à l'œuvre comme si elles formaient une équipe depuis des décennies. À tout le moins, elles sentaient instinctivement qu'elles devaient avoir exercé le même métier ensemble dans une autre incarnation.

Elles bavardèrent à bâtons rompus tout en travaillant, et dès le premier jour, elles réglèrent tous les points qui inquiétaient Jodee.

Un an plus tard, ces débuts glorieux devaient mener à la fondation officielle de leur société, Blanco & Peace, avec des bureaux à New York, Chicago et Los Angeles.

Jodee et Lissy croient qu'elles ont été réunies par leurs anges et leurs guides, et que ce sont ces mêmes guides qui forment le « liant » spirituel qui contribue à la croissance et à l'expansion de leur entreprise. Elles sont aussi certaines qu'ils sont responsables de ce qu'elles appellent le « conduit magique » qui leur amène leur clientèle « comme par hasard ». Pour Jodee et Lissy, chaque client est un membre de la famille. Chacun a une destinée qui lui est propre, et Jodee et Lissy savent qu'elles en font partie intrinsèque. Le destin de leurs clients est le leur.

Le père Noël en costume d’été

Durant l’été 1996, ayant été invitée à participer à une émission télévisée d’infovariétés, je me suis rendue à New York pour le tournage. Je suis descendue à l’hôtel Nikko dans le Midtown, près de la gare Grand Central. C’était la première fois que je goûtais aux charmes de ce quartier, car d’ordinaire je loge dans un petit hôtel en face de Central Park, dans l’Uptown.

L’hôtel s’est révélé une agréable surprise : très japonisant, décoré dans des teintes apaisantes de beige et de crème, mais aussi « aromathérapeutiquement » correct. Le vol s’étant déroulé sans anicroche, et sachant que l’émission de télévision n’exigeait pas que je sois debout aux aurores, j’ai pensé en profiter en dînant à la salle à manger de l’hôtel une décision tout à fait inhabituelle dans mon cas. En général, je prends rarement mes repas ailleurs que dans ma chambre quand je voyage. D’ordinaire, je suis fatiguée, je souffre du décalage horaire et franchement, je n’aime pas manger au restaurant quand je suis seule. J’aime lire tout en mangeant, et s’il y a un bon film à la télé, je préfère le regarder plutôt que de manger seule au restaurant dans une ville inconnue. À force d’introspection sur ma nature, j’ai compris que mon imagination débridée suscite en moi la crainte d’un enlèvement, d’un attentat à la bombe, d’une invasion d’extraterrestres et de fusillades routières. Quand je suis loin de chez moi, je me dis que le mieux, c'est de rester dans ma chambre.

Mais voilà, j'avais envie d'autre chose. J'ai mis mon état au compte du feng shui de ma chambre japonaise.

J'ai pris un bain, enfilé un ensemble pantalon confortable, et attrapé le roman que j'étais en train de lire. En me retournant pour sortir, j'ai capté mon reflet dans le miroir.

« Ce soir, je vais rencontrer un producteur de cinéma. Une de mes œuvres sera portée à l'écran. »

J'ai frissonné en m'arrêtant sur les incidences de cette pensée. « Quelle idée ridicule ! Je suis à New York, et non à Los Angeles. Pourquoi un producteur serait-il descendu justement ici ? »

Écartant cette idée saugrenue, je suis descendue à la salle à manger. L'ambiance invitante de l'endroit, un jardin luxuriant, me convenait parfaitement. La pièce était vide.

Il n'y avait personne à part le maître d'hôtel et moi. Pourtant, il était plus de 20 h et nous étions à New York. Tandis qu'il me guidait vers une banquette flanquée d'un remarquable bouquet de gingembre hawaïen, j'ai demandé au maître d'hôtel s'il y avait toujours autant de monde.

Il a ri.

« Mais peut-être que les gens dînent plus tard ici », ai-je fait remarquer.

« Non. On est en juillet. Tout le monde a quitté la ville. »

« Les dix millions sont partis ? » ai-je repris en prenant place sur la banquette.

J'ai commandé un verre de chardonnay et ouvert mon livre.

Moins de cinq minutes plus tard, j'ai entendu à l'autre bout de la pièce la voix allègre d'un homme d'âge mûr qui s'adressait au maître d'hôtel en l'appelant par son prénom.

J'ai levé les yeux et découvert, émerveillée, un homme qui ressemblait à s'y méprendre au père Noël. Il avait le visage rond et rose, la chevelure blanche comme neige, et une barbe aussi blanche que sa chevelure. Il avait un rire joyeux, semblable à celui qu'un enfant attribuerait au père Noël. Il était vêtu d'un costume en tissu gaufré à rayures blanches et bleu pâle, complété de bretelles tout à fait chouettes, et de chaussures blanches. « On dirait le père Noël en costume d'été », ai-je marmonné à mi-voix.

Le maître d'hôtel a dirigé l'homme vers la banquette où j'étais assise, mais de l'autre côté de la jardinière et de son vase colossal. Le client a commandé un verre et échangé quelques blagues avec les serveurs à propos de l'absence de clientèle. J'ai ri malgré moi.

On nous a servi le vin, puis la soupe que nous avons mangée, chacun de notre côté. Je faisais semblant de lire ; il connaissait vraiment très bien le personnel. On nous a apporté nos entrées et nous échangeâmes les réparties habituelles avec les serveurs. Finalement, une fois nos repas terminés, le visage réjoui de mon voisin est apparu à travers le rideau de fleurs : « Ne croyez-vous pas que la situation est ridicule ? Nous sommes les seuls clients. Pourquoi ne pas vous joindre à moi pour le café ? »

« J'en serais ravie », ai-je répondu, désireuse de faire la connaissance de cet homme sympathique.

Il s'est présenté : « Je m'appelle Gregory Peck. »

« Comme la vedette de cinéma ? » dis-je le souffle coupé. Premier signe.

Il a ricané. « Loin de là. Je suis avocat. »

C'était mon tour de sourire. « Mon père était avocat. »

« Il n'est plus de ce monde ? » en atil déduit.

« Non. Il est décédé, il y a quatre ans. Il nous manque beaucoup. »

« J'en suis sûr, répondit-il. Êtes-vous en ville pour affaires ou par agrément ? »

« Par affaires, ai-je répliqué du tac au tac, en songeant ensuite que j'aurais dû lui dire par agrément. Je n'aime pas parler de ce que je fais. Une question en entraîne toujours

500 autres, alors que mon seul désir est d'être celle qui pose les questions. Comment serais-je en mesure de découvrir les mystères de la nature humaine si je suis le seul sujet de conversation ?

« Et vous êtes dans quel domaine ? »

J'ai pensé m'en sortir très vite. « Je suis ici pour enregistrer une émission de télé sur mon nouveau livre. »

« Vous êtes écrivaine ! » s'est-il écrié allègrement.

« Oui. »

Il a repris : « Est-ce que je devrais vous connaître ? »

« J'écris de la fiction pour femmes, mais vous avez peut-être vu *À la poursuite du diamant vert* et *Le diamant du Nil* ? J'ai signé leur novellisation. »

« Ah ! » Son sourire est devenu éblouissant. « Mon fils pense qu'il produit des films. Il vit à Hollywood. »

« Ne me dites pas qu'il conduit une Volkswagen Beetle et qu'il a trois manuscrits inachevés sur le siège arrière. »

« Il n'a pas cette chance. Il n'écrit pas. »

J'ai tendu l'oreille. « Je suis intriguée », dis-je, en songeant à la pensée prémonitoire qui m'avait traversé l'esprit plus tôt, à savoir que je rencontrerais un producteur de cinéma. « Est-ce qu'il cherche des idées ? » En posant la question, j'ai senti la chair de poule hérisser mon épiderme. Je savais que cet homme et moi étions réunis pour une raison précise. Je ne savais pas si j'étais censée aider son fils ou si ce dernier devait m'aider, mais il était évident que nos anges respectifs avaient fait en sorte de nous mettre en contact.

« Pour parler franchement, oui, dit-il. Il affirme qu'il a un peu d'argent et qu'il est en train d'ouvrir des bureaux. C'est un bon petit gars. Il réussira certainement ; il est persévérant, et c'est ce qui compte le plus. »

Gregory m'a parlé de son fils, Adam, et de sa fille. Nous avons pris un deuxième café et continué de bavarder. Je vivais une soirée incroyable. Pendant que j'écoutais Gregory, j'avais non seulement le sentiment de le connaître déjà, mais j'accordais aussi foi à ce qu'il me disait sur son fils. Petit à petit, j'en suis venue à comprendre que j'étais destinée à rencontrer cet homme et à entrer en contact avec son fils.

J'ai donné mon nom, mon adresse et mes numéros de téléphone à Gregory. J'ai pris sa carte de visite et noté le numéro de téléphone d'Adam.

« Je téléphonerai à Adam une fois de retour à Houston. Nous allons peut-être mettre quelque chose sur pied ensemble. »

Nous avons échangé une poignée de main et nous nous sommes quittés.

Une fois de retour à Houston, j'ai téléphoné à Adam. Son père l'avait appelé et lui avait dit que je lui téléphonerais, même s'il doutait que je le fasse. Adam me télécopia des renseignements sur sa société. Je lui expédiai une biographie de ma vie et lui mentionnai quelques idées de films que j'avais en tête.

Rien ne se concrétisa durant trois ans. J'allais et venais entre l'Amérique du Sud et les États-Unis. La vie d'Adam était sens dessus dessous. Sa société prit de l'expansion, il produisit plusieurs films, et en tira quelques leçons. Nous restâmes tout ce temps en contact.

Finalement, l'occasion formidable de rencontrer Adam s'est présentée cette année. Non seulement sa société est en pleine expansion, mais elle est florissante. Après un déjeuner qui s'est prolongé, j'ai constaté que je faisais aussi confiance au fils qu'au père. Adam est dynamique et honnête, deux qualités que je préfère entre toutes les autres. Nous avons découvert que nous avions plus qu'un ou deux projets à réaliser ensemble. En fait, il nous faudra peut-être nous limiter à moins d'une douzaine !

Tandis que j'écris ces lignes, j'arrive presque à voir la matérialisation future de notre relation. Quel plaisir nous aurons à œuvrer de concert sur des films pour la famille et des émissions de câblodistribution ! Toutes ces possibilités, toutes ces opportunités qui s'offrent à nous... et tout cela parce que j'ai pris le risque de croire à cette prémonition que j'ai eue, que je rencontrerais quelqu'un de spécial un soir d'été à New York.

Qui a dit que Noël n'arrive jamais en juillet ?

QUATRIÈME
4
PARTIE

Visites spirituelles

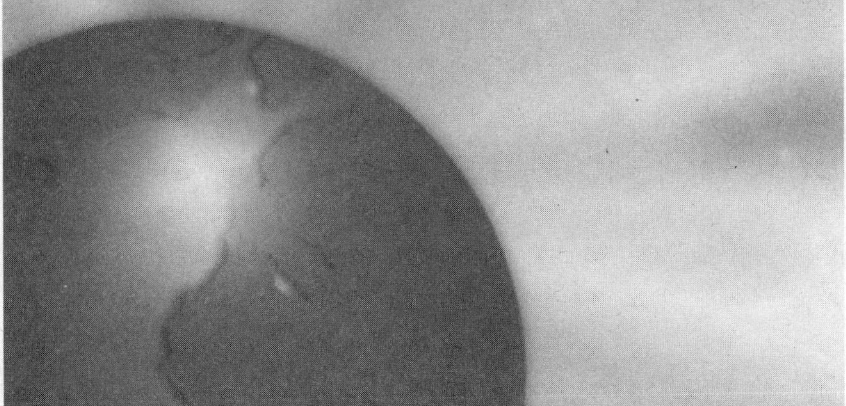

Les récits qui suivent n'ont rien à voir avec les apparitions de fantômes effrayants, sournois et enragés qui sévissent dans la plupart des livres et des films d'horreur. C'est tout l'opposé. Il s'agit de véritables visitations, de contacts avec les esprits ; des gestes aimants de proches ayant déjà vécu. On voit parfois l'essence du défunt, mais on n'a aucune idée de son identité ou de sa provenance. On sait seulement qu'il est présent. On sent sa présence.

D'après ce que j'ai compris de ma propre expérience de mort imminente, de mes « visions spirituelles » et de l'expérience de mort imminente de mon père, nous sommes guidés et protégés par des gardiens chaque seconde de notre vie. Je crois fermement que certains de nos protecteurs sont les anges gardiens du royaume angélique, une dimension différente de celle où résident les êtres mortels.

Quand je raconte que j'ai « vu » une apparition spectrale, cela ne signifie pas que j'ai vu un être humain de chair et de sang. Ce type de rencontre est couvert dans la section sur les visites angéliques, où des êtres de chair et de sang interviennent dans un événement avant de disparaître comme par enchantement.

Dans le cas des visites spirituelles, l'essence de l'être est semblable à une ombre ou à un nuage ; parfois même, elle n'a pas de forme manifeste. Il m'est arrivé d'entendre une voix pressante qui m'ordonnait de m'éloigner d'un danger. Franchement, quel que soit l'être à qui appartient la Voix, je souhaiterais qu'il se manifeste plus souvent, car au cours des dernières cinquante années, ses trois ou quatre interventions m'ont sauvé la vie ou en ont à tout le moins modifié le cours. J'aimerais bien avoir une ligne directe pour rejoindre la Voix ou l'être derrière la Voix chaque fois que je cherche une réponse. Je reçois d'ailleurs ses messages cinq sur cinq. J'ai inclus dans cette section trois histoires à son sujet.

Vous êtes nombreux à avoir vu *Le sixième sens*. Ce film est remarquablement exact dans les grandes lignes. Mes amis « en communication » avec l'Au-delà m'ont confié que l'expérience du jeune protagoniste ressemble beaucoup à la leur. Dès leur jeune âge, la plupart de ceux qui, comme moi, parlent aux esprits apprennent à leurs dépens que les êtres que nous voyons ne vivent pas tous nécessairement sur le plan terrestre. Il faut à ces enfants du temps et de l'expérience pour apprendre que parmi les êtres qu'ils voient, certains sont vivants, alors que d'autres ne le sont plus, mais l'ont déjà été.

Selon mon expérience, les esprits ne se montrent pas aux médiums ou aux clairvoyants, ni à la population en général, en « déshabillé », avec des chairs pourrissantes qui se détachent du crâne. Nos esprits aimants sont beaux, jeunes, en santé et sains à leur arrivée dans l'Au-delà. Et aucun être aimant ne viendrait en visite avec la moitié du crâne déchiqueté sous l'impact d'une balle.

Néanmoins, il est vrai que les esprits peuvent entrer en contact avec nous pour nous demander de les aider à faire en sorte que justice soit rendue, comme c'est le cas dans le film. Dans *Le sixième sens*, la fillette empoisonnée par sa belle-mère fait en sorte que le garçon entre en possession de la vidéo décrivant cet acte indigne. À son tour, le garçon remet la vidéo au père de la fillette décédée.

Les esprits ne sont ni amers ni vengeurs, mais ils souhaitent dissiper toute confusion. Ils savent aussi que certains mystères le sont beaucoup moins une fois que la vérité a été mise en lumière.

Vérité, beauté, amour. Ce sont les attributs exemplifiés par les esprits qui ont été vus tant par mes proches et amis que par moi. Dans les pages qui suivent, il n'y a rien qui soit susceptible de vous effrayer. À ce jour, je n'ai rien vécu qui ait pu me convaincre de l'existence de l'enfer. L'enfer, le mal, la négativité, la solitude et la maladie sont des expériences que l'âme entreprend de subir dans la dimension de la vie humaine. Ces situations et ces forces n'existent pas de l'Autre côté, selon les propos des esprits qui me « rendent visite ».

Il y a des années, j'ai lu un article médical qui établissait que des chercheurs avaient découvert qu'on peut déclencher les expériences de mort imminente, le tunnel de lumière, le Ciel et d'autres phénomènes connus comme le paradis, en activant une certaine zone du cerveau à l'aide d'une électrode. Est-ce que cela veut dire que le paradis est « un état d'esprit » comme l'a récemment déclaré le pape ?

Tout cela a du sens. Si « le royaume des Cieux est en nous », il faut chercher les réponses dans notre âme. Le corps ni le cerveau ne survivent à la mort. Ce qui survit, c'est l'âme, la source d'énergie que nous appelons l'âme.

L'énergie est énergie. On peut la transformer, mais on ne peut pas l'éliminer. Elle se métamorphose en une autre structure ; en même temps, les scientifiques ont conclu que l'énergie possède une durée de vie éternelle.

Plusieurs chercheurs ont décrit, en usant de preuves scientifiques et médicales détaillées, des mystères et des explications entourant certains phénomènes, comme les expériences de mort imminente, l'apparition d'êtres spirituels au moment de la mort et à d'autres moments de crise ou de besoin criant. Parmi ces comptes rendus, mentionnons les ouvrages de Raymond A. Moody fils, M.D. – *Coming Back: A Psychiatrist Explores Past-Life Journeys, La vie après la vie, La lumière de l'Au-delà,* et *Lumières nouvelles sur la vie après la vie* —, ceux de Brian L. Weiss, *Many Lives, Many Masters,* et de Kenneth L. Ring, *En route vers Omega.*

À l'affût des anges n'est pas un ouvrage clinique. Je ne suis pas médecin, loin de là. Ce que je tente de démontrer dans les récits véridiques de ce recueil, c'est que les esprits/âmes existent au-delà de la dimension terrestre. Les esprits font partie de presque toutes nos activités. Ils nous accompagnent tant dans l'ordinaire que dans l'extraordinaire de nos vies. Ils nous sauvent la vie. Ils s'adressent à nous maintes et maintes fois, la nuit. Ce qui est triste, c'est que nous ne leur prêtons pas attention.

J'espère que les récits de cette section réveilleront quelques humains endormis ou simplement paresseux, et leur feront comprendre que leurs guides et leurs anges méritent une bonne tape dans le dos. Il n'est pas difficile d'accepter un cadeau quand il est offert dans une boîte joliment emballée. Tout ce que vos anges et vos guides demandent, c'est que vous reconnaissiez leur existence, de tout votre cœur ; que vous reconnaissiez qu'ils vous aiment et qu'ils veulent pour vous une vie d'abondance, de joie et de bien-être.

La belle vie dont vous avez toujours rêvé est à la portée de votre main. Il s'agit pour cela de demander. Et d'avoir la foi.

La nuée amoureuse de Dorothy

NOTE DE L'AUTEURE : *Ma mère m'a confié ce qui suit quelques jours après avoir reçu cette visite angélique. Je lui ai dit qu'elle était incroyablement bénie d'avoir vécu ce phénomène, et elle a abondé dans mon sens. Nous avons jugé que la forme de manifestation que cette visite a prise était plutôt inhabituelle. Nous espérons que vous tirerez du réconfort de ce témoignage maternel sur l'intervention de Dieu dans ce royaume terrestre.*

Peu de temps après la mort de Frank, j'étais encore prise par les affaires juridiques, les cartes de remerciements aux amis, et l'adaptation à ma nouvelle vie. Physiquement, après l'avoir soigné pendant presque dix ans, dont les cinq dernières avaient été terriblement difficiles et exigeantes, j'étais épuisée. Je peux honnêtement affirmer que le décès de mon mari ne m'a pas causé un choc. Mon deuil avait pris une forme différente de celle qui afflige la majorité des veuves. À ce stade, je n'étais pas en colère, je ne me sentais pas seule, je ne souffrais pas. Frank avait été tellement malade et pendant si longtemps que je l'avais supplié de lâcher prise et de s'abandonner. Je voulais qu'il soit en paix et qu'il cesse de souffrir. Quoi qu'il en soit, une partie de mon cœur et de ma vie s'ennuyait et s'ennuie toujours de lui.

J'explique tout cela afin que vous compreniez que je ne prenais aucun médicament pour faire face à sa mort et à l'angoisse de sa perte. Je m'occupais d'une myriade de tâches, comme je l'avais toujours fait, avec une énergie et un sens de l'organisation bien canalisés. Je dormais relativement bien ; l'insomnie étant fréquente à mon âge, il faut parfois s'y attendre.

Ainsi, une nuit, je me suis réveillée. Je lus quelques pages, somnolai un moment, poursuivis ma lecture, puis éteignis ma liseuse. Mais quelque chose me réveilla encore une fois.

Cette fois, je sortis dans le couloir qui faisait la moitié de la longueur de notre maison de plain-pied. Les portes des trois chambres, la salle de bain et la cuisine — lesquelles s'ouvrent sur la salle familiale — donnent sur le couloir. Pendant la maladie de Frank, je m'étais installée dans la chambre du milieu, qui avait été celle des filles, de façon à ce que nous ne soyons pas incommodés, ni l'un ni l'autre, par nos habitudes nocturnes respectives.

Cette nuit-là, en marchant dans le couloir, j'ai vu une nuée blanche descendre du plafond. Elle n'était pas lumineuse à proprement parler, mais elle émettait suffisamment de luminescence pour que je la distingue de l'air ambiant.

D'emblée, laissez-moi dire ceci, à ceux qui vivent dans le Sud et qui sont habitués à une climatisation au plafond qui pourrait, par temps très humide, former un nuage ou un brouillard, que les plafonds de ma résidence ne comportaient aucun évent, ni rien de la sorte dans le couloir. En fait, la maison n'était équipée d'aucun système de chauffage ou de climatisation. Frank et moi l'avions bâtie au début des années 1950, quand la « chaleur rayonnée » était à la mode. Le chauffage par radiation se composait d'un réseau de conduites d'eau chaude circulant au plafond et dispensant une chaleur confortable.

La nuée était descendue sur ma tête. Elle fut suivie d'un effet de « stratification » d'autres couches qui se sont posées successivement sur la première. Je ne les décrirais pas comme de la fumée, mais plutôt comme une brume légère. La nuée s'est abaissée lentement et a enveloppé mes épaules.

J'ai compris alors que ce n'était ni de la fumée, ni une anomalie atmosphérique. La nuée m'a enveloppée, et soudain, j'ai été remplie d'un sentiment d'amour inconditionnel incroyable, le plus étrange que j'ai ressenti à ce jour. En fait, je n'avais jamais expérimenté un tel sentiment. C'était au-delà de l'humain. Je savais que j'étais aimée au-delà de toute mesure. Aucun de mes défauts n'avait de l'importance; ni aucun péché, ni aucune culpabilité, ni aucune pensée, ni aucun geste omis dont je me tenais responsable n'importaient pour cette créature, cet esprit divin ou cet ange.

Je n'ai rien entendu. Je n'ai vu personne. Je n'ai pas vu Frank. En fait, je ne crois pas qu'il s'agissait de Frank. L'entité ne me donnait pas cette impression. J'avais plutôt l'impression d'un phénomène sans personnalité. Je suppose que j'ai fait l'expérience d'un ange. Dans mon esprit et dans mon cœur, c'est l'explication qui semble la plus juste.

Quoi qu'il en soit, j'ai aussi senti que tout se passait comme il se devait, compte tenu de notre situation actuelle, à Frank et à moi. J'ai senti que le monde était en ordre. J'ai été rassurée : tout allait bien se passer. Mes appréhensions à l'égard de l'avenir ont disparu. Mon anxiété s'est dissipée. J'ai été envahie par un sentiment de calme, de paix et d'amour.

L'expérience a duré plusieurs minutes, assez longtemps pour que je puisse évaluer ce qui m'arrivait et que je m'assure de me souvenir de tous les détails.

À ce jour, presque huit ans plus tard, je n'ai pas eu la joie de revivre ce phénomène. Ce serait certainement formidable s'il se reproduisait. Il est étrange que les détails me reviennent avec une telle précision, une telle exactitude. C'est comme si, en me laissant avec cette impression si distincte, les anges revenaient me visiter périodiquement.

Épilogue

Après avoir lu ce qui précède, ma sœur Nan m'a téléphoné pour me dire qu'elle se souvenait que notre mère lui avait rendu visite le lendemain matin, quelques heures après l'incident. Nan m'a décrit la scène :

« J'ai regardé maman sortir de sa voiture. Quelque chose avait changé en elle. Elle avait l'air éthérée. On aurait dit qu'elle flottait de l'allée au trottoir. Elle rayonnait d'un éclat inhabituel. Instinctivement, j'ai su que quelque chose lui était arrivé. Dès son arrivée, et avant même qu'elle me relate son expérience, j'ai senti qu'une présence angélique l'accompagnait. Sans avoir été témoin de sa "visitation", je crois que je suis la seule à l'avoir vue après ce qui lui était arrivé cette nuit-là. Elle était transformée. Je crois qu'elle a reçu la visite des anges. Je raconte souvent cette histoire quand je rencontre quelqu'un qui est en quête ou dans le besoin, pour lui insuffler de l'espoir et le sensibiliser. Nous ne sommes pas seuls. »

1er mars 2000

Maman m'a téléphoné pour me dire que récemment, elle avait fait venir un peintre pour effectuer quelques réparations à un plafond de la maison. Il a jeté un regard aux alentours et après s'être mis au travail, il a demandé à ma mère : « N'avez-vous pas peur d'être toute seule dans cette grande maison ? »

Maman s'est contentée de sourire et de répondre : « Non, je n'ai pas peur. Je sais que Frank est près de moi et que les anges remplissent ces pièces. Je n'ai pas peur quand je suis ici. C'est ma maison, mon sanctuaire. Je suis protégée. »

L'avion de l'ange Sonny

NOTE DE L'AUTEURE : *J'ai intitulé les trois prochains récits « La trilogie de l'ange Sonny ». Mais pour que le lecteur saisisse bien le sens de ce qui s'est tramé, il me faut vous raconter certains détails de l'anecdote suivante.*

Dans les années 1980, Sonny Hughes était le meilleur ami de Jim. À l'époque, les affaires des deux hommes prospéraient. Sonny avait acheté un avion à réaction Commander, et pour faire plaisir à sa femme, Dottie, autrefois agente de bord, il avait fait installer une salle de bain à bord.

Dottie et Sonny l'utilisaient pour voyager entre leur résidence de la Nouvelle-Orléans et leur maison aux îles Caïmans. C'était dans cet appareil que Jim s'y rendit pour la première fois. Sonny se servait aussi de son avion pour ses voyages d'affaires à Houston et ailleurs au pays. Durant la même période, Jim avait aussi ses appareils pour la société, et les deux amis partageaient entre autres leur amour de l'aviation.

Cependant en 1984, la société de Sonny affronta un problème inhabituel de mouvements de trésorerie. Avant de prendre le contrôle de sa société, l'institution financière de Sonny lui accorda une journée pour vendre ses actifs. Celui-ci téléphona immédiatement à Jim et lui demanda de l'aide. Ils s'entendirent pour que Jim achète l'avion sur-le-champ en le payant par chèque de façon que Sonny puisse acquitter sa dette auprès de la banque.

Bien entendu, les affaires étant les affaires, la situation s'améliora et la société de Sonny retrouva sa prospérité. Sonny dit à Jim qu'il lui serait toujours reconnaissant de l'avoir tiré de ce mauvais pas et qu'il lui renverrait l'ascenseur un jour.

La connaissance de ces faits donne un sens encore plus lourd aux récits angéliques qui suivent.

La nuit de la mort de Sonny

C'était en octobre la dernière fois que Jim et moi avions vu Sonny à sa résidence aux îles Caïmans. Nous savions qu'il était gravement malade, mais Sonny étant Sonny, il avait refusé de confier à quiconque qu'il était mourant. J'étais la seule qui se doutait de la vérité.

Des années plus tôt, j'avais eu un voisin qui était décédé d'une cirrhose et d'un cancer du pancréas. Sonny en avait tous les symptômes, surtout la coloration jaune orangé des yeux. Mais c'était l'intangible qui le trahissait. Parfois, il me lançait un regard, et j'arrivais presque à deviner ses pensées. Encore aujourd'hui, je crois qu'il avait compris que j'avais éventé son secret.

Dottie ne savait rien de la maladie de Sonny, et comme il continuait de nier qu'il allait mal, elle se jetait sur toutes les bribes d'information qu'elle pouvait recueillir sur l'alcoolisme, le cancer et les maladies hépatiques. Je lui avais fourni une liste de lecture qui aurait rebuté l'âme la mieux trempée. Mais Dottie ne saurait être en paix tant qu'elle n'aurait pas compris la vérité et fait quelque chose. Lors de notre séjour aux îles Caïmans, elle avait pris rendez-vous chez une nutritionniste pour Sonny, croyant qu'en changeant son alimentation, il pourrait déjouer la maladie. Elle gardait l'espoir, même s'il n'y avait plus rien à faire. La maladie de Sonny était à un stade si avancé que seule une greffe aurait pu le sauver. Une greffe et la volonté de vivre. Mais à ce stade, je crois que Sonny ne voulait plus vivre. Il s'était résigné à mourir.

Normalement, Sonny aurait refusé tout net de rencontrer une nutritionniste. Herbes, guérison holistique et alimentation équilibrée n'avaient pas leur place dans son style de vie. À ce stade, il n'avait rien à retirer de l'expérience, sauf de rendre Dottie heureuse.

Sonny demanda à Jim de l'accompagner à son rendez-vous. En présence de Jim, la nutritionniste expliqua à Sonny qu'il était vital qu'il cesse toute consommation de sodium. Elle lui annonça qu'il ne pourrait plus jamais boire d'alcool et qu'il devrait absolument manger plus de protéines et d'hydrates de carbone. Elle lui donna une liste d'aliments à privilégier, ainsi que des bouteilles et des flacons d'herbes purifiantes, des vitamines et des tisanes énergisantes. Elle remplit les bras des deux hommes de brochures et de dépliants sur la méditation, l'horaire des cours de yoga et la liste des massothérapeutes, chiropraticiens et praticiens d'approches énergétiques de la région.

En quittant le bureau de la praticienne en compagnie de Jim, Sonny monta dans le Suburban et demanda à Jim de le conduire à la plage.

« Où allons-nous ? » demanda Jim.

Sonny resta silencieux un moment, puis il leva les yeux vers le ciel d'un bleu pur et répondit : « Allons au Hyatt. Je veux marcher sur le sable. M'asseoir sous un palmier un moment. »

Jim sourit : « C'est parti ! » Il engagea le véhicule sur la route en direction du sud.

Ils entrèrent dans le stationnement de l'hôtel et demandèrent au valet de garer la voiture, de façon que Sonny n'ait pas trop à marcher.

Avec son sac de vitamines et de minéraux à la main, Sonny se dirigea en direction du bar contigu à la piscine, Il s'avança vers la corbeille à papier et y laissa tomber le sac.

« Qu'est-ce que tu fais ? » s'écria Jim.

Sonny se contenta de le regarder. « Prenons une table sous les palmiers. »

Une serveuse s'approcha et leur demanda ce qu'ils désiraient boire.

Sonny lui offrit un charmant sourire : « Je prendrai une margarita avec du sel. »

Jim en resta bouche bée. « Je prendrai un verre de chardonnay », dit-il à la serveuse. Puis, il se tourna vers Sonny : « Est-ce que j'ai raté quelque chose ? La nutritionniste ne vient-elle pas de te dire que tu ne dois consommer ni sel ni alcool ? »

Sonny dirigea son regard vers les vagues qui déferlaient et les enfants qui gambadaient sur la plage. Un couple de personnes âgées se promenait main dans la main, le long de la courbe de la plage Seven Mile. De nouveaux mariés, avec leur anneau tout neuf et brillant, s'embrassaient sous le palmier où Sonny avait demandé sa femme en mariage, dix-sept ans plus tôt.

Sonny ferma les yeux et déglutit avec peine. Il ajusta ses lunettes de soleil et resta silencieux un très, très long moment. Jim avait l'impression très nette qu'un combat se livrait en lui. « C'est ce qu'elle a dit. »

« Eh bien ? »

Sonny continua de regarder vers le large. « Je veux une margarita, Jim. Est-ce que ça te pose un problème ? »

Décelant l'émotion dans la voix de son ami, Jim comprit ce qu'il était incapable d'exprimer. Il comprit qu'en lui demandant de l'accompagner chez la nutritionniste, Sonny avait essayé à sa façon de lui annoncer qu'il était mourant. En commandant la margarita, Sonny faisait comprendre à Jim que l'issue était fatale.

Sonny savait qu'il allait mourir. Bientôt.

« Ça ne me pose aucun problème, Sonny. »

Jim tendit le bras et frotta affectueusement l'épaule de son ami. Sonny ne tourna pas la tête, mais posa sa main sur l'épaule de Jim. Pour l'un comme pour l'autre, le moment était trop déchirant pour dire un mot.

Jim et Sonny sont restés assis sur cette plage, celle que préférait Sonny, à regarder l'océan infini courir vers le rivage, à écouter les rires des enfants et les promesses échangées par les amoureux. La vie battait tout autour d'eux, et ils en ont absorbé les images, les odeurs et les sons.

Nous avons quitté les îles le lendemain. Notre vol décollait très tôt le matin, ce qui était la période de la journée où Sonny était toujours en forme. Durant notre passage là-bas, Sonny s'était levé tard tous les jours, passant le reste de la matinée dans une grande robe de chambre de tissu bouclé à se traîner les pieds en pantoufles sur les pavés de Saltillo de sa maison.

Or, le matin de notre départ, il se réveilla tôt. Il se présenta vêtu d'un short de lin blanc immaculé et d'un chemisier blanc et jaune vif, chaussé de sandales. Son épaisse chevelure blanche ondulée était peignée avec soin. Je me rappelle encore l'odeur de son eau de Cologne. Il nous accueillit avec un grand sourire. À mes yeux, on aurait dit qu'il était ressuscité. « Je vous reconduis moi-même à l'aéroport », annonça-t-il. Comme il était très faible, l'entreprise était de taille.

« Le capitaine Dewey peut nous y emmener », dit Jim en parlant du vieil homme à tout faire qui servait souvent de chauffeur à Sonny quand ce dernier était trop malade ou trop fatigué pour conduire sur l'île.

« Il est occupé aujourd'hui », mentit Sonny.

Je serrai Dottie dans mes bras beaucoup trop longtemps. J'étais incapable de dissimuler mes larmes. J'avais l'horrible impression qu'un monde s'écroulait. « Tu ne viens pas à l'aéroport avec nous ? » demandai-je à mon amie, en lui serrant la main très fort.

« Non. Sonny veut y aller seul », murmura-t-elle.

Je frissonnai. « Oh, Dottie. » Je compris alors que je ne les reverrais plus jamais ensemble sur l'île.

Dottie regagna bravement la maison tandis que nous empilions nos bagages dans le Suburban. Sonny s'installa avec peine et misère derrière le volant et fit marche arrière.

Nous bavardâmes de tout et de rien durant le trajet vers l'aéroport. Jim prit des arrangements pour revoir Sonny un mois plus tard à la Nouvelle-Orléans au sujet d'une entente commerciale. Ils se promirent de se téléphoner chaque matin, comme ils le faisaient depuis plus de quinze ans. Ils échangeaient des promesses qu'ils ne tiendraient pas, mais auxquelles ils voulaient croire, contre toute espérance.

Une fois à l'aéroport, je serrai Sonny dans mes bras, mais doucement pour ne pas lui faire mal. Je lui confiai avec mon cœur que je resterais à l'affût de sa présence une fois qu'il serait de l'Autre côté. Il me lança un regard que je n'oublierai jamais. Je compris dès lors qu'il trouverait un moyen de communiquer avec moi, même après sa mort.

Une fois dans l'avion, une profonde tristesse me submergea. Jim me laissa la place du côté du hublot pour que je puisse voir les îles disparaître au moment du décollage. Il me parlait de notre prochaine visite à Sonny et Dottie sur l'île. Il gardait espoir.

Soudain, comme je contemplais les eaux d'un turquoise cristallin et les récifs que l'avion survolait, j'eus une vision parmi les plus claires de ma vie. « Nous n'y retournerons pas. Peut-être jamais, Jim. Sonny est mourant. Il ne vivra pas jusqu'à Noël. En fait, nous assisterons à ses obsèques avant Noël. »

Jim resta silencieux. Il avait les yeux remplis de larmes. « Je ne peux pas le perdre, c'est mon meilleur ami. »

« Je veux que tu sois prêt, Jim. Je sais que tu l'aimes, mais il va quitter cette Terre. Par contre, il ne s'en ira pas. »

C'était plus que Jim ne pouvait entendre. Ce n'était pas qu'il ne me croyait pas. Je pense en fait qu'il voulait justement me croire.

Au cours des cinq semaines qui ont suivi, Jim téléphona à Sonny à la Nouvelle-Orléans, mais tomba chaque fois sur le répondeur. J'expédiai une télécopie à Dottie. Je composai le numéro de son cellulaire. Je n'obtins ni réponse, ni retour d'appel.

Je savais que les choses allaient très mal, mais nous ignorions ce qui se passait. Jim téléphona au bureau de Sonny et la secrétaire l'informa qu'il était à son ranch. Deux semaines plus tard, elle affirma que Sonny et Dottie étaient en voyage. Il y avait toujours une « explication ».

Le 16 décembre, Jim se réveilla en sursaut au milieu de la nuit. Il tremblait et suffoquait.

Je me réveillai à mon tour. Craignant qu'il fasse une crise d'asthme ou une bronchite, je m'inquiétai : « Qu'y a-t-il ? Est-ce que ça va ? » Je posai une main sur son dos nu. Sa peau était glacée.

« Est-ce que tu le sens ? » Il jeta un regard autour de la chambre.

« Quoi ? » Des frissons sillonnèrent ma colonne vertébrale.

« Jim, es-tu malade ? Nous devrions peut-être téléphoner aux techniciens médicaux d'urgence. »

« Tu dois le sentir ! »

« Je... je ne sens rien, Jim. Je ne suis pas malade. »

« Qu'est-ce que tu veux dire, tu ne sens rien ? Quelque chose ne va pas. Il y a quelque chose qui cloche dans l'Univers ! C'est ici ! C'est partout autour. » Il serra les bras autour de sa poitrine.

S'il y a une personne sur cette planète qui ne prononce jamais le mot « univers », qui n'a même pas idée de ma conception de la « spiritualité », c'est Jim. Que je fasse une prédiction qu'il écarte et qu'il prétende ne pas l'avoir entendue est une chose, mais c'en est une autre qu'il fasse l'expérience directe de la réalité du monde invisible.

Je jetai un coup d'œil rapide au réveil. « Il est 3 h 33. »

« Et alors ? »

Je savais que le moment était mal choisi pour entrer dans une explication détaillée des interprétations littéraires et mystiques du chiffre trois. « Je vérifiais simplement l'heure qu'il est. »

« Pourquoi ? »

« Pour plus tard », répondis-je, saisie d'une autre vague de frissons. Je me tournai vers Jim. « Oh chéri ! Quelque chose ne va pas. »

« C'est ce que j'essaie de te faire comprendre depuis tout à l'heure. »

« S'il te plaît, viens te coucher. Tu me fais peur. Respire profondément. Détends-toi. Tout va bien. »

Jim se glissa dans le lit. « Je te dis que quelque chose cloche dans l'Univers. »

« Je te crois, Jim », tentai-je pour le réconforter.

Le lendemain, le téléphone sonna un peu avant 8 h. Je pris l'appel. C'était la secrétaire de Sonny. Elle nous téléphonait de la part de Dottie. Elle expliqua que Sonny était à l'hôpital depuis que nous avions quitté les Caïmans, en octobre. Dottie était restée avec lui nuit et jour durant plus de sept semaines. Ils n'étaient jamais partis en vacances. Sonny avait lutté pour sa vie et il avait perdu. Il était décédé. Ses obsèques auraient lieu le 18 décembre.

Je raccrochai. Je tremblais et j'avais la chair de poule.

Jim se laissa tomber sur une chaise à côté de moi à table et me saisit la main. Ses doigts étaient glacés. Il était sous le choc. « Dans l'avion... tu as dit que Sonny mourrait avant Noël. Comment as-tu pu le savoir ? »

« Je pense que Sonny lui-même me l'a confié "en esprit". C'était un homme orgueilleux, Jim. Il voulait ton amitié, et non ta pitié. Il s'est servi de moi pour te dire la vérité parce qu'il en était incapable. »

Hochant tristement la tête, Jim concéda : « Ton explication est plausible. » Il leva les yeux vers moi. « Hier soir. C'était Sonny avec moi dans la pièce, non ? »

« Je pense que oui. Je sais comment nous pouvons vérifier. »

« Comment ? »

« Quand nous verrons Dottie aux obsèques, demande-lui à quelle heure Sonny est décédé. »

Le lendemain, Jim et moi restâmes un moment seuls avec Dottie, juste avant la cérémonie. C'était le moment pour Jim de s'informer des détails de la mort de Sonny.

« J'étais à l'hôpital avec lui, étendue sur son lit, et je le tenais dans mes bras comme je le faisais chaque soir. Au milieu de la nuit, une infirmière est entrée et m'a dit : "Madame Hugues, M. Hugues est décédé." Je n'arrivais pas à le croire. Il était chaud. Il ne respirait plus du tout. »

J'entourai mon amie de mes bras pour la réconforter.

« Dottie, je m'excuse de te demander cela, mais il le faut, dit Jim. Sais-tu à quelle heure il est décédé ? »

« Mais oui. L'infirmière a dit qu'il était exactement 3 h 33. »

Les yeux de Jim croisèrent les miens. Les siens étaient remplis de larmes. « Il est venu me voir, Dottie. Il est venu dans notre chambre. Dans notre maison. Je me suis réveillé et j'ai dit qu'il y avait eu un changement dans l'Univers. Je le sentais. »

Dottie saisit la main de Jim. « Mais bien sûr qu'il est allé vers toi, Jim. Tu étais un frère pour lui. »

« Comme il l'était pour moi. »

Au cours de ma vie, j'ai assisté à beaucoup, beaucoup d'obsèques. En fait, quand j'étais enfant, je croyais que les funérailles étaient des réunions familiales où la principale attraction était un cadavre. J'avais 14 ans quand j'ai assisté à une noce de famille pour la première fois. J'imaginais que les rassemblements familiaux exigeaient invariablement de pleurer, de chuchoter et de porter du noir. La mort m'apparaissait comme la partie la plus naturelle de la vie.

Mais de toutes les obsèques auxquelles j'ai assisté, avant et après celles de Sonny, jamais autant qu'à ce moment précis n'ai-je ressenti avec une telle acuité le sentiment que le monde s'effondrait. On aurait dit que l'Univers était entré en collision avec notre univers. Quelque chose s'était produit la nuit où Sonny était venu voir Jim et lui annoncer sa renaissance dans la dimension spirituelle. Quelque chose s'était produit en moi.

Ce soir-là, j'ai su que mon destin était de créer ce recueil de récits véridiques sur le monde invisible. J'ai senti avec toutes les fibres de mon être que je devais persévérer dans mes efforts pour publier *Wings of Destiny*. Rien de tout cela n'était nouveau, mais l'heure de concrétiser l'idée avait sonné.

J'avais craint toute ma vie de raconter mes visions, de transmettre ce que je savais aux personnes qui en ont le plus besoin. J'avais combattu mon côté spirituel, de peur d'être considérée comme un monstre, une débile ou une folle.

La mort de Sonny a sonné l'heure de ma renaissance. J'avais un lien incroyable avec cet homme, un lien unique et précieux pour des raisons bien précises. Je n'avais pas eu le plaisir de le connaître quand il était en santé, durant ses bonnes années, ses années de plaisir. Quand j'avais fait sa connaissance, il savait déjà qu'il allait mourir.

Comme mon père me l'a raconté durant son agonie, il était « entre les mondes ». C'est grâce à leur corps physique que ceux qui sont attachés à la Terre voient ces mondes, ces dimensions. Ce sont les vivants qui doivent reconnaître l'existence de cet autre monde et le « travail » tangible, physique, que nos êtres chers accomplissent pour nous de l'autre côté du voile.

Ils n'ont qu'une tâche : l'amour inconditionnel.
Ils ne demandent qu'une chose : que nous l'acceptions.

Première rencontre de type angélique pour Jim

Au fil de mon existence, j'ai remarqué que les hommes n'ont pas de difficulté à comprendre le mot « impression ». « Instinct » est un autre terme qui leur plaît. Mais dites « intuition », « rêve clairvoyant » ou « visitation spirituelle », et les néophytes deviennent vraiment très nerveux. Ils bafouillent, changent de sujet, allument la télé ou quittent la pièce. On sait alors qu'on a attiré leur attention. S'ils étaient réellement incrédules, ils ne feraient aucun commentaire. Ils ne seraient qu'indifférence.

Au moment où cette anecdote s'est produite dans notre vie de couple, Jim ressemblait beaucoup aux autres spécimens de son sexe. Il était sceptique par rapport à ma « chasse aux anges », mais il y croyait quand même, « juste au cas » où j'aurais raison.

Sonny était décédé depuis plus d'un an, et même s'il lui manquait terriblement, Jim se répétait que son ami était dans un meilleur monde. J'affirmais à Jim que j'avais le sentiment que Sonny était près de nous et que j'avais parfois l'impression de sentir sa présence. Je vous l'accorde, je n'avais pas de « signes » flagrants pour étayer ma théorie. C'était seulement une « impression ».

Jim était perplexe. Si, de fait, Sonny était « aux alentours », comment se faisait-il que lui, Jim, ne soit pas parvenu à le voir ? Je lui fis remarquer que Sonny lui avait peut-être fait un signe qu'il n'avait pas perçu.

Jim répondit que c'était impossible ; il reconnaîtrait un signe de Sonny, puisqu'ils avaient les mêmes intérêts. En particulier, leur amour partagé pour les avions. Durant une certaine période, ils avaient tous deux possédé un avion à réaction. Ils avaient adoré comparer leurs impressions, concevoir l'intérieur de leurs appareils, et échanger des anecdotes sur la vente de celui-ci et l'acquisition de celui-là.

Selon Jim, si mes croyances sur la vie après la vie étaient justes, Sonny aurait dû lui faire signe, puisqu'il était son meilleur ami. Il se peut que ce que Jim ressentait alors ait servi de missive pour que Sonny fasse ses preuves.

Car Jim a reçu son signe. Et c'en était tout un.

Au moment de l'événement, les voyages de Jim en Amérique du Sud faisaient partie de notre routine. Comme il volait très souvent, il vérifiait méticuleusement ses heures de départ et d'arrivée, ainsi que les places qui lui étaient attribuées.

Ce jour-là, Jim se présenta au comptoir d'embarquement de la Continental et présenta son billet et son passeport. Le commis lui dit qu'il y avait eu une erreur et que Jim n'avait pas de réservation sur le vol en partance. Jim le contredit poliment, ajoutant qu'il avait vérifié la veille et que tout était en règle. Il avait réservé une place côté hublot, en première classe.

Le commis vérifia les réservations du vol pour Quito et constata que la seule place libre était la 16E. Si Jim voulait arriver à Quito le jour même, il serait forcé d'accepter ce qui lui était offert. Il était furieux, car il avait payé le plein prix pour une place en première et il ne pouvait s'en prévaloir. Il devait pourtant être à Quito pour affaires, deux jours plus tard. En grommelant, il prit la dernière place sur le vol.

Cette situation avait fortement agacé Jim. Pour lui, après une semaine de travail carrément pénible, c'était la goutte qui avait fait déborder le vase. En plus de son travail en Amérique du Sud, Jim s'occupait toujours d'un projet d'électricité sur l'île d'Anguilla. Il avait été des heures au téléphone, car il cherchait à entrer en contact avec Rodney George, de la société Watsilla, une entreprise d'électricité suisse avec laquelle il avait déjà traité. Il était impératif que Jim retrouve Rodney. Mais en dépit de ses efforts et de ses nombreux coups de fil, même en Suisse, on ne savait où se trouvait Rodney.

Plus découragé par les événements de la semaine que simplement en colère, Jim monta dans l'avion. La journée était torride, et pour empirer la situation, l'appareil éprouvait des ennuis mécaniques. La climatisation fonctionnait mal et Jim étouffait de chaleur. Cependant, l'appareil finit par se diriger vers la piste d'envol et prendre sa place dans l'interminable file d'attente. Il y eut encore d'autres ennuis mécaniques, mais le capitaine choisit de ne pas faire descendre les passagers.

N'ayant rien d'autre à faire, les deux hommes assis près de Jim décidèrent de sortir leur mallette et d'abattre un peu de travail. Jim attendit qu'ils prennent leur serviette sous leur siège avant de se plier à son tour pour prendre la sienne. Or Jim se pencha au moment où son voisin ouvrait sa serviette, ce qui fait qu'il vit l'en-tête de lettre de la société qui l'employait : Watsilla.

Jim eut un large sourire en songeant : « Non, mais... quel coup de chance ! » Se tournant vers son voisin, il lui dit : « D'après votre papier à en-tête, je vois que vous travaillez pour Watsilla. Connaîtriez-vous Rodney George, par hasard ? »

« Oui, je le connais », répondit l'homme. « Nous avons travaillé ensemble sur plusieurs projets d'électricité dans les Caraïbes. »

« C'est fantastique ! J'essaie d'entrer en contact avec lui depuis deux mois. Il est impératif que je lui parle. »

« Une minute », reprit l'homme en sortant son planificateur électronique de poche. « J'ai son numéro de téléphone. Donnons-lui un coup de fil. »

L'avion resta immobilisé sur la piste d'envol pendant encore une heure, le temps que Jim entre en contact avec Rodney et organise un rendez-vous. Jim venait de régler les questions dont il devait s'occuper avec ses voisins de siège, tous deux employés chez Watsilla, quand le capitaine annonça que le vol était annulé jusqu'au lendemain. L'appareil retourna à la porte d'embarquement et les passagers descendirent de l'avion.

Jim se rendit au comptoir des billets pour parler au commis. Son vol ayant été annulé, Jim eut la possibilité de faire une réservation pour le vol du lendemain, avec une place côté hublot en première, comme il avait été prévu au départ.

Quand il me téléphona pour me demander de revenir le chercher à l'aéroport, Jim était réellement aux anges. C'était sa première véritable rencontre de nature spirituelle. Il était à la fois émerveillé et ravi. En fin de compte, ironiquement, l'effet du hasard démontra à Jim que Sonny lui avait envoyé un message clair et net.

Ce que Jim ignorait, c'est que les rencontres allaient se multiplier au cours des mois suivants.

Deuxième rencontre de type angélique pour Jim

En prévision de l'un de ses nombreux voyages à Anguilla, Jim s'était préparé comme d'habitude : méticuleusement. Les réunions avec les autorités supérieures de l'île avaient été organisées depuis des semaines. Il s'était assuré auprès du personnel de l'hôtel que les aliments et les vins préférés de ses invités seraient disponibles. Rien n'avait été laissé au hasard. Il avait même prévu un plan B de dates et d'heures, au cas où les affaires gouvernementales freineraient les progrès de son entreprise commerciale.

Comme il avait investi des semaines dans ses préparatifs, Jim était certain que ce dernier voyage lui permettrait de finaliser l'essentiel de ses affaires. Le voyage n'allait durer que trois jours ; il avait donc très peu de temps pour autre chose qu'une succession de réunions, de sommets et de repas d'affaires organisés.

Sûr de lui, Jim s'envola pour les Caraïbes. Le premier jour, tout se passa remarquablement bien. Jim jubilait. Le deuxième jour, les choses se déroulèrent encore mieux. Le matin de sa troisième et dernière journée de rencontres, Jim était plein d'énergie.

Une dernière réunion était prévue avec le premier ministre, puis Jim attrapait la vedette pour St-Martin et l'avion pour Houston où il atterrirait dans la soirée. Il promit qu'il serait rentré pour le dîner, vers 20 h.

En arrivant au bureau du premier ministre, Jim apprit du sous-secrétaire adjoint que le ministre avait dû quitter l'île pour affaires. Malheureusement, on ne l'attendait pas avant des jours, peut-être même, pas avant la semaine suivante.

Sachant qu'il avait d'autres affaires à gérer à Houston, Jim voyait s'effondrer tous les plans qu'il avait soigneusement organisés. Abattu et découragé, il quitta l'hôtel et prit la vedette plus tôt. Comme d'habitude, le voyage d'Anguilla à St-Martin fut bref, mais Jim était plutôt sombre et impatient de rentrer à Houston, à la maison auprès de sa famille.

Heureusement, il restait quelques places sur un vol qui décollait plus tôt. Jim s'envola, observant par le hublot l'île qui disparaissait sous ses yeux, comme ses espoirs de finaliser ses affaires.

L'avion volait depuis moins de trente minutes quand il frappa une vague de turbulences. Jim se raidit dans son siège. Le pilote s'adressa aux passagers et leur demanda de rester attachés. Les turbulences reprirent. L'appareil chuta soudain comme une pierre.

Comme il avait déjà eu un jet, Jim connaissait trop bien les dangers des effets de cisaillement du vent et de ses courants pour être trompé par le discours pacifiant du pilote. Il savait de quoi il retournait : l'avion était sur le point de s'écraser.

D'un coup, cent masques à oxygène tombèrent de leur compartiment au-dessus de la tête des passagers. Ces derniers criaient et gémissaient de peur et d'anxiété. Jim attrapa son masque de plastique et aida sa voisine à enfiler le sien. « Est-ce que nous allons mourir ? » demanda-t-elle.

« Non, ne vous inquiétez pas. Tout ira bien », répondit Jim en jetant un coup d'œil par la fenêtre. Comme il avait pris ce vol maintes et maintes fois, il connaissait la topographie du paysage comme le fond de sa poche.

« Vous voyez là, en bas ? » Il désigna le sol du doigt. « C'est Puerto Rico. Le pilote nous y emmène. Mettez simplement le masque. C'est juste une précaution. »

« Merci », murmura-t-elle d'un ton reconnaissant.

Jim resserra sa ceinture de sécurité et serra l'oreiller que l'agent de bord lui avait remis quelques minutes plus tôt.

Comme Jim s'y attendait, le pilote annonça qu'il allait tenter un atterrissage d'urgence à San Juan.

La manœuvre a réussi, mais une fois hors de l'avion, Jim était bouleversé et aussi nerveux que le reste des passagers. Pour envenimer la situation, on annonça qu'aucun vol ne quitterait San Juan avant au moins huit heures.

De tout ce que Jim déteste dans la vie, le pire est l'attente dans un aéroport.

D'ordinaire, c'est sur les ailes de la Continental que Jim parcourt la planète. Mais cette fois, il avait pris un vol d'American Airlines, la Continental ne desservant pas Anguilla. En raison de l'atterrissage d'urgence, la Continental offrit aux passagers du vol de Jim de se reposer à ses frais à son club Admiralty. Un geste bien pensé, se dit Jim. Il avait tellement les nerfs en boule qu'il décida qu'une bouchée et un verre de vin s'imposaient.

Il dénicha un canapé confortable pour se reposer, puis se tranquillisa l'esprit en téléphonant à la maison. Il n'y avait rien à faire, sauf attendre et déplorer le fait de ne pas avoir réussi à rencontrer le premier ministre. Mais pour cela, il n'y avait aucun remède.

« Cette place est-elle prise ? » s'enquit une voix d'homme.

« Non, elle est libre... » répondit Jim en levant les yeux.

L'homme qui se tenait devant lui n'était nul autre que le premier ministre d'Anguilla.

Jim se leva d'un bond : « Monsieur le Premier ministre ! »

« Jim ? Que faites-vous ici ? » Les deux hommes échangèrent une poignée de main.

« Je vous attendais », répondit Jim en riant.

« Je suis désolé d'avoir raté notre rencontre. Comment saviez-vous que je serais ici ? » demanda le ministre.

« J'ignorais que vous seriez ici. J'étais en route pour Houston. Notre avion a eu un bris mécanique et il s'est presque écrasé à l'atterrissage. » Jim se gratta la tête. « J'avais pourtant prié pour que notre rencontre ait lieu lors de ce voyage. »

Le ministre hocha la tête : « On dirait que vos prières ont été exaucées. »

Jim éclata de rire. « Oui, je pense que mes anges étaient à l'écoute. Mais la prochaine fois, il faudra que je les avertisse d'être un peu moins... percutants ! »

Les deux hommes prirent place sur le canapé et parlèrent affaires jusqu'à ce qu'il soit temps pour le ministre de s'embarquer.

Alors qu'il était sur le vol de nuit qui le ramenait à la maison, Jim regarda le ciel : cette fois, il connaissait précisément l'identité de l'ange qui menait sa trajectoire et sa boussole. Il savait que son ami Sonny, décédé l'année précédente, avait orchestré cette rencontre, tout comme il l'avait fait lors du dernier voyage de Jim à Anguilla.

Sonny et Jim avaient partagé beaucoup de bons moments d'amitié et d'affaires à bord de leurs avions. Aux yeux de Jim, le perpétuel sens de l'humour de Sonny était l'une de ses caractéristiques les plus attachantes. Ce sens de l'humour les avait d'ailleurs aidés à traverser leurs épreuves financières et personnelles.

Ces jours-ci, quand il monte dans un avion, Jim se demande s'il croisera Sonny et quel genre de « miracles » celui-ci lui réserve.

Sonny et le parfum des roses

Un an après le deuxième signe que Sonny avait donné à Jim en avion, j'ai bavardé longuement avec Dottie. En fait, notre conversation téléphonique était elle-même une démonstration flagrante de l'intervention encore tangible de Sonny dans nos vies.

Je n'avais pas parlé à mon amie depuis des lustres. Les allers-retours entre l'Amérique du Sud et les États-Unis se multipliaient pour Jim et moi ; nous bâtissions une maison, j'étais en tournée. La routine, quoi. J'avais négligé mes amies en raison de mes engagements précédents.

Cependant, Dottie n'était jamais loin de mes pensées. Je m'inquiétais de la savoir heureuse maintenant qu'elle était retournée dans sa ville natale, en Géorgie. Par contre, je savais qu'elle devait vivre son deuil et guérir. Dès qu'elle serait prête, elle me ferait signe.

Durant l'été, je me rendis à Atlanta pour promouvoir mon livre. J'y restai quatre jours, et partout où j'allais, je ne cessais de penser à Dottie. Quoi qu'il en soit, je courus d'un événement médiatique à l'autre, je fis des apparitions dans les librairies, puis je rentrai à la maison.

Le lendemain de mon retour, en prenant les messages de ma boîte vocale, qui entendis-je ? Cette chère Dottie ! Surexcitée, je lui téléphonai sur-le-champ. Je lui demandai si elle m'avait vue à la télé durant la semaine et si c'était la raison de son appel.

« Mais non. Je ne savais pas que tu avais publié un nouveau livre. C'est juste que je n'arrête pas de penser à toi depuis des semaines. Tu es toujours dans mes pensées. Alors, j'ai pensé te téléphoner pour t'annoncer que je me suis remariée. »

J'étais stupéfaite, mais heureuse. Je lui racontai le rêve que Jim avait fait à son sujet, un an plus tôt. Dans le rêve, Dottie parlait à Jim d'un homme qu'elle fréquentait et dont elle était tombée amoureuse. Jim m'avait dit : « Je n'avais jamais vu Dottie aussi heureuse que dans mon rêve. »

Bien entendu, nous avions tous deux prié pour que le rêve soit véridique. Nous voulions uniquement le meilleur pour notre chère amie. Néanmoins, la description que Dottie me fit de sa nouvelle vie avec John ressemblait tellement au rêve de Jim que j'eus la chair de poule pendant presque toute la durée de notre conversation.

Finalement, je racontai à Dottie ce qui était arrivé à Jim, les rencontres en avion que nous croyons être des interventions de Sonny.

Dottie me répondit : « Je te crois sur parole, Catherine. »

Je lui demandai si elle pensait que Sonny était toujours aux alentours.

Elle m'affirma qu'elle le savait non seulement près d'elle, mais qu'il signalait aussi sa présence par un parfum de rose.

Ça, c'était quelque chose ! Nous n'avions jamais perçu une odeur de rose, mais manifestement, Dottie l'avait sentie. Elle déclara que c'était tout à fait le genre de Sonny de se servir d'un avion pour faire sa démonstration. Il avait fait la même chose avec elle. Elle me raconta qu'en rentrant des îles Caïmans à bord de leur avion, elle avait senti un effluve familier de rose. Se tournant vers l'autre passager, elle lui demanda s'il sentait la même chose. Il répondit par la négative.

Dottie déclara : « Je pense que Sonny est avec nous. »

Son compagnon jugea l'affirmation ridicule.

« Ah oui ? contra Dottie. Renverse la tête et tourne ton nez juste là », ajouta-t-elle en désignant du doigt un point juste au-dessus du visage de son compagnon. « Dis-moi ce que tu sens. »

Certain de réfuter son affirmation, il fit ce qu'elle demandait. Il huma l'air et s'exclama : « Ça sent les roses ! »

Dottie ajouta qu'elle s'était contentée de sourire. Elle avait sa preuve.

Je déclarai à Dottie que j'adorais cette histoire de rose et que je m'en souviendrais. Néanmoins, comme Sonny était apparu sous diverses formes à plusieurs personnes, j'étais aussi heureuse de savoir qu'il était entré en communication avec celles qu'il aimait.

Dottie éclata de rire et me lança : « Tu ferais mieux de faire attention, Catherine. C'est toi la prochaine ! »

« Ne sois pas ridicule. Je n'ai pas connu Sonny assez bien, ni assez longtemps, pour qu'il perde son temps à me rendre visite. »

« Il t'aimait quand même, Catherine. Souviens-toi de cela. »

Six mois plus tard, je m'envolai pour la Nouvelle-Orléans, où j'assistais à un colloque. La Nouvelle-Orléans était le lieu où Sonny et Dottie avaient vécu durant des années, et c'était là aussi où Sonny était enterré.

Je louai une voiture à l'aéroport pour me rendre dans le quartier des jardins et rester chez ma cousine Sonja, son mari, Bob, et leur nouveau-né, une fillette prénommée Lila.

Comme j'avais vécu trois ans à la Nouvelle-Orléans au début des années 1970, je connaissais bien la ville. Enfin, c'est ce que je croyais. J'empruntai l'autoroute 10 qui traverse la ville, mais avant de m'en rendre compte, je l'avais dépassée et j'avais raté la sortie du quartier des jardins. Aucun problème. Je rebroussai chemin et refis le trajet en sens inverse. Je me retrouvai bientôt prisonnière d'un labyrinthe de passages et de réseaux d'échangeurs, qui faisait ressembler la tristement célèbre boucle 610 de Houston à de la petite bière.

Et je me perdis une autre fois !

Je n'arrivais pas à croire que je m'étais égarée dans cette ville qui avait été la mienne. Cette fois, je me retrouvai au nord de la ville. Finalement, je réussis à retrouver mon chemin jusqu'à l'autoroute 10. En me dirigeant vers l'ouest, je vis la sortie du parc Metairie. « Maintenant, je sais où je suis », songeai-je. Je pris la sortie, passai sous le passage inférieur et immobilisai la voiture au feu rouge.

J'en restai bouche bée. Droit devant, se trouvait le cimetière où était enterré Sonny.

J'éclatai de rire. Sonny m'avait fait faire le tour de la ville, simplement parce qu'il avait envie que je passe lui dire un petit bonjour. J'entrai dans le cimetière et tout en en faisant le tour en voiture, j'envoyai la main à Sonny. Je lui envoyai aussi des baisers. Et je ris. Il était évident qu'il s'amusait bien à mes dépens.

Je repris l'autoroute et comme je m'y attendais, repérai la bonne sortie et arrivai chez ma cousine en moins de dix minutes. Je n'avais jamais emprunté une route plus facile.

Je volais sur les ailes d'un ange.

Un valentin de papa

L'an dernier, tandis que nous décorions notre arbre de Noël, j'ai délogé la pierre centrale de ma bague à diamants. Jim et moi avons passé chaque centimètre du plancher au peigne fin, ainsi que ce qui m'a paru comme toutes les aiguilles de l'arbre pour retrouver la pierre.

Chaque semaine, j'ai fouillé le sac de l'aspirateur et passé la poussière et le poil de chien au tamis pour retrouver mon diamant. En vain. J'ai fait le tour de ma garde-robe, en pensant que la pierre était peut-être tombée à l'intérieur d'une manche. J'ai fouillé mes sacs à main, la literie, les tiroirs, dans l'idée que j'avais peut-être perdu la pierre plus tôt dans la journée, et non en insérant le sapin dans son socle.

Après Noël, nous avons défait le sapin et coupé les branches une à une afin de vérifier si la pierre ne s'y trouverait pas. Nos voisins sont même venus nous donner un coup de main et ont fouillé l'amoncellement d'aiguilles tombées dans le socle. C'était pire que chercher une aiguille dans une botte de foin.

J'abandonnai l'espoir de retrouver mon diamant. Jim se rendit par affaires à Dallas en emportant ma bague. Il demanda à son joaillier de la sertir d'un beau saphir bleu pour que je puisse la porter quand même. Je dis à Jim que si par miracle nous retrouvions le diamant disparu, je ne voulais le troquer que pour un cœur en diamants. Lorsque j'étais en deuxième élémentaire, mon père m'avait donné un petit médaillon en forme de cœur orné d'un zircon bleu, ma pierre de naissance. Comme j'étais très jeune, j'avais perdu le médaillon en jouant, et il n'avait pas été remplacé. Depuis ce temps, je n'avais jamais eu de médaillon en forme de cœur.

Jim convint que ce serait une excellente idée.

Le mois de janvier s'écoula, nos activités professionnelles reprirent, et je ne pensais plus au diamant. L'agent d'assurance m'avait annoncé qu'à moins que la bague n'ait été volée, il ne pouvait rien faire. Ma police ne couvrait pas ce genre d'accident.

La Saint-Valentin est une journée très spéciale pour moi. Quand j'étais enfant, nous faisions grand cas de toutes les fêtes, mais j'aimais la Saint-Valentin par-dessus tout. Mes frères, ma sœur et moi rentrions de la fête à l'école pour épingler les valentins offerts par nos compagnons et compagnes de classe aux rideaux de la salle à manger. C'était le seul soir d'hiver où nous pouvions compter sur maman pour cuisiner un repas exceptionnel avec rôti de bœuf et tous les accompagnements de l'Action de grâces. Toute petite, je me souviens d'avoir entendu les 78 tours de Glenn Miller en fond sonore tandis que nous dressions le couvert, tout en confisquant des lichettes de glaçage du gâteau en forme de cœur et en vérifiant dans le réfrigérateur si le Jell-O rouge avait pris dans les moules, eux aussi en forme de cœur.

Comme mon frère Ed faisait partie des scouts, il avait pour tâche de démarrer un feu ronflant dans le foyer. Nous habitions dans le nord-ouest de l'Indiana où il neigeait presque tout le temps à cette époque de l'année. Je suppose qu'à notre manière, nous étions tous d'incurables romantiques.

Mon père rentrait du travail avec une boîte de bonbons, rouge, en forme de cœur, et un écrin mystérieux venant du bijoutier. La plupart du temps, il offrait à ma mère un ou deux couverts en argenterie. Plus tard, quand j'étais au lycée et à l'université, il lui donna de jolis bracelets en or ou de très beaux bijoux de fantaisie. Nous n'étions pas riches, mais j'ai toujours pensé qu'il était excitant pour nous de voir ce que papa avait choisi d'offrir à maman pour cette soirée romantique entre toutes.

Quand est venu le temps pour lui de mourir, mon père a choisi un jour qu'il savait que nous n'oublierions jamais. Le jour de la Saint-Valentin.

Je célèbre donc la joie de cette fête particulière pour plus d'un millier de raisons.

Cette année, quand la Saint-Valentin est arrivée, j'avais non seulement orné la maison de cœurs et d'oursons en peluche, mais j'avais aussi acheté des colliers de Saint-Valentin à nos trois golden retrievers : Beau, Bebe et Junior.

Jim et moi avions prévu de rester à la maison, étant donné que Junior n'était pas encore propre. En fait, la nuit était d'une tiédeur plaisante et nous avions l'intention de cuisiner une grillade sur le barbecue et de cocouner.

La semaine précédant la Saint-Valentin, alors que je m'habillais pour une réunion, je me suis adonnée à jeter un coup d'œil à la bouteille de parfum Boucheron, maintenant vide, que je conserve depuis que Jim me l'a offerte à la Saint-Valentin, il y a cinq ans. Me rappelant ces souvenirs, j'ai failli ne pas remarquer l'objet étincelant posé sur le sommet de la bouteille. J'en ai eu le souffle coupé : là, devant mes yeux, se trouvait mon diamant égaré ! Des pensées incrédules se sont bousculées dans mon esprit.

Premièrement, je n'avais pas perdu la pierre dans ma penderie. Et même si ce fut le cas, j'avais fait le ménage trois fois depuis Noël. J'aurais vu la pierre bien avant cela. Deuxièmement, je me souvenais clairement qu'en insérant l'arbre dans son socle, j'avais cogné ma bague contre le tronc. Troisièmement, qui avait posé la pierre sur ce cadeau de Saint-Valentin, entre tous ? Le livreur de chez UPS ?

Il n'y avait qu'une seule explication à ce mystère : mon père.

D'une façon ou d'une autre, papa avait placé la pierre dans ma chambre, là où il savait que je la trouverais.

J'ai dévalé l'escalier pour montrer la pierre à Jim et lui raconter ce qui venait de se passer. Il était sceptique. Il m'a suggéré que c'était peut-être la femme de ménage qui l'avait trouvée et déposée là. D'un air sceptique, j'ai répliqué qu'elle me l'aurait donnée, en s'attendant peut-être à une récompense ou, à tout le moins, à mes remerciements. Elle aurait pu la garder. Jim n'était pas prêt à attribuer la responsabilité du phénomène à mon père.

Jim a téléphoné à son joaillier de Dallas et lui a demandé d'échanger la pierre contre un médaillon ou un collier en forme de cœur. Max a accepté. Jim lui a expédié par télécopie l'évaluation qu'un des joailliers les plus réputés de Houston avait faite de ma bague. Après l'avoir lue, Max a proposé un montant à Jim et nous avons expédié la pierre à Dallas.

Le jour de la Saint-Valentin, j'ai attendu avec impatience le commis de Federal Express qui devait me livrer mon collier. Ce que j'ignorais, c'est que la livraison avait déjà été effectuée. Cet après-midi-là, Jim a choisi le moment parfait pour m'offrir le collier, sous les yeux de nos trois chiens.

En me tendant un écrin de cuir rouge, Jim a dit : « De la part de ton père et de moi. »

J'ai éclaté en sanglots en ouvrant l'écrin parce que je croyais vraiment que l'esprit de mon père décédé avait quelque chose à voir avec mon diamant. Mais je ne savais pas tout, car l'histoire de la pierre n'était pas terminée.

Jim avait les larmes aux yeux en me racontant ce qui suit : « Max m'a téléphoné le jour où il a reçu la pierre en me disant qu'il y avait eu une erreur. Selon l'évaluation que nous lui avions envoyée, il s'agissait d'une pierre pesant trois quarts de carat, claire et sans défauts. Or, selon Max, la pierre qu'il a reçue pesait plus d'un carat ; son eau était brunâtre et elle présentait deux défauts apparents. Les deux pierres se valent sur le plan du prix d'échange, mais... »

« Ce n'est pas le même diamant ! » me suis-je exclamée.

« Exactement, a répondu Jim. Je crois que l'esprit de ton père a non seulement placé la pierre dans ta penderie, mais qu'il a fait apparaître une pierre totalement différente comme par magie. »

J'ai fixé un regard fasciné sur Jim. Le moment vibrait d'un millier d'émotions pour nous deux. Ce que Jim ignorait, c'est que j'avais eu une entrevue avec CNN plus tôt dans la semaine. Le journaliste m'avait demandé si je désirais quelque chose de particulier pour la Saint-Valentin.

J'avais répondu : « Oui, j'aimerais un signe de mon père, j'aimerais qu'il me dise qu'il est près de moi et qu'il m'aime. »

J'ai eu mon signe. Mon souhait a été exaucé, mais surtout, on m'a donné cette histoire pour vous démontrer que l'amour est éternel.

Harbor Lights

En mars 2000, j'ai dû me rendre en Californie pour affaires. Je suis descendue chez mon amie Georgia Durante qui possède une magnifique maison en pierre datant de 1938, près de Coldwater Canyon, dans la vallée. Après des mois de travail et de préparation, j'avais finalement réussi avec l'aide de Doug Dearth et Brian Powell, mes coauteurs et producteurs, à donner forme à notre scénario, et nous étions prêts à faire notre présentation dans les grands studios. Et quand je dis « grands », je veux dire Columbia, Paramount, Disney et DreamWorks, la société de Spielberg. J'avais de la difficulté à déglutir chaque fois que je prononçais ces noms à haute voix. J'étais certaine que le bruit de mes genoux s'entrechoquant était le même que celui que David avait entendu en s'approchant de Goliath.

J'étais pleine d'énergie sur à peu près tous les plans de mon être humain et spirituel. J'étais prête à relever le défi et je croyais fermement que notre histoire à propos de Lillie, Zane et Teddy était bien plus qu'un scénario. C'était le début d'une nouvelle carrière, une nouvelle orientation pour moi, et aussi l'occasion de transmettre mon message spirituel par l'entremise d'une histoire d'aventures destinée aux enfants. Dans mon cœur, je croyais fermement que j'avançais sur mon chemin divin. Ce projet faisait intrinsèquement partie de ma destinée.

Le premier matin, au réveil, j'étais en train de dire mes prières et de m'habiller quand Brian a téléphoné pour savoir comment j'allais.

« Tu ne croiras jamais à qui j'ai rêvé, la nuit dernière, lança-t-il. J'ai vu ton père. »

J'étais stupéfaite. « Mon père est venu te rendre visite ? En rêve ? »

« Oui ! N'est-ce pas étonnant ? »

« Ouais, et injuste aussi. Pourquoi n'est-il pas venu me voir ? » répondis-je d'un ton boudeur.

« Je l'ignore, mais je l'ai vu. Il était près de nous quand nous avons été faire nos présentations devant les studios. »

« Vraiment ? »

« Oui. Tu étais assise sur un canapé et ton père était assis à ta droite, sur le bras du canapé. »

Je pensai d'abord que c'était un scénario plutôt étrange. Je n'avais jamais fait de présentation devant un studio, mais j'avais imaginé que nous prendrions place autour d'une longue table de conférence ou que nous serions assis devant le bureau de quelqu'un. Mon équation ne prévoyait pas de « canapé ».

« Et il a dit quelque chose ? »

« Pas vraiment. Mais il nous regardait en souriant et il approuvait, manifestement. »

À ce stade, j'étais un peu vexée que mon père ne soit pas apparu dans mes rêves. Après tout, c'était mon père !

Puis l'idée m'a traversé l'esprit que ce n'était peut-être pas lui que Brian avait vu. Il se peut que le visiteur nocturne fût un revenant quelconque qui s'est fait passer pour mon père. Ce sont des choses qui arrivent.

Papa, qui était avocat, m'avait bien servie en m'enseignant à « tout questionner ».

« Dis-moi, Brian, de quoi avait-il l'air ? »

« Il était costaud : 1,80 m environ, avec un torse puissant. Cheveux noirs, un peu clairsemés sur le dessus. De grands yeux bleus. Comme les tiens. »

Les poils de ma nuque se sont hérissés et des frissons m'ont parcouru l'échine. « Sapristi, Brian ! C'est lui ! »

Les cheveux « noirs » étaient la clé. Normalement, quand on décrit une personne aux cheveux foncés, on dit qu'elle a les cheveux « bruns » ou « foncés », car de vrais cheveux noirs sont rares.

Pour rendre l'histoire encore plus intéressante, il faut savoir que mon père avait les cheveux roux à la naissance. Il a contracté la diphtérie à l'université ou à la faculté de droit, et il a perdu tous ses cheveux. Quand ils ont repoussé, ils étaient noirs.

Le plus étrange, c'est que je suis née avec les cheveux d'un noir de suie. Mon frère Ed est roux. Ma sœur, Nancy, est blonde, comme maman quand elle était enfant. Mon frère Bob a les cheveux bruns, comme ma mère. Mais ma chevelure est noire, comme la seconde chevelure de mon père.

Personne n'a jamais pu m'expliquer ce mystère.

« Alors, c'est vraiment lui que j'ai vu ? » demanda fièrement Brian.

« Absolument », confirmai-je.

« Quel type formidable. Je l'aimais vraiment. »

Les rencontres de la semaine se sont admirablement bien déroulées. Nous étions pleins d'énergie et enthousiastes à l'égard de notre histoire et de notre habileté à la peaufiner de plus en plus, d'une narration à l'autre. Le temps que nous partagions ensemble nous faisait valoir l'excellente synchronie de nos pensées. De fait, par cette synergie, il nous était démontré que nous ne vivions pas une situation professionnelle ordinaire. Brian, Doug et moi commencions à nous sentir comme une famille. Après des années à errer dans le désert, ou à tout le moins à patauger dans le bourbier consistant à « payer sa dette », nous nous étions finalement rencontrés.

Nous avions le sentiment qu'on venait de nous libérer de prison. Nous avions un plaisir fou à fixer des objectifs, à planifier notre avenir et à échanger des idées.

Fait intéressant à noter, aucune des rencontres n'eut lieu à une table de conférence ou dans un bureau. Pour une raison ou une autre, dans chacun des studios, les pièces n'étaient jamais assez grandes, ou elles étaient « occupées », ou quelqu'un « avait oublié de réserver la salle de conférence ». Dans tous les cas, j'étais assise sur un canapé ou un sofa, comme Brian l'avait vu en rêve.

Nos rencontres et autres réunions s'étalaient sur deux semaines et, comme la chance était au rendez-vous, j'eus l'occasion de rencontrer plusieurs amis de Georgia, en plus de faire plus ample connaissance avec elle.

Règle générale, je crois fermement, comme Benjamin Franklin, qu'« après trois jours, les invités sentent mauvais à l'instar des poissons ». Je n'aime pas m'imposer trop longtemps chez ma famille ou mes amis. Cependant, comme on ne cessait de changer et de reporter l'une de mes réunions, je fus finalement forcée de prolonger mon séjour.

Même si elle se montrait toujours affable et généreuse, je craignais que Georgia ne se lasse de ma présence. Par miracle, ce ne fut pas le cas. Nous avons plutôt tissé des liens qui dureront, je l'espère, toute notre vie. Je suis émerveillée quand je repense à la première impression que j'ai eue en faisant la connaissance de Georgia : je retrouvais une « âme sœur ». Durant les deux semaines où j'ai partagé sa demeure, nous aurions très bien pu nous porter sur les nerfs avec nos horaires déments, très différents. Or le contraire s'est produit : nos habitudes quotidiennes et nos énergies étaient en harmonie.

C'est pourquoi chaque matin, je me suis surprise à fredonner.

Le dernier jour de mon séjour, alors que nous nous apprêtions à quitter la maison pour dîner au club de loisirs de Los Angeles avec les voisins de Georgia, elle m'a demandé : « Quel est le titre de cette chanson que tu fredonnes depuis que tu es ici ? »

Je n'avais pas vraiment pensé à la chanson, car je la fredonnais machinalement en rangeant ma chambre ou en m'habillant. J'ai répondu : « *Harbor Lights* » avant de plaquer ma main sur ma bouche. Je tremblais.

« Qu'y a-t-il ? » demanda Georgia. « On dirait que tu as vu un revenant ! »

« C'est le cas, dis-je en esquissant un sourire. Cette chanson... c'était la préférée de mon père. Il avait l'habitude de la demander pour ma mère. Quand j'étais enfant, nous allions la fin de semaine dans les restaurants, les bars et les grilladeries de campagne du nord de l'Indiana, dans des endroits où l'on connaissait mon père et où l'on nous laissait rentrer, nous les enfants, pour manger un hamburger. Papa nous donnait de la monnaie pour le juke-box en nous disant de ne pas oublier de faire jouer *Harbor Lights*. »

C'était au tour de Georgia d'avoir le teint cendreux. Elle n'a prononcé qu'un mot : « Viens. »

Elle a mis le système d'alarme en fonction et verrouillé la porte de derrière, puis nous sommes montées dans sa voiture pour nous rendre au club des loisirs.

« Qu'y a-t-il ? » ai-je demandé.

« Écoute », m'a-t-elle répondu avec un sourire timide. Elle a inséré un CD dans le lecteur et la musique a rempli l'habitacle.

« *Harbor Lights* ? » ai-je pratiquement crié. « Personne n'a *Harbor Lights* sur son CD ! »

Georgia riait aux éclats. « Je sais ! Peux-tu le croire ? »

« Quand l'as-tu acheté ? Est-ce que tu l'as depuis longtemps ? »

« C'est un cadeau de Noël. J'ai tous les vieux tubes des Platters sur ce CD. Je les adore. »

Je réfléchis à haute voix. « Noël ? C'est à peu près à l'époque où nous avons parlé de ma venue ici pour lancer mon projet. »

« C'est juste. En fait, si tu te souviens, tu avais prévu venir avant Noël, mais ton voyage a été reporté au 1er janvier. »

Je me suis adossée à mon siège. « Je sais que tu ne vas pas me croire, mais rien de tout cela n'est dû au hasard. C'est une manifestation de ce que je veux dire par "signes". C'est de cette façon que mon père me fait savoir qu'il est toujours là. Il me protège toujours. Il m'aime toujours. Vois-tu à quel point il est *vivant* ? »

Georgia a secoué la tête. « Je ne sais pas, Catherine. Tu me fais certainement envisager les choses d'une façon très différente de ce que j'ai toujours pensé. »

« Je pense, bien que je ne sois pas certaine, que c'est mon travail d'inciter les gens à voir au-delà des choses. À penser en fonction de plusieurs niveaux. C'est peut-être pour cela que je suis ici. »

« En tout cas, ça marche », ricana Georgia, tandis que nous quittions la maison.

Le soir même, après un dîner succulent et fort amusant au club des loisirs de Los Angeles, Georgia et moi sommes rentrées en passant par Mulholland Drive, la célèbre avenue d'où j'ai pu contempler les lumières scintillantes de la ville. La nuit était claire et les étoiles brillaient si fort que nous avions de la difficulté à faire la distinction entre les lumières artificielles et celles que Dieu a créées. Je n'ai pu m'empêcher de penser que le Ciel se reflétait sur la Terre. Exactement comme il se doit.

La nuit tiède était parfaite. Nous avons ouvert le toit vitré pour nous enivrer de l'odeur des cyprès et des eucalyptus. Nous avons monté le volume du lecteur de CD et laissé les paroles de *Harbor Lights* s'élever vers le firmament.

J'ai repensé à mon enfance, lorsque je rêvais d'être exactement là où j'étais, avec Los Angeles à mes pieds. La cité des anges. Enfant déjà, je voulais raconter des histoires sur pellicule. Est-ce que je créais déjà tout ceci à l'époque ? Ou était-ce un chemin que Dieu avait prévu pour moi dont j'étais l'instrument ?

J'ai pensé à mes parents et à leur façon de se comporter l'un envers l'autre quand ils étaient jeunes. J'ai pensé à notre vie à La Porte, aux couchers de soleil que nous admirions, le dimanche soir, quand mon père nous emmenait en voiture faire une balade. Je me suis souvenue qu'il chantait constamment. Il adorait chanter. Il chantait avec ses copains rassemblés autour du piano, chez des amis, sitôt qu'il en avait l'occasion. Je me suis souvenue que ma mère se joignait à lui – elle avait une voix magnifique. Je me suis souvenue de maman qui fredonnait en retirant les vêtements du lave-linge pour les déposer dans le sèche-linge. Je me suis souvenue de *Harbor Lights* lorsqu'il jouait à la radio à bord d'une familiale des années 1950.

J'étais remplie d'émerveillement devant les choses simples de ma vie, de la vie de tous les résidants de Los Angeles. Je percevais leurs espoirs et leurs rêves ; ils s'élevaient dans le ciel sur les ailes de leurs prières. Je me suis demandé s'ils étaient nombreux à avoir conscience de la protection dont les entouraient leurs êtres chers dans l'Au-delà. J'ai pensé que j'étais vraiment chanceuse d'être en vie par une aussi belle nuit.

Tandis que *Harbor Lights* jouait et que l'auto avalait les collines, j'ai levé la tête vers le ciel et crié à pleins poumons : « Celle-là, elle est pour toi, papa ! Je t'aime ! »

Quelqu'un pour me protéger

La fabuleuse demeure de Georgia Durante dans le Coldwater Canyon a été mise en vedette dans plusieurs films et annonces publicitaires pour une raison bien évidente : elle distille une atmosphère magique.

Avec ses pignons à l'européenne, pointus et d'un beau vert sombre, sa porte de bois usé à deux vantaux sculptés et sa façade en pierre, la maison s'étend sur un terrain impeccablement paysagé sous l'ombrage de pins majestueux aux branches formidables. Elle donne l'impression d'un cottage enchanté, plutôt vaste, comme on n'en voit seulement dans la Forêt-Noire en Allemagne, ou dans les contes des frères Grimm.

J'avais vu des photos de la maison de Georgia sur son site Internet. En plus de ses talents de mannequin, de doublure casse-cou et d'écrivaine, Georgia a manifestement un don pour la décoration d'intérieur. Les pièces sont spacieuses, gaies et confortables. Alors qu'en ligne, je passais d'une pièce à l'autre d'un clic de souris, j'ai pensé que je savais tout de ce qu'il fallait savoir sur la maison avant d'y séjourner. Mais aucune photo ne m'avait préparée à l'expérience que j'ai vécue en mars 2000 dans cette demeure datant de 1938.

En raison de mes liens intuitifs avec l'une de mes précédentes incarnations dans les années 1920 et 1930, je suis fascinée par l'ameublement et les édifices qui me rappellent cette existence. Je devais cependant découvrir que seules la grande salle de séjour, la cuisine et la buanderie attenante étaient d'origine. Le reste fut ajouté par Georgia.

J'ai pris la chambre d'invité, qui était auparavant la chambre de Toni, la fille de Georgia, quand elle était plus jeune. La pièce était immense avec un plafond très pentu culminant à 4,5 m. Des persiennes en bois sombre dissimulaient un mur de fenêtres qui s'ouvraient du sol au plafond sur les jardins. La pièce était meublée de meubles antiques, et le sol couvert d'une épaisse moquette vert forêt. Je m'y suis tout de suite sentie chez moi.

Il y avait une salle de bain attenante à la chambre, et de l'autre côté du corridor, se trouvait le solarium où Georgia travaillait à son bureau à l'ordinateur. Je devais découvrir qu'elle y passait seize heures par jour.

Le soir, après avoir pris un dîner léger et échangé nos nouvelles, nous nous sommes retirées pour la nuit. J'avais emporté de la lecture et de l'écriture ; j'ai donc lu un moment avant de sentir le sommeil me gagner et d'éteindre la lumière.

Comme d'habitude, j'ai commencé mes prières avant de sombrer dans l'inconscience. Après avoir dit une prière de gratitude pour mon arrivée saine et sauve à Los Angeles, j'étais au beau milieu d'une prière de protection pour Georgia, son fils et sa fille, quand j'ai senti le besoin de réciter un *Notre Père*.

En terminant ce premier *Notre Père*, je me suis hâtée d'en commencer un deuxième. J'ai d'abord récité la prière en silence, puis je me suis mise à chuchoter. Je ne m'endormais plus du tout : j'étais même totalement réveillée.

Les *Notre Père* se sont succédé inlassablement. Le temps s'est écoulé. Des heures, en fait. Un sentiment de nécessité, mais non de peur, me poussait à « nettoyer » en esprit l'intérieur de la maison avec une flamme de lumière violette. Je visualisais des bandes de lumière bleue et blanche entourant la maison, Georgia et moi.

Je me disais que je faisais tout cela pour que tout aille comme sur des roulettes le lendemain. Je me disais que je ressentais le besoin de prier parce que je m'apprêtais à assister le lendemain à des réunions particulièrement importantes avec mes coproducteurs et les directeurs de studio.

Mes prières se transformèrent en visualisations précises de croix flamboyantes, enflammées, que je plaçai sur le toit et dans la cour devant la maison, au nom de notre sauveur Jésus-Christ. En esprit, je couvris de sang d'agneau les portes et les fenêtres de la maison.

J'avais le sentiment que j'avais été envoyée pour protéger la maison et ses habitants de l'ange de la Mort. Et pourtant, je ne ressentais aucune peur, juste le sentiment pressant que ce que je faisais était nécessaire.

Ces exercices, ainsi que la récitation continue de centaines de *Notre Père,* durèrent toute la nuit. Je ne fermai pas l'œil de la nuit. En fait, ce fut un choc de voir le soleil inonder les fenêtres.

Je me redressai dans mon lit, m'attendant à me sentir épuisée. J'étais au contraire revigorée.

Je pris une douche, me lavai les cheveux et m'habillai pour la réunion. C'était le matin où Brian, mon coproducteur, m'avait téléphoné pour me dire qu'il avait vu le fantôme de mon père en rêve. (Lisez *Harbor Lights*, pour en savoir plus.)

Je pris un café et le petit déjeuner, mais je ne dis rien à Georgia de ce que j'avais vécu avant de partir pour mes réunions à Los Angeles.

Le soir avant de dîner, Georgia me demanda comment j'avais dormi la nuit précédente.

« En fait, je n'ai pas fermé l'œil. J'ai prié toute la nuit. »

Une expression étrange traversa son visage. Elle avait l'air de comprendre ce qui s'était passé et même de ne pas en être surprise. Je pris conscience qu'elle ne s'attendait pas à ce que je puisse dormir dans cette chambre.

Encore une fois, je sentis les poils de ma nuque se hérisser. « Pourquoi me demandes-tu ça ? »

« Mon fils n'a jamais aimé dormir dans cette chambre. »

Je déglutis. Péniblement. « Pourquoi ? »

Cette fois, il y avait de la gêne dans son sourire. « Ma maison est hantée. »

Je roulai les yeux. « Je pense que je le sais. »

Et tout à coup, je le vis. « C'est un jeune garçon, n'est-ce pas ? »

« Comment le sais-tu ? »

« Je le vois », dis-je sans réfléchir. Et je le voyais. « Il avait les cheveux foncés. Il portait des vêtements des années 1930, un pantalon sombre et une chemise blanche. Il a environ huit ou neuf ans. » Comme je prononçais ces mots, la vision disparut.

« Il y a toujours eu de drôles de phénomènes ici. Le téléviseur s'allume et s'éteint tout seul. Ou alors, ce sont les lumières qui clignotent. Des objets disparaissent et nous les retrouvons ailleurs. Je ne me suis jamais sentie menacée, précisément, mais... » Georgia se frotta les bras pour en effacer la chair de poule.

« Il y a autre chose, non ? »

« Oui. En refaisant la décoration du pavillon des visiteurs, j'ai enlevé un miroir accroché au mur. Derrière le miroir, j'ai découvert un article de journal datant de 1938, très proprement découpé, à propos du meurtre d'un jeune garçon de huit ans. En lisant l'article, j'ai su que le fantôme que j'avais senti dans la maison était celui de ce jeune garçon. Mais pour parler franchement, je n'en étais pas certaine. Plus tard, quand j'ai loué le pavillon, les deux femmes qui souhaitaient le louer étaient tellement excitées qu'elles étaient disposées à payer 200 $ de plus que le prix demandé.

Mais étrangement, le lendemain, elles m'ont téléphoné pour annuler.

« Je leur ai demandé pourquoi. Mon interlocutrice m'a expliqué que la nuit précédente, elle avait rêvé qu'on la secouait par l'épaule. En se réveillant, elle avait vu le fantôme d'un petit garçon debout près de son lit. Il portait des vêtements des années 1930. Il répétait : "Aidez-moi. Aidez-moi." »

J'avais tous les sens en alerte, alors même que mon esprit s'emballait : « C'est donc pour ça ! »

« C'est donc pour ça que quoi ? » demanda Georgia.

« C'est à cause du fantôme de ce garçon que mon père a rendu visite à Brian en rêve la nuit dernière ! C'est pour ça que j'ai prié toute la nuit sans pouvoir m'arrêter. Je nettoyais la maison. Maintenant, tout ce qu'il nous reste à faire, c'est d'aider le garçon à retrouver mon père. Papa est venu ici pour l'aider à entrer dans l'Au-delà. Au paradis. »

Georgia me jeta un coup d'œil comme si elle me pensait folle, mais une seconde seulement. « Tu crois ? »

« Nous le saurons bientôt. Par ailleurs, nous avons été élevées dans la foi catholique, toutes les deux. Te souviens-tu que le jour de la Toussaint, le 2 novembre, nous allions à l'église prier pour les âmes prisonnières des limbes ou du purgatoire afin qu'elles puissent entrer au paradis ? Peut-être que c'était vraiment ce que nous faisions et nous ne le savions pas. Qu'est-ce que ça coûte d'essayer ? »

« Rien. Allons-y. »

« D'accord. Visualise le petit garçon. Maintenant, visualise mon père. » Je le décrivis physiquement. « Maintenant, suggérons au petit garçon d'aller vers mon père. De le voir qui lui tend la main. Si le garçon s'approche, papa pourra l'orienter dans la bonne direction et l'emmener avec lui vers la lumière. Une fois dans la lumière, le garçon sera accueilli par ses parents et même ses animaux de compagnie. Il peut rentrer à la maison maintenant. Sa maison céleste, son véritable foyer. Et il ne se sentira plus si seul. »

Nous nous sommes concentrées sur cette image durant plusieurs minutes. « Maintenant, lisons un extrait de la Bible. »

J'ai pris la Bible de Georgia et je l'ai feuilletée, laissant le verset venir à moi. C'est le vingt-troisième Psaume qui s'est présenté : « Le Seigneur est mon berger. » Le choix n'aurait pu s'avérer plus pertinent.

Nous avons récité une prière pour le jeune garçon et remercié les anges qui nous avaient fourni l'information nécessaire pour lui venir en aide.

Nous avons ensuite discuté de choses et d'autres durant plusieurs heures. J'ai passé la nuit sur le canapé, la veilleuse allumée et la Bible ouverte. J'ai somnolé et lu d'autres versets afin d'aider le garçon à retrouver le chemin du paradis. Je n'ai pas beaucoup dormi encore une fois, mais cela en valait la peine.

Au fil des jours, Georgia et moi avons remarqué que l'atmosphère de la magnifique demeure s'allégeait peu à peu. Le soleil semblait entrer plus largement par les fenêtres. L'atmosphère était imprégnée d'une nouvelle énergie vitale qu'elle n'avait pas la première fois que j'y étais entrée.

Bien entendu, nous n'avons aucune preuve, aucune vidéo, aucune photographie, ni aucun enregistrement prouvant qu'un fantôme hantait la maison. Nous ne pouvons pas non plus prouver que nous avons fait quelque chose, sauf prier abondamment durant plusieurs jours.

Mais, comme c'est le cas avec tous les mystères, nous aurons les réponses à celui-ci, d'une façon ou d'une autre, le jour où nous passerons de l'Autre côté.

CINQUIÈME
5
PARTIE

Visites angéliques

Ces événements sont rares, mais bien réels. Je ne parle pas des visites qui surviennent en rêve, comme celle que raconte la Bible à propos de Jacob et Joseph. Je parle plutôt d'apparitions tangibles d'anges qui prennent une forme humaine. Ils se manifestent dans un moment de crise ou à l'instant de la mort, et disparaissent sans laisser de traces, aussi soudainement qu'ils sont apparus.

Dans les librairies, les ouvrages sur les anges occupent de nombreux rayons. Je suis prête à parier qu'on a écrit au moins un milliard de mots sur le sujet, et ce recueil en fait assurément partie. Les récits qu'il contient ne cherchent pas à expliquer ce que sont ou ne sont pas les anges. Ce sont de véritables comptes rendus d'apparitions concrètes. Des vies ont été changées ou sauvées grâce à une intervention du royaume angélique.

Selon moi, ces interventions sont plus que des miracles, car le fait qu'elles se produisent explique la raison d'être des anges.

« Vous les reconnaîtrez à leurs fruits. »

L'ange de Mary Ann

En écrivant ce livre, j'ai eu le privilège de me voir offrir par certains de mes amis des anecdotes qui semblaient « tombées du ciel ». Après avoir expliqué à mon cercle d'amis ce que j'avais entrepris de faire, j'étais étonnée de constater le genre et le nombre incroyable d'expériences angéliques qui ont cours ici-bas au quotidien. Néanmoins, de toutes celles qui m'ont été confiées, aucune n'est plus touchante, ni plus tendrement angélique, que celle que m'a narrée Sammi Kirkpatrick à propos de sa sœur, Mary Ann Guarino.

Comme toute femme enceinte, Mary Ann attendait la naissance de sa belle petite Marilyn avec l'impatience, l'amour et l'anxiété qui vont de pair avec le fait de devenir mère.

Cependant, Marilyn n'avait pas six mois quand Mary Ann a remarqué une chose troublante chez son adorable nourrisson. Elle ne réagissait à aucun son. Elle ne se rendait pas compte que sa mère s'approchait de son berceau. Elle n'entendait pas les gazouillis de Mary Ann penchée sur elle. Elle réagissait à ce qu'elle voyait, mais restait insensible aux bruits.

Craignant le pire, Mary Ann s'est rendue avec Marilyn au cabinet du pédiatre. Ce dernier a soumis l'enfant à un large éventail de tests. L'anxiété que Mary Ann avait ressentie n'était pas la nervosité normale de la future accouchée. C'était une prémonition juste.

Puis le médecin déclara à Mary Ann : « J'ai bien peur que Marilyn ne souffre d'une perte auditive de 95 %. »

Le cœur de Mary Ann a bien failli s'arrêter de battre. De toutes les souffrances qu'une mère voudrait prendre sur elle, la première est certainement la souffrance consécutive à un traumatisme vécu par son enfant. Quelle mère refuserait de souffrir à la place de ses petits ? Mary Ann n'échappait pas à la règle.

Nuit et jour, l'esprit de Mary Ann était envahi de cauchemars concernant l'avenir de Marilyn. Elle tentait bien de faire délibérément fi de la vérité, mais celle-ci s'imposait dans toute son horreur. Marilyn était condamnée à une vie de surdité.

Les médecins déclarèrent que l'enfant devrait porter deux prothèses auditives pour arriver à entendre ne serait-ce que les sons les plus forts. Elle devrait fréquenter une institution spécialisée et apprendre le langage des signes. Mary Ann savait qu'elle était à la hauteur de l'épreuve que Dieu lui avait envoyée en tant que mère de Marilyn. Elle décida que sa fille aurait les meilleurs professeurs et qu'elle apprendrait le langage des signes en même temps que son enfant. Elle ferait en sorte que la qualité de vie de sa fille soit équivalente à celle d'un enfant normal.

Cependant, ce qui inquiétait Mary Ann plus que tout était de voir que sa belle petite fille porterait deux prothèses auditives. Mary Ann n'avait aucune difficulté à imaginer les moqueries des autres enfants qui ne manqueraient pas d'accabler la douce Marilyn à cause de son handicap.

Mary Ann sentait ses épaules ployer sous le fardeau accablant qui s'annonçait une charge beaucoup trop lourde pour une seule personne. Néanmoins, puisque Dieu lui avait donné un si précieux enfant, Mary Ann savait qu'en retour, Il lui enverrait un signe que Marilyn n'aurait pas à porter les cicatrices du ridicule en plus de sa surdité.

Un jour, alors que Mary Ann faisait ses courses chez Sakowitz, un grand magasin ayant pignon sur rue à Houston, sa ville natale, elle vit venir vers elle la plus belle femme blonde qu'il lui avait été donné de rencontrer dans sa vie. Elle était grande, mince, chic et entièrement vêtue de blanc. Le plus époustouflant, c'est qu'elle tenait en laisse – blanche – deux chiens afghans blanc platine.

Mary Ann s'est arrêtée pour dévisager la femme, ce qui était contraire à ses habitudes. Cette dernière l'a croisée sans lui jeter un regard, glissant devant elle comme dans une vision. Quand elle est passée devant Mary Ann, son cœur a fait un bond dans sa poitrine.

« Elle a des appareils auditifs. Cette femme porte deux prothèses auditives ! »

Mary Ann a tenté de se reprendre et de continuer à vaquer à ses occupations, mais la vision de cette femme l'avait tellement sidérée qu'elle a fait une autre chose contraire à ses habitudes : elle s'est retournée pour la regarder de nouveau.

Mais la femme avait disparu comme par enchantement.

Interloquée, Mary Ann s'est précipitée vers le comptoir le plus proche où une vendeuse remettait de l'ordre dans un fouillis de foulards en soie.

« Connaissez-vous cette femme ? » s'enquit Mary Ann d'un ton excité.

« Quelle femme ? »

« Celle qui avait l'air d'une star de cinéma. La femme en blanc. » Jetant un coup d'œil aux alentours, Mary Ann ne trouvait toujours pas de traces de celle qui venait de passer devant elle.

« Je n'ai vu aucune femme en blanc. »

« Mais... vous l'avez certainement vue. Comment auriez-vous pu ne pas la voir ? Avec deux chiens blancs. Des afghans, j'en suis certaine. »

« Des afghans ? Des chiens chez Sakowitz ? » La vendeuse a secoué sèchement la tête. « Impossible. Nous n'autorisons pas les animaux dans cet établissement. »

« Vous n'autorisez pas... »

D'un coup, Mary Ann a senti la chair de poule lui hérisser la peau. Frissonnante, elle s'est éloignée lentement du comptoir. Portant les mains à ses joues, elle a constaté qu'elles étaient brûlantes. Durant un bref instant, elle a pensé qu'elle était en train de perdre la tête.

« Non », conclut-elle dans son for intérieur. Reprenant son souffle, elle a répété : « Non. Je viens au contraire de retrouver mes esprits. Et la réponse à mes prières. »

Elle s'est tournée vers la vendeuse avec un sourire entendu. « Ce n'était pas une femme. »

« Mais madame, vous venez de dire... »

Mary Ann l'a interrompue, les larmes aux yeux : « C'était un ange. L'ange de Marilyn. Ma fille va s'en sortir. »

Décontenancée devant l'émotion qui perçait dans la voix de Mary Ann, la vendeuse a souri à son tour : « J'en suis certaine », a-t-elle murmuré, avant de s'excuser et de s'éloigner.

En sortant du magasin, Mary Ann avait les genoux qui tremblaient. Tout en se dirigeant vers sa voiture, elle a remercié Dieu un millier de fois de ce miracle. Intérieurement, elle savait qu'elle ne laisserait jamais la vision de cette belle femme s'effacer de son esprit. C'était son signe, et un signe lancé à toutes les mères d'enfants malentendants : notre avenir devient ce que nous en faisons. Dès lors, Mary Ann a *su* que sa fille aurait un avenir heureux et rempli d'amour.

J'ai écrit ces lignes en août 1999 : Marilyn avait 27 ans. Au lycée, c'est elle qui a été choisie pour prononcer le discours d'adieu de sa promotion. Aujourd'hui, elle occupe un emploi à temps plein dans une société pétrolière de Houston. Le plus beau de l'histoire, c'est que Marilyn est devenue la femme aimante dont Mary Ann avait rêvé. Par ailleurs, toute la famille s'occupe fort allègrement d'organiser le magnifique mariage de Marilyn, prévu pour le mois de novembre.

Toutes les mères souhaitent que leurs enfants soient aimés, qu'ils donnent de l'amour et qu'ils en reçoivent. Mary Ann a eu le bonheur de voir sa fille obtenir tout cela, et plus encore. Mais Mary Ann est une maman très spéciale : après tout, combien de mères ont vu l'ange gardien de leur enfant traverser un grand magasin ?

Ryan, l'ange et le VUS

Depuis que mon fils Ryan est né, en 1972, jusqu'à ce jour, je suis pétrifiée. Et il a maintenant presque 28 ans... J'ai toujours eu confiance en cette minuscule copie de moi, même quand il était tout petit, mais le monde étant ce qu'il est, j'étais par-dessus tout terrifiée par les « choses » et les « gens de l'extérieur ».

Voilà pourquoi j'ai pensé que ma vie se terminerait en cet après-midi d'octobre lorsque j'ai entendu cogner frénétiquement à la porte. J'écrivais à l'ordinateur dans mon bureau adjacent au vestibule, ce qui fait que les coups ont résonné comme le tonnerre. Comme nous résidions dans ce nouveau quartier depuis moins de un an, je n'ai pas été étonnée d'entendre la femme qui frappait crier : « Madame ! Madame ! »

Cependant, la panique qui perçait dans sa voix m'a tirée hors de ma chaise. J'ai couru pour ouvrir. « Venez vite ! Votre fils a été heurté par un camion ! »

La terreur m'a glacée jusqu'à la moelle. Mes peurs les plus secrètes et les plus silencieuses s'étaient concrétisées.

« Ryan... » Mes pensées se sont concentrées sur un millier d'images sinistres. C'était impossible. J'ai pensé : « Il est dans sa chambre où il s'amuse avec son jeu Transformer. Il est là où n'importe quel enfant de 11 ans devrait être. Sain et sauf à la maison. »

Puis je me suis souvenue qu'il m'avait avertie qu'il sortait en vélo pour faire le tour du voisinage. Il voulait essayer de vendre les décorations de Noël extérieures dont il dessinait les formes sur du contreplaqué, qu'il taillait à la scie à découper avant de les peindre. Il avait déjà vendu toute la famille de Snoopy à un voisin, et il s'affairait maintenant à fabriquer un trio de bonshommes de neige.

Dans mon esprit, mes visions attendrissantes se sont évanouies pour être remplacées par le corps déchiqueté de Ryan. Écrasé, sanglant, sans vie. Mort.

Je n'ai même pas fermé la porte d'entrée. Je suis partie en courant à toute allure à travers la pelouse et le terrain vacant qui séparaient notre maison du coin de la rue. La distance n'était pas bien grande, et pourtant, ce fut la plus longue distance jamais franchie sur cette Terre. J'avais l'impression d'avancer au ralenti. J'étais pourtant bonne coureuse. Pourquoi est-ce que je n'allais pas plus vite? Pourquoi est-ce que je n'arrivais pas à voir Ryan?

J'ai bien essayé de hurler son prénom, mais je n'avais plus de voix. J'étais glacée, anesthésiée. Je ne sentais pas mes pieds nus qui martelaient le gazon, puis les graviers de la chaussée raboteuse. Je me suis rappelé le jour de sa naissance. Son premier jour d'école. Son dernier anniversaire. Son sourire. Je savais que s'il mourait, ma vie ne serait plus jamais la même.

Alors, j'ai fait ce qu'on m'a enseigné à ne jamais faire et contre quoi j'avais été mise en garde : j'ai marchandé avec Dieu. « S'il Te plaît, Dieu, prends-moi. Pas lui. Moi. Je suis prête. Laisse-le vivre. Laisse-le vivre. »

En arrivant au coin de la rue, j'ai vu l'énorme VUS Suburban et sa conductrice, une voisine à qui j'avais souvent fait un signe de la main, mais dont je n'avais jamais fait officiellement la connaissance. Elle ne pleurait pas. Au contraire : elle avait l'air stupéfaite et incrédule.

« Où est-il ? » suis-je parvenue à hurler à pleins poumons.

« Maman ! » La voix de Ryan a heureusement traversé la panique qui obnubilait mon esprit.

Je l'ai cherché du regard : il était tranquillement assis sur le bord du trottoir. Il avait la même expression stupéfaite et incrédule que la conductrice.

« Tu es vivant ! » J'ai éclaté en sanglots. Je me suis précipitée vers lui pour le prendre dans mes bras. Ma terreur ne m'ayant pas quittée, j'ai tout de suite examiné s'il avait une fracture ou une blessure interne. Quelque chose nous échappait certainement. De toute évidence, il aurait dû être mort.

Assise sur le trottoir près de mon fils, je tâtais et serrais ses petits bras maigres lorsque mes yeux se sont tournés vers le VUS. Sous les roues arrière, il y avait les restes impossibles à identifier de la bicyclette de Ryan, complètement tordue et cassée. Mon instinct ne m'avait pas trompée : je faisais bien de chercher des blessures. Comment quiconque aurait-il pu survivre à cela ?

C'est alors que j'ai pris conscience que cette histoire avait quelque chose de très étrange.

« Que s'est-il passé ? » ai-je demandé à la conductrice.

Elle se tordait les mains. Quand elle m'a répondu, sa voix est sortie comme un croassement de sa gorge sèche. « Il roulait à vélo entre les habitations à terrasse. Lorsque je passe par ici, j'ai toujours de la difficulté à bien voir à cause de ces gros buissons, mais je ne m'attendais jamais à voir quelqu'un descendre les marches de pierres à bicyclette. Avant que je puisse freiner, l'avant du vélo avait franchi le trottoir et il était dans la rue. Je l'ai heurté de plein fouet. »

J'ai regardé Ryan. Il n'avait aucune égratignure. « Je... je ne comprends pas. »

« C'était tellement bizarre, maman ! J'ai vu le VUS arriver, mais il était trop tard. Je savais que j'allais me faire frapper et ensuite... ben... c'est comme si une main énorme m'avait saisi et déposé sur le trottoir. Je n'ai même pas touché le Suburban. J'ai d'une certaine façon juste plané jusqu'ici. »

La femme a acquiescé. « Il dit vrai. Il n'a pas heurté la voiture, il était dans les airs. Je l'ai vu ! Je sais que cela n'a aucun sens. J'ai entendu le son de son vélo se faire écraser sous les pneus du VUS. J'ai fermé les yeux en pensant que votre fils avait été projeté sur le côté. Lorsque je les ai ouverts, il était assis exactement où vous le voyez. Comme si de rien n'était. »

Les policiers étaient maintenant arrivé sur les lieux, toutes sirènes hurlantes. L'agent a posé les mêmes questions à Ryan et à la conductrice, et il a obtenu d'eux les mêmes réponses. Leur version était scrupuleusement identique.

En voyant la bicyclette de Ryan, le policier s'est gratté la tête. « C'est impossible ! dit-il. Comment est-ce possible qu'un vélo soit tordu à ce point et que votre fils ne soit pas mort ? En aucune façon. »

« Si, il y a un moyen, répondit Ryan. J'ai été sauvé par mon ange gardien. »

L'homme en resta bouche bée.

J'ai souri et fait un clin d'œil à Ryan. Nous avions déjà cheminé sur cette route, lui et moi. Nous savions où regarder pour voir des anges, et aussi, quand nous attendre à les voir. Qui plus est, ils étaient toujours présents au bon moment.

« Il a raison, ai-je lancé au policier. C'est un ange qui l'a sauvé. »

L'ange patrouilleur

Au fil des ans, j'ai développé quelques belles amitiés, tant avec les libraires qu'avec les acheteurs de mes livres. Jerry Courville est l'une de ces personnes remarquables et, lorsque nous nous sommes rencontrées, nous avons instantanément établi un excellent rapport. Je lui ai maintes fois répété que je ressens quelque chose d'angélique en sa compagnie. Jerry sourit tout le temps. Elle est toujours mieux organisée que moi, et, quelles que soient les exigences de son travail, elle prend le temps de s'occuper de moi et de ses clients, en même temps.

Néanmoins, c'est seulement quelques années plus tard, après que nous avons fait connaissance et travaillé à des séances de signature de mes livres et à des événements dans la collectivité, que Jerry m'a raconté cette surprenante et heureuse anecdote.

Il y a des années, quand ses enfants étaient jeunes, Jerry avait l'habitude de se rendre au Colorado avec eux pour faire du ski en famille. Les enfants étaient ravis d'être sur les pentes et ils se lançaient dans ce sport comme la plupart des jeunes, c'est-à-dire qu'ils avaient saisi la technique en un tournemain et qu'ils la pratiquaient en tout abandon et à toute vitesse.

De son côté, Jerry était déjà adulte depuis longtemps lorsqu'elle a décidé d'apprendre à skier. Ses craintes étaient plus aiguisées que sa maîtrise technique sur les pentes.

Lors de l'une de ces excursions familiales, tout le monde s'était bien amusé. Les enfants faisaient deux descentes dans le temps que mettait Jerry à en faire une. La matinée avait été magnifique et tonifiante. Ils avaient déjeuné sur les pentes et se préparaient à refaire une ou deux descentes avant de déclarer forfait.

Or une tempête hivernale s'abattit sur les montagnes après le déjeuner, enveloppant les sommets de neige et de vent. Au début, Jerry ne jugea pas la situation problématique. Même si elle skiait plus lentement que ses enfants et son mari, ils restaient encore bien visibles. Tout en suivant les méandres de la piste, elle entendait les rires de ses enfants et voyait leur combinaison de ski colorée.

Mais la tempête souffla de plus belle. Le vent se mit à hurler et la neige se fit plus abondante. Les flocons duveteux devinrent un voile blanc, épais et impénétrable. Soudain, Jerry perdit son mari et ses enfants de vue. Les sons étaient assourdis et le soleil avait fait place à l'obscurité. Le flanc de la montagne semblait enveloppé par les dernières lueurs du jour plutôt que par la lumière du milieu de la journée.

Les craintes de Jerry s'intensifièrent. Elle se força à skier plus vite, mais elle distinguait à peine le bout de ses skis, encore moins où elle allait.

Elle entendit alors une voix d'homme venue de nulle part. « Jerry, retourne au refuge. »

Ce n'était pas la voix de son mari. D'ailleurs, elle ne reconnaissait pas cette voix qui l'interpellait.

Elle jeta un regard autour d'elle avant de s'entendre interpeller une deuxième fois. « Jerry », fit la voix.

Elle leva les yeux et vit un homme sur le télésiège au-dessus de sa tête. Il portait une combinaison rouge vif. Les yeux bleus, les cheveux blonds, il était d'une beauté indescriptible. Jerry sentit ses peurs se dissiper juste à le regarder. Elle lui sourit, lui fit un signe de la main et reprit sa descente dans la tempête.

Étonnamment, en levant la tête, Jerry distinguait clairement l'homme, mais lorsqu'elle baissa les yeux pour regarder droit devant, elle fut presque aveuglée par la blancheur environnante. Tâtonnant sur ses skis et incertaine, Jerry entendit l'homme la héler une troisième fois.

« Jerry, retourne au refuge. »

Elle leva la tête et, comme de raison, l'homme repassait de nouveau sur le télésiège. Il fit un geste de la main tout en lui lançant un regard impératif.

Jerry sentit un frisson descendre le long de sa colonne vertébrale qui l'avertissait d'un danger. Cette fois, elle ne mit ni son intuition ni l'avertissement de l'homme en doute.

Elle était incapable de voir où elle allait, mais en scrutant les alentours dans la direction opposée, elle aperçut les lumières du refuge à une quinzaine de mètres de là. Gardant les yeux fixés sur l'éclairage illuminant les fenêtres, elle se fraya un chemin jusqu'au refuge avec prudence.

Après avoir planté ses skis et bâtons dans la neige, Jerry retrouva les siens à l'intérieur du refuge.

Ils étaient très inquiets à son sujet.

« Où étais-tu, maman ? Nous avions peur qu'il te soit arrivé malheur. »

Elle serra ses enfants contre elle. « J'ai essayé de vous rejoindre, mais j'étais aveuglée par la tempête. Sans le passager du télésiège qui m'a dit de venir ici, je n'aurais su quoi faire. »

« Quel passager ? » demanda son mari.

« Le gentil jeune homme qui m'a dit de rebrousser chemin jusqu'au refuge. »

« Où était-il ? »

« Sur le télésiège, répondit-elle. En fait, il m'a dit deux fois de retourner au refuge. Je me demande comment il a pu savoir que vous étiez ici. »

Le mari de Jerry se gratta la tête. Il essayait de comprendre ce que Jerry racontait. « Quel télésiège ? »

« Celui qui nous a conduits au sommet de la montagne, bien entendu. »

« Mais Jerry, nous avons été séparés seulement quinze minutes. Le télésiège ne remonte pas si vite. Et si tu regardes bien, tu verras qu'il s'est arrêté. L'un des types de la patrouille a dit qu'ils l'avaient arrêté à l'heure du déjeuner parce qu'ils savaient qu'une tempête se levait et qu'ils voulaient éviter que quelqu'un se perde en montagne. Il ne fonctionne plus depuis au moins deux heures. »

« Qu'est-ce que tu dis ? » Jerry regarda à l'extérieur. Le télésiège était parfaitement immobile, les sièges pendaient du câble comme des plumes sur un lacet de cuir dans le vent.

« Comment as-tu pu parler à quelqu'un sur le télésiège s'il n'était pas en marche ? »

« C'était peut-être un patrouilleur », suggéra Jerry qui sentait une boule se former dans sa gorge.

« Peu probable... » Les paroles que son mari s'apprêtait à prononcer moururent sur ses lèvres.

« Et où étais-tu exactement quand tu as vu cet homme ? »

Désignant l'endroit du doigt, Jerry expliqua : « Presque en droite ligne par rapport à ici, un peu plus haut. À quelques mètres seulement de ce bosquet de grands arbres. »

« Jerry, il n'y a rien là-bas, excepté un précipice de 20 m. Tu n'as pas vu le filet de protection orange qui entoure la zone ? »

« Le filet de protection ? Je n'arrivais même pas à distinguer mes pieds ! Comment aurais-je pu voir un filet orange ? »

Soudain, les implications de leur échange les frappèrent. Jerry porta les mains à son visage. Il écarquilla les yeux. Elle sentit une vague de frissons déferler en elle. « L'homme du télésiège n'était pas réel. C'était un ange. »

« Oui. Envoyé pour te sauver la vie ! »

Jerry éclata en sanglots et serra les siens très fort dans ses bras. C'est à ce moment, dit-elle, qu'elle comprit non seulement combien elle était bénie, mais aussi qu'elle avait échappé aux griffes de la mort pour une bonne raison.

Après avoir écouté l'histoire de Jerry, je n'ai pu m'empêcher de penser à quel point, si nous étions tous visités par un ange comme celui de Jerry, cela nous aiderait à mieux assumer notre vie, nous qui nous questionnons sur le but de notre existence, et qui nous demandons pourquoi Dieu veut que nous soyons ici et quelle est la raison des épreuves que nous endurons. Peut-être que nos remises en question seraient moins fréquentes. Peut-être que nous comprendrions que nous accomplissons exactement la mission qui nous a été assignée ici-bas. Aimer nos familles. Aimer nos amis. Rester fidèle à notre nature divine.

Comme la plupart des gens, il m'arrive de penser aux rares personnes qui ont eu le privilège de voir une apparition dans des moments difficiles. Comme elles sont bénies d'avoir rencontré le divin ! Néanmoins, je me dis que nous voyons peut-être le divin chaque jour, dans des milliers de petites choses, mais que nous sommes trop aveuglés par la neige devant nos yeux et que cela nous rend incapables de voir et d'entendre ce qui se passe en réalité.

Que Dieu te bénisse, Jerry, d'avoir partagé ce récit édifiant avec moi !

L'ange de l'autoroute 59

Par une claire journée d'été ensoleillée, je roulais sur l'autoroute, de retour de l'aéroport. Comme il restait une trentaine de minutes avant l'heure de pointe, la circulation était fluide. La bretelle 610 de Houston fait partie de l'une ces monstruosités encerclant les villes modernes, sur laquelle on peut rouler pour l'éternité si l'on ne sait pas quelle sortie emprunter. Chaque fois que je pense à cette autoroute, je l'associe à une chanson de la fin des années 1960, à propos de ce pauvre Charlie se promenant jour et nuit dans le métro de New York sans jamais en descendre. Le genre de truc perpétuel qui ne finit jamais, quoi.

Heureusement, comme je vis à Houston depuis plus de vingt ans, je sais comment retrouver mon chemin dans la ville. Le tronçon sud de la 610, qui longe le quartier de la Galleria où j'habite, m'est aussi familier que la cour arrière de ma résidence.

J'approchais de la bretelle d'accès de l'autoroute 59, que je n'emprunte jamais, car je préfère prendre la sortie Woodway, même au prix de plusieurs kilomètres supplémentaires.

Les trois voies de gauche se remplissaient petit à petit de voitures. Je me souviens d'avoir pensé qu'il y avait un nombre inhabituellement élevé de luxueuses voitures dernier cri sur la route à cette heure de la journée. Mon esprit vagabondant, je me suis demandé si ces conducteurs allaient faire des courses, s'ils se rendaient à un déjeuner tardif, s'ils étaient occupés. Voilà le genre de pensées qui m'habitent, car je suis toujours en train de réfléchir au prochain roman. À la prochaine histoire.

La circulation sur la voie de droite menant à la bretelle d'accès de la 59 Sud avait ralenti et en était au point mort. L'heure de pointe s'annonçait rapidement.

Soudain, la Mercedes berline bleue qui roulait sur la voie adjacente à la mienne s'élança sur la voie de gauche. Sans actionner son clignotant, le conducteur me coupa et fonça vers la bretelle de sortie sur la droite. Je crois que je n'avais jamais été témoin d'une manœuvre plus illégale, ni plus dangereuse.

Durant cette fraction de seconde entre la vie et la mort, je n'ai eu qu'une alternative : braquer vers la droite et percuter la barricade rayée noire et jaune vif à 80 km/h, ou foncer dans la voie de gauche et heurter le flot de voitures qui suivaient. Je n'avais pas le temps de vérifier dans les rétroviseurs intérieur et extérieur.

La Mercedes se trouvait directement devant ma voiture. Quand il a pris conscience qu'il allait percuter la barricade, le conducteur a pilé net.

Il n'y avait aucun doute dans mon esprit, cet homme aurait dû mourir. Mais la véritable question était de savoir s'il allait m'entraîner avec lui.

Je n'ai pas réfléchi. J'ai réagi.

J'ai donné un coup de volant. La voiture a fait une embardée sur la gauche. Je savais que j'allais accrocher une ou plusieurs voitures qui, j'en étais certaine, étaient rendues à mes côtés à présent. Mon adrénaline est passée en vitesse surmultipliée. J'ai senti mon cœur s'emballer au moment où la mort m'agrippait. Je me suis crispée...

Il n'y a pas eu d'impact.

Ébahie d'avoir évité la collision, j'ai jeté un regard aux alentours. La Mercedes était loin derrière, la calandre enfoncée dans la barricade.

Mais sur ma gauche, là où planait la menace d'un danger incroyable parce que je n'avais pu vérifier si je heurterais une autre voiture, la voie était libre ! Aucune voiture en vue. En fait, ma voiture était la seule sur cette voie.

C'est impossible ! Il y a une seconde, il y avait une demi-douzaine de voitures dans cette voie ! ai-je songé. J'ai dégluti péniblement et jeté un œil dans le rétroviseur intérieur.

C'est alors que j'ai vu, loin derrière, une vieille guimbarde qui avançait benoîtement à 50 km/h tout au plus. Elle était identique à cette Dodge 1957 d'une horrible couleur de « petit pois » que mon père nous avait achetée quand nous étions tous les quatre étudiants au lycée. À mon avis, il l'avait payée moins de 100 $. Durant un an, la voiture avait servi à nous véhiculer jusqu'à l'école située à environ trois kilomètres de la maison, sans plus. Après coup, elle avait rendu l'âme.

Le plus étrange, c'est que depuis tout ce temps, je n'avais jamais revu de voitures comme celle-là. Son apparition était en soi un « signe ».

Je me souviens d'avoir agrippé le volant de toutes mes forces, au point où mes mains se sont engourdies. J'avais la bouche sèche et j'étais glacée.

Le conducteur, un Noir, a soulevé la main du volant pour me faire le genre de signe que les conducteurs échangent quand ils sont conscients de vous avoir rendu service, ou quand ils ont été assez courtois pour vous « laisser manœuvrer » plutôt que de vous dépasser quand vous tentez de dégager votre voiture d'un espace de stationnement.

J'ai poussé un profond soupir de soulagement. Grâce à cet homme, j'étais vivante. Je me souviens que j'étais tellement terrifiée qu'en essayant de lui sourire dans le rétroviseur, je n'ai pu que cligner les yeux, parce que ma lèvre supérieure a collé à mes dents.

Regardant devant pendant une fraction de seconde pour voir où j'allais, j'ai constaté qu'il n'y avait toujours pas de voitures en vue.

« Merci mon Dieu ! » ai-je murmuré à haute voix. J'ai décrispé mes doigts du volant. Puis j'ai jeté un nouveau regard dans le rétroviseur intérieur, espérant remercier mon « sauveteur » correctement d'un geste de la main. Il avait disparu !

Je me suis retournée pour vérifier chacune des voies de la 610. L'homme et sa voiture avaient bel et bien disparu.

À cet endroit, il n'y a aucune autre bretelle de sortie, à part celle de l'autoroute 59. Il faut pousser jusqu'à la sortie Westheimer, et je la voyais très bien, un peu plus loin devant. Derrière moi et dans les trois voies adjacentes, il n'y avait aucun signe de cette Dodge à l'allure familière.

Mon cœur s'est remis à battre la chamade. Des frissons ont parcouru mon corps tout entier. « Ce n'est pas vrai ! J'ai vraiment rencontré un ange ! »

Encore une fois, j'ai vérifié les voies ; à côté, derrière, et devant ma voiture. Je me suis déplacée sur la voie adjacente pour mieux observer la voie sur laquelle je roulais. Aucun doute possible : la Dodge avait disparu comme par enchantement.

Je n'ai pu m'empêcher de sourire durant tout le reste du trajet. J'avais vraiment un ange gardien qui me protégeait.

De toute évidence, j'aurais dû mourir ce jour-là. Ce n'était pas la première fois que je me retrouvais dans une situation où je savais que j'allais mourir, mais cette expérience allait contribuer à me rappeler que, pour une raison ou une autre, Dieu et mes anges voulaient que je vive.

Ils pensent que j'ai encore certains objectifs à atteindre dans cette incarnation. Dans des moments extrêmement difficiles, lorsque je m'accroche à l'espoir, à un signe qui m'indique que je dois continuer à me frapper la tête contre ce mur qu'on appelle la vie, je me rappelle cet ange au volant d'une voiture qui ressemblait vraiment trop à celle que mon père nous avait achetée (un signe divin en soi). Et je sais que je suis ici pour une bonne raison. Je n'ai pas encore compris ce dont il s'agit, mais tant que Dieu le sait, cela me suffit.

SIXIÈME
6
PARTIE

Coups de pouce divins

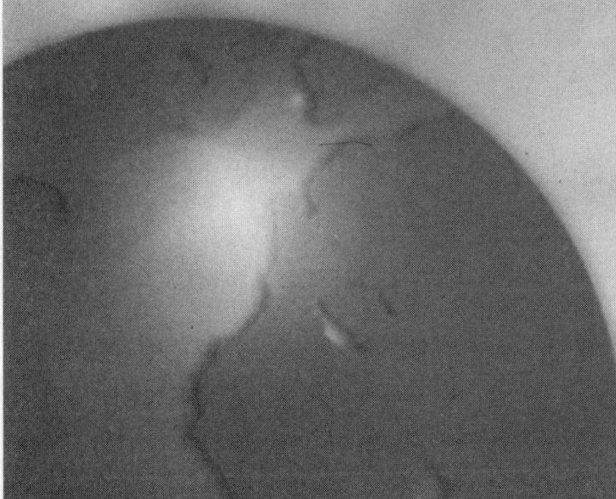

J'ai rarement rencontré quelqu'un qui n'ait jamais reçu de « coup de pouce divin ». Cela dépasse un rêve qui se réalise ou une pensée prémonitoire et une prise de conscience. D'ordinaire, le coup de pouce divin se manifeste quand on chemine tranquillement en songeant avec suffisance qu'on accomplit du bon boulot dans la vie. On est satisfait de son travail, de sa famille et de ses relations. L'ego clame qu'on tient le monde dans le creux de la main.

Et puis, patatras ! On est projeté à terre par un éveil spirituel qui donne à la conversion de saint Paul une allure de pique-nique du dimanche.

Il y a dix ans, j'ai fait la connaissance, par téléphone, d'un ancien motard, une brute qui avait flirté avec les limites de la loi, autant celle de Dieu que celle des hommes. À l'exception du meurtre, il avait commis tous les forfaits. Il me raconta sa vie comme chef de gang. Il vendait des drogues, maltraitait femmes et enfants, tant physiquement que sexuellement. Il se vantait même d'être le fils de Satan.

Un jour, il roulait à moto sur une route à chaussées séparées de l'est du Texas lorsqu'un éclair de lumière aveuglante zébra le ciel.

Il perdit le contrôle de sa moto, traversa le terre-plein central à plus de 110 km/h, fila devant les voitures qui venaient en sens inverse, plana au-dessus d'un fossé, puis atterrit dans un bosquet.

Il percuta un arbre et démolit sa moto. Son casque s'était fendu en deux. Estomaqué, il s'est retrouvé debout à côté des restes de son bolide, en train de fixer les débris. Il n'avait pas une égratignure.

Soudain, une voix tonitruante rugit du ciel. Elle était si puissante qu'en l'entendant prononcer son prénom, le motard est tombé à genoux sous la force de la vibration. Il tremblait d'effroi.

La Voix lui a dit qu'il était le fils de Dieu, non celui de Satan, et qu'à partir de ce jour, ce serait par la main de Dieu qu'il serait autorisé à vivre sur Terre. Il évangéliserait les motards et Dieu parlerait par son entremise. À l'avenir, il ne prononcerait plus une seule parole à moins que Dieu ne l'ait mise dans la bouche.

L'ex-motard poursuivit son récit en me confiant qu'il avait senti son sang se glacer, puis se réchauffer presque au point d'ébullition. Il avait eu le sentiment qu'il allait exploser. Puis, il avait senti s'écouler de lui la colère qu'il avait emprisonnée dans sa structure cellulaire, dans cette vie, et toutes ses vies antérieures.

Il avait éclaté en sanglots en voyant sa vie actuelle et plusieurs incarnations passées défiler devant ses yeux. Il avait constaté ses erreurs. Il avait vu du point de vue de ses victimes la souffrance qu'il leur avait infligée. C'était comme s'il revivait lui-même cette douleur, cette souffrance et cette tristesse.

C'est à ce moment qu'il a compris que nous sommes tous Un. Un cœur. Une âme en Dieu.

La Voix lui ordonna de raconter son histoire durant le reste de sa vie. Il devrait dire aux gens que Dieu l'avait sauvé pour une seule raison : pour qu'il témoigne de Son existence, de Son amour et de Son pardon inconditionnels. Dieu lui pardonnait : il devait donc se pardonner lui-même et devenir un phare pour ses semblables.

Lorsque j'ai parlé à cet homme, il s'était écoulé dix ans depuis sa conversion. Il comptait beaucoup d'adeptes et le nombre augmentait chaque jour. Il lisait la Bible chaque soir et infusait d'amour toutes les motivations derrière chacune de ses actions. Il ne prêchait pas. Il ne faisait pas mousser une religion au détriment d'une autre, en dépit de sa préférence personnelle. Il répétait simplement que nous sommes tous Un en Dieu. L'intolérance, la haine, la jalousie et le racisme n'ont pas lieu d'être.

Si j'ai rencontré quelqu'un qui s'approchait du « saint homme », c'est bien cet ex-motard.

Selon moi, la transformation de cet homme est l'« œuvre de Dieu ». C'est *le* coup de pouce par excellence !

Pour ma part, j'ai reçu plusieurs « coups de pouce divins » dans ma vie. Des épisodes où, malgré mes efforts pour maintenir le *statu quo*, Dieu avait d'autres projets pour moi. De l'extérieur, ils ne semblaient peut-être pas saints. Mais ils l'étaient. Il m'a fallu abandonner un style de vie et une carrière que j'aimais afin de poursuivre une autre orientation sur mon chemin divin.

D'aucuns pourront considérer ces épisodes comme des « échecs », ce qu'ils n'étaient pas. Que de bonnes choses sont ressorties de tous mes « déraillements ». Pour certains d'entre nous, le divorce fait partie de notre mission. Lorsqu'on est mis à pied ou congédié à cause de la jalousie ou de la malveillance d'un collègue, un meilleur travail arrive toujours à point nommé.

Mon divorce a été une expérience difficile, mais en même temps, j'ai peut-être sauvé une vie.

Il est extrêmement douloureux de perdre un ami, mais après cinquante ans sur Terre, j'ai découvert que je n'en avais jamais perdu aucun. Je les ai peut-être perdus de vue durant un moment, mais je n'ai jamais cessé de les aimer. Certains ont dû partir pour faire autre chose que me soutenir ou recevoir mon soutien. Et parfois, il faut aussi que nous partions ou que nous nous éloignions, car il est possible que nous empêchions l'autre de réaliser son plein potentiel.

« Les choses s'arrangent toujours d'elles-mêmes. » Vous n'avez pas idée de ce que je pensais de ces paroles que je trouvais autrefois condescendantes. C'était bien beau, mais tandis que j'attendais que les choses « s'arrangent d'elles-mêmes », je devais tout de même payer mes factures, écrire mes livres et guérir mon cœur. Quand on est « à plat » sur le plan émotionnel, il est difficile de ne pas perdre patience avec soi-même.

Or j'ai découvert ceci : quand on se dit qu'on ne peut en prendre davantage, c'est alors que Dieu nous donne un coup de pouce. De façon inattendue, on se fait un nouvel ami, on décroche un nouvel emploi, on tombe amoureux, on guérit d'une maladie, on déniche une nouvelle maison, la voiture dont on a besoin se matérialise, ou l'on rencontre le mentor parfait.

« Quand l'élève est prêt, le maître apparaît. » C'est un autre dicton que je considère comme allant de pair avec les « coups de pouce divins ».

Maintes fois, j'ai prié et prié pour obtenir une réponse. Ensuite, ayant lâché prise sur ma prière, l'ayant remise entre les mains de Dieu, je voyais en quelques heures la bonne personne faire irruption dans ma vie pour en changer le cours.

C'est arrivé si souvent que parfois je me dis que je ferais mieux d'être bien certaine de ce que je veux avant de claquer des doigts. Il ne faut pas prendre cette forme de magie à la légère !

Il y a aussi les histoires d'âmes sœurs finalement réunies grâce à une intervention divine. Il existe non seulement des conjoints qui se sont rencontrés dans des circonstances inhabituelles, mais aussi des partenaires d'affaires qui ont été réunis de la même manière. À ce sujet, la manière dont j'ai moi-même rencontré ma publicitaire et la coauteure de *The Evolving Woman: Intimate Confessions of Surviving Mr. Wrong*, reste étrange à mes yeux. Et pourtant, j'ai bel et bien vécu cet événement tel que je le raconte. Chaque mot de cette histoire est vrai.

Plus fascinant encore est le récit de l'expérience de mort imminente de mon père ainsi que son agonie. Ces cinq ans où papa est resté « suspendu entre les mondes », comme il l'avouait lui-même, ont été les plus spirituels de ma vie. Celle-ci a d'ailleurs été transformée à jamais. Ces années ont complètement changé mon point de vue sur la moindre de mes actions quotidiennes.

J'ai remonté le temps jusqu'à ce qui constitue selon moi une incarnation antérieure. Non pas une, mais trois. J'ai lu et relu les ouvrages de Raymond Moody, et bien qu'il déclare n'avoir découvert aucune preuve pour réfuter l'existence des vies antérieures et de la réincarnation, il n'a pas non plus trouvé de preuves pour l'étayer. D'après lui, les transes hypnotiques et méditations profondes faisant ressurgir dans le conscient un « scénario » de vie passée, sont simplement des mécanismes que l'esprit utilise pour corriger un comportement de la vie courante ou pour guérir une maladie ou une phobie.

Néanmoins, mon expérience allait au-delà de cela. Je n'étais pas en transe. J'étais éveillée. J'étais au même endroit, mais dans deux époques chronologiques.

Je ne pourrai jamais déclarer scientifiquement et sans équivoque que j'ai la preuve de la réalité de la réincarnation. Je ne suis ni théologienne ni métaphysicienne. Je ne suis en fait qu'une simple chroniqueuse. Une journaliste, si l'on veut. Je rapporte aussi exactement et précisément que possible les expériences étranges qui me sont arrivées, ainsi que les phénomènes dont mes proches ont été témoins et qu'ils m'ont décrits.

Un message pour Dorothy

NOTE DE L'AUTEURE : *Ce récit a été écrit par ma mère de son point de vue. C'est une histoire unique, comme le sont toutes celles qui me viennent d'elle. C'est pourquoi j'ai préféré que ce soit elle qui la raconte.*

Le vendredi matin 22 octobre 1954, notre famille était rassemblée pour le petit déjeuner et récitait une prière pour mon père qui était gravement malade. Deux semaines plus tôt, Frank et moi avions pris l'avion pour la Nouvelle-Orléans pour nous rendre à la clinique Oshner, où papa devait subir une chirurgie exploratoire.

Je m'inquiétais de la santé de mon père depuis qu'il était venu en Indiana nous rendre visite avec ma mère en mars. Étrangement, il s'était plaint de douleurs aux mollets, mais maman et moi avions cru qu'il s'agissait simplement de crampes ou de fatigue musculaire consécutives à ses chevauchées incessantes sur son ranch. Durant l'été, maman m'avait écrit pour me dire qu'en dépit de ses douleurs, papa avait continué à chevaucher tous les jours jusqu'à la fin septembre. Finalement, la souffrance devint si intolérable qu'ils se rendirent dans la Nouvelle-Orléans pour un diagnostic.

Après la chirurgie, qui ne révéla rien pour s'inquiéter, nous avons dû rentrer dans l'Indiana parce que Frank avait une cause à plaider en cour.

Toutes nos pensées étaient tournées vers mon père tandis que les enfants finissaient de prier. C'est alors que j'ai levé les yeux et vu la voiture de poste remonter l'allée : le facteur nous livrait une lettre exprès.

« De qui est-ce ? » s'enquit Frank.

Déchirant l'enveloppe, je répondis : « De ma mère. »

Je pris place à table et lus la lettre à haute voix.

« Maman écrit que papa sort de l'hôpital et qu'elle le ramène à la maison », dis-je en me tournant vers Frank.

Je savais qu'il lisait de l'inquiétude sur mon visage, car il m'a questionnée : « Tu n'es pas heureuse ? Elle affirme qu'il va mieux. C'est la réponse à nos prières. Qu'est-ce qui pourrait clocher ? »

Brusquement, je laissai choir la lettre sur la table. On aurait dit qu'elle me brûlait les doigts. « Quelque chose a changé depuis qu'elle a écrit cette lettre. »

« Mais c'est arrivé par exprès... Elle n'a pas plus de deux jours. »

J'ai senti des frissons courir dans mon dos. L'appréhension s'est infiltrée dans la moelle de mes os. J'avais un pressentiment. Je reconnaissais cette sensation. Je serrai les bras contre ma poitrine. « Frank, je veux que tu ailles à la banque et que tu retires 500 $ pour moi. »

« Mais... pourquoi, pour l'amour du ciel ? »

« Je dois prendre l'avion pour la Nouvelle-Orléans. Tout de suite. Le temps presse. » Je sautai sur mes pieds. Je n'avais pas conscience que mon visage blafard était inondé de larmes. « Papa est mourant. »

« Quoi ? » Les yeux de Frank se posèrent sur la lettre. « C'est impossible... Ta mère affirme dans sa lettre qu'il rentre à la maison demain. Tout va bien. » Reportant son regard sur moi, il vit que je frissonnais. Il m'enlaça pour me réconforter. « Qu'importe. Je sais que lorsque tu es comme ça... » Il regarda les enfants qui nous dévisageaient, craintifs.

« Je vais chercher l'argent. Tu sais toujours ce qu'il faut faire », déclara Frank en se dirigeant immédiatement vers la porte d'entrée pour enfiler son manteau et son chapeau.

Je m'élançai vers la chambre de Cathy et commençai à sortir des tiroirs et à poser sur le lit ses vêtements ainsi que des pyjamas pour Nancy. Frank vint sur le seuil de la porte pour vérifier dans quel état j'étais, j'imagine. « Je m'en vais à la... Veux-tu bien me dire ce que tu fais ? »

Ouvrant d'un grand geste le tiroir à chaussettes des filles, j'expliquai : « Je fais les bagages des enfants et les tiens, évidemment. »

« Pourquoi ? »

« Je dois tout organiser pour que tu puisses les amener en voiture en Floride pour les obsèques de papa. » Tournant la tête, je vis Frank hausser les épaules, mais il accéléra tout de même le pas vers la porte et la voiture. Je savais qu'il percevait mon sentiment de vivre une course contre la montre.

J'ai continué à préparer les bagages durant toute la matinée. J'ai lavé les vêtements de Frank et fait ses valises, empaqueté tout ce dont les enfants auraient besoin et terminé mes propres bagages. Tout était prêt pour le départ.

À midi, tante Irène a téléphoné de Mobile, en Alabama, pour m'annoncer que papa était à l'agonie. Mon frère Jack était parti de Crestview avec maman ; ils étaient en route pour la Nouvelle-Orléans.

« Je le sais, tante Irène. Mes bagages sont prêts et j'ai une réservation pour le premier vol qui part de Chicago. Mais il ne décolle pas avant minuit. »

« Tu le sais ? Qui t'a téléphoné ? »

J'aurais voulu lui avouer qu'un ange m'avait appelée. Ou que je lisais dans les pensées de papa. Ou peut-être que Dieu Lui-même m'avait avertie. « Personne. Je le savais, c'est tout. »

« Tu as deviné, tu veux dire. »

« Non, tante Irène, je le savais. Je serai là dès que possible. Le vol prendra toute la nuit, mais j'arriverai à temps. Je ne le laisserai pas partir avant mon arrivée. »

Frank me conduisit à l'aéroport Midway, à un peu plus de une heure et demie de voiture de la maison. O'Hare n'existant pas à l'époque, Midway était l'aéroport le plus proche de chez nous.

Je me sentis fébrile tout au long du trajet. J'ai prié si fort que j'ai cru que mon esprit finirait par exploser. Je savais que Frank priait aussi de son côté.

Il tombait des cordes quand je sortis de la voiture pour m'inscrire. Les procédures semblèrent durer une éternité, et je savais que je n'avais pas une éternité à perdre. Je luttai contre l'envie de hurler : « Dépêchez-vous ! Mon père est mourant ! » Mais on n'aurait pas compris.

Je songeai que Frank se montrait plus patient que moi. Il m'embrassa avant que je franchisse la porte d'embarquement et m'observa tandis que je gravissais l'escalier mobile en métal grâce auquel les passagers accédaient à l'avion. Cependant, quand je me retournai pour lui envoyer la main, il s'était déjà détourné pour partir. Sans jeter un regard en arrière.

Je marmonnai : « Il y a quelque chose qui ne va pas. » Encore une fois, l'appréhension déferla en moi comme une bourrasque glacée. Je connaissais Frank mieux que je ne me connaissais moi-même. Assurément, quelque chose clochait, car il attendait toujours que je sois montée dans l'avion, le bus, le train, ou même la voiture d'un ami, avant de partir. C'était sa façon d'être.

Mes nerfs étant déjà passablement ébranlés, je me sentis incroyablement seule. Mon père était mourant, et Frank n'était pas resté pour me saluer. Je n'avais pas réalisé à quel point j'avais besoin de le voir là. Or, il n'y était plus.

Le vol me parut interminable. Dans un effort pour me donner de l'espoir, mes prières ricochaient continuellement dans ma tête, mais elles n'arrivaient pas à masquer ce que je savais être la vérité. Cette nuit-là, la mort voyageait sur les ailes de l'avion.

Une fois en Nouvelle-Orléans, je montai dans un taxi dont le chauffeur n'était pas pressé de me conduire à l'hôpital. J'étais sur le point de laisser exploser ma peur et ma souffrance émotionnelle. « S'il vous plaît », dis-je en m'avançant sur le bord de la banquette pour qu'il m'entende mieux. « Vous devez vous dépêcher. Il faut que vous alliez plus vite. »

« C'est la vitesse limite », laissa-t-il tomber.

Je retins les larmes brûlantes qui me montaient aux yeux. « Vous ne comprenez pas. Mon père est à l'agonie. Il faut que j'arrive avant qu'il meure. »

Le chauffeur enfonça l'accélérateur et traversa les rues de la ville en trombe tandis que l'aube pointait à l'horizon.

« Merci », murmurai-je pour la première fois, me sembla-t-il, en vingt-quatre heures.

J'entrai dans l'hôpital en courant et croisai immédiatement maman et Jack. Nous échangeâmes rapidement une accolade. « Est-il encore vivant ? »

« Oui, mais à peine », répondit Jack.

Sur ces entrefaites, une infirmière s'approcha de moi : « Aimeriez-vous voir votre père ? »

« Oui », soufflai-je.

Elle me conduisit jusqu'au seuil de la porte de la chambre où papa gisait sous un poumon d'acier. Mon sang se glaça quand mon esprit encaissa le choc de voir mon père dans cet état.

« Souhaitez-vous lui parler ? » murmura l'infirmière.

Je voulus me retourner, mais la vision de mon père gisant là, impuissant et au-delà de tout espoir, passa devant mes yeux remplis de larmes. « Non. Il sait que je suis là. Mais il ne voudrait pas que je le voie ainsi. »

« En êtes-vous certaine ? » demanda l'infirmière

La boule de feu dans ma gorge m'empêcha presque de répondre, mais je parvins à balbutier : « Maintenant que je suis là, il va mourir. »

L'infirmière écarquilla les yeux en m'entendant, mais je n'avais cure de son opinion. Tout ce dont je pouvais penser était à quel point mon père allait me manquer.

Il décéda cinq minutes plus tard.

Les médecins nous demandèrent de signer une autorisation d'autopsie. Maman refusa, mais Jack et moi la persuadâmes que nous devions accepter. Je confiai aux médecins ma certitude que papa était mort d'un cancer du poumon. J'avais cessé de fumer en décembre de l'année précédente, et en mars, j'avais tenté de convaincre mon père qu'il vaudrait mieux qu'il arrête aussi. Je lui avais dit qu'à mon avis, la cigarette causait le cancer du poumon. Comme d'habitude, il avait ridiculisé l'idée. (C'était dix ans avant que la communauté médicale entame des études sur le lien entre la cigarette et le cancer du poumon.)

Les médecins me dévisagèrent comme si j'étais folle. « Nous avons la preuve qu'il n'avait pas de cancer aux poumons. Nous avons pris des radiographies il y a trente-six heures, qui démontrent que ses poumons étaient intacts. »

« Je vous dis qu'il avait un cancer du poumon. Il nous disait qu'il avait des douleurs aux mollets. Je pense qu'il y a une corrélation entre les deux », déclarai-je sur un ton de défi, même si j'étais absolument ignare en la matière. Ma certitude me venait de ce que mes anges et mon intuition me soufflaient. Cela me suffisait.

« Très bien. Nous allons mandater trois étudiants en médecine pour rechercher un cas semblable dans nos dossiers. »

Des mois ont passé avant que ma mère reçoive une lettre de l'équipe médicale l'informant qu'ils avaient découvert, dans la revue médicale britannique *The Lancet*, le cas d'une personne morte d'un cancer du poumon alors qu'elle n'avait aucun autre symptôme... sauf des mollets faibles et douloureux.

Lola, la sœur de papa, avait accompagné ma mère et Jack en Nouvelle-Orléans. Le samedi, nous reprîmes donc ensemble le chemin de Crestview. Avant de quitter l'hôpital, je téléphonai à Frank pour lui apprendre la nouvelle. Il embarqua nos trois enfants dans la voiture, chargea les bagages que j'avais préparés dans le coffre, et conduisit sans s'arrêter durant dix-huit heures, du nord de l'Indiana jusque dans le nord de la Floride. Ils arrivèrent au milieu de la nuit.

Le lendemain matin, lorsque Frank s'assit sur le bord du lit, je vis qu'il souffrait d'une horrible inflammation au dos. Je voyais bien qu'il souffrait terriblement. Je téléphonai à un praticien que je connaissais depuis des années, qui me dit de venir immédiatement avec Frank à son cabinet.

« Frank, vous faites du zona. »

Je savais que c'était une maladie extrêmement douloureuse affectant le système nerveux, et souvent déclenchée par le stress.

Le médecin fit une piqûre à Frank et lui remit une ordonnance. Le zona disparut après quelques jours. Ce praticien décéda peu de temps après, mais encore aujourd'hui, bien des gens aimeraient savoir en quoi consistait son « remède miracle » pour le zona.

Frank me confia que la crise avait débuté le vendredi soir, tandis qu'il me conduisait sous la pluie à l'aéroport de Midway.

« Mais Frank, tu aurais dû me dire que tu souffrais à ce point. »

« Et pourquoi l'aurais-je fait ? Ton père était mourant et en te voyant faire les bagages des enfants, je savais que j'aurais à me rendre jusqu'en Floride dans quelques heures. Ce n'était pas le moment d'être malade. »

« Tu n'as rien dit ?... Je suis étonnée. »

Il m'a répondu : « Non, c'est toi qui es étonnante. »

Le professeur et moi

Je suis née pour écrire. Je comprends que certains écrivains doivent être formés, mais dans mon cas, j'avais l'esprit vif et je savais ce que je voulais faire.

Ma mère a été très malade durant mon enfance. Comme j'avais une sœur et deux frères cadets, je les divertissais en leur racontant des histoires, car papa refusait d'acheter une « boîte à idioties », autrement appelée « téléviseur ». Je n'écrivais pas mes histoires, étant donné que je n'allais pas encore au jardin d'enfants et que je commençais tout juste à apprendre à lire. Néanmoins, à six ans, j'avais déjà l'habitude de prendre l'édition dominicale du *Chicago Tribune* et de l'ouvrir directement à la page des bandes dessinées. Selon moi, Brenda Starr était la femme la plus intelligente au monde. Sa profession de journaliste l'entraînait dans des contrées étrangères, lui rapportait suffisamment d'argent pour qu'elle s'offre les services d'un coiffeur fabuleux et de la lingerie incroyable. Par ailleurs, Basil St-John, son petit ami, était toujours prisonnier dans une jungle ou une autre, ce qui laissait Brenda libre de poursuivre sa carrière. La situation aurait-elle pu être plus idyllique ?

Lorsque je suis arrivée à l'université, j'avais été constamment soutenue par mes parents, ma famille et mes professeurs dans mes efforts pour atteindre mon rêve de devenir journaliste. J'avalais mon éducation en glouton, les yeux brillants, avec la naïveté d'une adolescente de 17 ans. J'aurais dû anticiper ce qui allait se passer, mais je ne l'ai pas fait.

À la suite d'une recommandation du directeur du Département d'anglais, j'avais été choisie pour participer à un séminaire d'écriture créative, destiné aux étudiants du deuxième semestre. Le cours était donné par un professeur itinérant de Harvard, de passage pour six mois sur le campus. J'étais la seule étudiante de première année admise dans le groupe.

Après un mois de cours magistraux et de petits travaux, notre titulaire nous demanda de rédiger notre première nouvelle. Nos travaux seraient lus en classe et critiqués par le groupe. J'ignorais alors que c'était moi la chrétienne, et qu'ils étaient les lions...

La veille du jour où je devais lire ma nouvelle, mon professeur m'a téléphoné pour me demander de passer à son bureau « pour un entretien ».

Il présentait l'allure typique du professeur : il mesurait plus de 1,98 m, il portait des lunettes à monture d'écaille et un veston de tweed avec des pièces de cuir aux coudes. D'une voix de stentor, il m'ordonna d'entrer et de m'asseoir. Je ne m'étais pas encore posée sur la chaise qu'il jeta le dossier contenant ma nouvelle sur le bureau avec une telle véhémence qu'il glissa sur la surface du meuble et atterrit sur mes genoux.

« Franchement, Mademoiselle Lanigan, votre écriture est nulle. »

Le choc m'empêcha d'éclater en sanglots. Je décidai de pleurer plus tard. « Qu'est-ce qui ne va pas ? » J'avais les lèvres sèches et collées aux dents.

« Vous ne savez pas du tout comment créer une intrigue et des personnages. Je ne comprends absolument pas qu'on vous ait recommandée pour ce cours. Vous n'avez rien à faire avec nous. Une chose est sûre : vous ne gagnerez jamais un cent comme écrivain. »

« Il n'y a rien pour racheter l'ensemble ? »

« J'admets que votre description est jolie », laissa-t-il tomber d'un ton condescendant.

« Jolie ? » Je me suis sentie comme Catherine dans *Washington Square*, lorsque son père acheta son amant et qu'elle entendit les roues de son carrosse s'éloigner sur les pavés et son père lui dire : « Ne t'inquiète pas, Catherine. Ta broderie est jolie, au moins. »

Mes visions du passeport outrageusement estampillé de Brenda Starr disparaissaient à toute vitesse. Je n'avais jamais considéré d'autres options. Je n'avais jamais eu qu'un seul rêve. C'était ma mission. Ma vie. Tout en me tordant les mains et en luttant (difficilement) contre les larmes, je murmurai : « Mais qu'est-ce que je vais faire ? »

« Je l'ignore. Par contre, ajouta-t-il en levant un index triomphant, vous êtes une jeune fille chanceuse parce que je vous ai rencontrée à un tournant de votre vie. Vos parents dépensent beaucoup d'argent pour votre éducation. Vous ne voudriez pas gaspiller tout cet argent et votre temps dans une voie qui ne vous convient pas. »

« Non. »

« Je suggère que vous changiez de majeure. Oubliez le journalisme. »

« Pour faire quoi ? » L'idée me frappait d'horreur.

« Vous pourriez devenir infirmière. »

Je n'ai jamais été très habile à la répartie. Je ne savais même pas que c'était ce que je faisais lorsque je l'ai regardé droit dans les yeux et que je lui ai répondu du tac au tac : « Mince alors ! Je pourrais devenir professeure. »

L'ironie lui a échappé.

« Mademoiselle Lanigan, je sais que vous avez déclaré vouloir obtenir une mention très bien. Mais pour y arriver, il vous faudrait avoir au moins un "B" pour mon séminaire. [Et pour cela, il faudrait que je vous donne des "A" jusqu'à la fin du semestre.] Vous ne pourrez prétendre à ce résultat à moins de beaucoup d'aide de ma part. Je vais donc passer un marché avec vous. Je serai vos béquilles. Je vous donnerai un "B" pour mon cours si vous me promettez de ne plus jamais écrire. »

Dans mon esprit, Brenda Starr s'était évanouie. Je ne voyais de l'avenir qu'un long tunnel noir. J'étais anéantie. Étant une fervente catholique, j'avais appris à vénérer l'autorité en toutes circonstances. Y compris celle de la logique.

Je l'ignorais, mais j'avais devant moi le visage du démon. Je savais qu'il me demandait de vendre mon âme, mais j'avais très peu d'expérience dans les ententes démoniaques. Je voulais écrire. Et je voulais cette mention très bien.

« D'accord », acquiesçai-je faiblement.

Je rapportai ma nouvelle au dortoir. J'attrapai une poubelle en métal, une boîte d'allumettes et je grimpai sur le toit. Il faisait nuit. Je mis le feu à ma nouvelle et en regardant les cendres s'élever vers le ciel, je promis à Dieu que je ne croirais plus jamais aux rêves puérils. Je me montrerais futée. J'appliquerais la logique. Je ne croirais plus à ce que je ne pouvais pas voir, goûter, mâcher et recracher.

Je n'ai rien écrit durant quatorze ans. À la place, j'ai lu tout ce qui me tombait sous la main. S'il m'était interdit d'écrire, je lirais au moins ce que d'autres avaient eu le talent et le courage de produire.

À l'été 1979, j'étais à San Antonio avec ma famille, durant la fin de semaine où le juge Woods a été assassiné par les Hells Angels. Les journalistes, les producteurs de télévision et les équipes de tournage avaient envahi la ville. Plusieurs écrivains étaient assis autour d'une table abritée d'un parasol, près de la piscine où je me trouvais. J'ai fait ce que je n'avais jamais eu l'audace de faire. Je me suis approchée d'eux et j'ai lancé d'un ton plein de ferveur : « Je voulais juste que vous sachiez que selon moi, votre travail reste le plus important de tous. La quête de la vérité. J'ai toujours voulu être écrivaine. »

Cigare au bec, l'un des hommes m'a jeté un regard avant de rétorquer : « Si vous vouliez être écrivaine, vous écririez. »

« Oh, non. Je tiens de source sûre que je ne possède aucun talent en la matière. »

« Qui vous a dit cela ? »

Je lui racontai ce qui s'était passé avec mon professeur. Lorsque j'eus terminé, l'écrivain me dit : « Franchement, je ne suis pas fier de vous. Vous n'avez même pas essayé. Voici ma carte. Si jamais vous écrivez quelque chose, passez-moi un coup de fil. »

Je ne suis pas fier de vous.

De toutes les phrases clés que ma mère m'assenait pour intensifier mon sentiment de culpabilité, celle-là était celle qui me poussait à l'action. En rentrant à la maison, j'achetai un paquet de feuilles volantes lignées et une boîte de stylos, et me lançai dans l'écriture d'un roman sur la Première Guerre mondiale. Comme je ne possédais pas de machine à écrire, j'en empruntai une à un ami, dactylographiai les quatre cents pages de mon manuscrit et envoyai le résultat à l'écrivain. Il me téléphona un mois plus tard : « J'ai lu votre roman. Il est excellent. Je l'ai fait parvenir à mon agente ; elle va vous appeler dans une demi-heure. »

Trente minutes plus tard, Kathy Robbins me téléphonait de New York : « Catherine, vous êtes étonnamment douée. »

Pour la deuxième fois de ma vie, le choc me cloua sur place. Kathy me posa une foule de questions : est-ce que je voyais mon livre comme un « relié » ou un « broché » ? Il serait peut-être judicieux d'opter pour la « littérature générale » ? Les termes du milieu m'arrivaient comme un tir de mitraille. Je finis par interrompre Kathy et lui demanda : « Est-ce que cela signifie que vous avez aimé mon roman ? »

« Oui ! Je veux signer avec vous dès aujourd'hui. Je vous envoie les contrats d'agence. Je pense arriver à vendre votre livre pour Noël. »

Elle y parvint. En fait, Kathy avait déjà deux maisons d'édition en lice pour ce livre. Septembre 1999 marqua le vingtième anniversaire de ce moment mémorable, et depuis, j'ai publié 20 romans.

Un jour, j'ai rencontré un psychologue qui m'a expliqué l'attitude de mon professeur. « Ne voyez-vous pas ce qui s'est produit ? Sa réaction a été violente et colérique. Pour vous forcer à accepter une telle entente, il fallait qu'il soit jaloux. Il voyait en vous ce dont il était dépourvu. Du talent. »

« Je n'en sais rien, mais j'ai appris que les écrivains créent quelque chose avec rien. Nous faisons des rêves une réalité. C'est notre nature, notre mission. C'est inné. »

Plus jamais je n'abandonnerai mon rêve. Plus jamais.

L'âme sœur de Cherry

NOTE DE L'AUTEURE : *Ce récit a été écrit par mon amie Cherry Hickson ; elle le narre de son point de vue.*

Je suis née à College Station, au Texas, et j'y ai passé les cinq premières années de ma vie. Mon père avait entrepris des études en médecine vétérinaire à l'Université A & M, après la Deuxième Guerre mondiale. Quiconque a entendu parler de cette institution texane connaît l'esprit qui y règne. J'ai grandi en fredonnant les « chants de guerre » des Aggies, l'équipe de football universitaire. Alors que les autres enfants se faisaient fredonner des berceuses, je chantais *Saw Varsity's Horns Off!*, le cri de ralliement de l'équipe.

Lorsque nous avons quitté College Station pour le delta du Mississippi, où mon père a commencé la profession qu'il devait occuper toute sa vie, nous ne sommes jamais retournés, mais je n'ai jamais oublié ces chants belliqueux.

À l'âge de 25 ans, j'ai divorcé d'un mari qui me maltraitait, après six ans et demi de tourments. Même dans la souffrance, je gardais espoir. J'étais maintenant la mère de trois des plus beaux garçons avec lesquels Dieu n'avait jamais béni une femme. Mon ex-mari a « disparu » pendant près de huit ans, et durant cette période, je suis restée seule avec mes fils.

Bien entendu, j'ai commencé à travailler. Je rentrais à la maison où je retrouvais mes trois bébés, dont chacun d'eux était un esprit distinct exigeant de l'amour et une attention individuelle. Ils avaient aussi besoin que je les nourrisse, que je les lave et que je leur fasse réciter leurs prières avant de les mettre au lit. Je connaissais leurs besoins, et mon incapacité à tous les satisfaire me faisait beaucoup souffrir.

Durant les quatre années qui ont suivi mon divorce, je n'ai eu aucune vie amoureuse. Je n'avais pas le temps, et je n'avais certainement pas l'argent. J'éprouvais pourtant le besoin d'être aimée, mais en dépit de mes efforts, mes fils ne remplissaient pas mon vide intérieur. Bien des fois, je me souviens de m'être écroulée dans l'escalier après les avoir bordés, souffrant physiquement du désir qu'on m'enlace, qu'on se soucie de moi. Je ne souhaitais rien de plus.

Les garçons ont grandi, et nous sommes retournés « dans le Sud » pour nous rapprocher de mes parents. Je savais que mes fils avaient besoin de plus d'amour que je ne pouvais leur donner, et mes parents, la fin de semaine et les jours fériés, étaient la réponse parfaite à cette prière. Cela me permettait aussi de me consacrer du temps. À l'époque, j'avais le sentiment que plusieurs me jugeaient à cause de cela, qu'ils me voyaient comme une égoïste et une mauvaise mère. Mais ces pensées étaient peut-être aussi celles que j'entretenais à mon égard. Encore aujourd'hui, je n'en sais rien. Quoi qu'il en soit, j'ai commencé à accepter des rendez-vous. Je suis également devenue le numéro un à l'échelle nationale de l'entreprise qui m'employait. Lorsque j'ai été transférée à Knoxville, au Tennessee, j'ai promis à mes fils qu'ils n'habiteraient plus jamais dans un appartement.

Je n'avais pas d'argent, mais à force de « manœuvrer », je réussis à acquérir une magnifique résidence de quatre chambres à coucher, dotée de trois salles de bain et d'un foyer pour mes garçons. Nous étions tous extrêmement heureux et privilégiés !

Lors de mon retour dans le Sud avec les garçons, je m'étais fait quelques amies qui m'avaient parlé d'une astrologue pratiquant à Memphis. Elles m'avaient affirmé qu'il s'agissait d'une véritable astrologue et qu'elle était impressionnante. C'est à cette époque que j'ai rencontré Geneva. (Lisez « Cherry suit les étoiles », pour en savoir plus.)

Même si je faisais interpréter annuellement ma carte du ciel par Geneva, et même si ses prédictions quant aux événements de ma vie se révélaient exactes à la date près, je restais un brin sceptique jusqu'à ce que l'une de ses prédictions se réalise. Je faisais de même pour la suivante. Et ainsi de suite.

Geneva me déclarait souvent : « Cherry, contente-toi de t'amuser. L'homme qui entrera bientôt dans ta vie sera là pour une raison, mais ce n'est pas encore ton âme sœur. Tu es censée apprendre des choses de ton amoureux du moment, c'est tout. Contente-toi de t'amuser ! »

Je parie que je n'ai pas assez de mes dix doigts pour compter le nombre d'hommes dont j'ai demandé à Geneva d'interpréter la carte du ciel, espérant que le prochain soit mon âme sœur. Je lui passais coup de fil sur coup de fil, mais je finissais invariablement le cœur brisé. Au fil des ans, Geneva m'aida à comprendre que je n'étais pas folle. Nous sommes destinés à faire certaines expériences, et c'est de là que nous acquérons notre savoir.

En 1982, Geneva établit mes transits pour l'année et déclara que je rencontrerais mon âme sœur dans dix-huit mois. Dans l'enregistrement, elle ajoutait qu'il aurait les cheveux foncés. Encore une fois, c'était si inusité que j'ai laissé l'information sortir de mon esprit. La même année, je consultai un clairvoyant et un médium qui confirmèrent que je rencontrerais très bientôt mon âme sœur et qu'il se prénommerait David.

Comme je ne connaissais personne de ce nom et que seuls les blonds m'attiraient, j'ai aussi fait fi de cette prédiction.

Au cours des dix-huit mois qui ont suivi, j'ai fait plusieurs changements dans ma vie. J'ai changé deux fois d'emplois (ce qui ne me ressemble pas du tout) et déménagé à Dallas, au Texas. Exactement un an et demi après la prédiction de Geneva, j'ai rencontré David, mon âme sœur aux cheveux foncés.

Je l'ai tout de suite aimé. Mes fils aussi. David les a adoptés l'un après l'autre, dès qu'ils ont eu 18 ans. Il a été un véritable père pour eux. David est mon cadet de huit ans, et quand nous nous sommes mariés, il savait que je ne pourrais plus avoir d'enfants. De son côté, il n'en avait pas eu, mais cela ne l'a pas arrêté un seul instant. Lorsque je lui ai demandé s'il était certain de son choix en ce qui me concernait, il a répondu : « Pour avoir mon âme sœur à mes côtés pour toujours ? Tu le vaux. »

Les retournements du destin me fascineront toujours. Quand est venu le temps pour David de déménager son entreprise multimillionnaire, il a choisi College Station, au Texas. De plus, David a obtenu son diplôme de l'Université A & M, comme mon père. Par ailleurs, pour bâtir son premier bureau, il a acquis le terrain où j'avais vécu les cinq premières années de ma vie !

En juillet 1999, je suis devenue grand-mère pour la sixième fois. Avant le tournant du millénaire, le septième de mes petits-enfants aura vu le jour. Nous vivons tous à College Station, dans notre ville natale.

Je ne peux rien affirmer en ce qui concerne les autres, mais le destin a joué un très grand rôle dans ma vie et dans celle de mes fils. Nous sommes la preuve vivante que lorsque Dieu gouverne le navire, on vogue toujours dans la bonne direction.

Le retour d'ascenseur

J'avais 43 ans lorsque j'ai quitté le Texas pour retourner dans l'Indiana, pour prendre soin de ma mère tombée malade après le décès de mon père, et, à dire vrai, pour renouer avec moi-même. Il faut parfois remonter à ses sources pour prendre conscience que l'herbe est verte partout où l'on va, pourvu que l'on s'occupe d'autrui.

Mais j'ignorais cela quand je suis rentrée à la maison. Je savais seulement que ma vie telle que je l'avais connue était terminée. Je me sentais déracinée. Inutile. Mon éditeur ayant réduit son budget, je me retrouvais sans contrat. J'avais une foule d'histoires à raconter, mais personne ne voulait les entendre.

Étant donné que j'ai l'énergie créative équivalant à trois tornades du Midwest et à deux douzaines d'ouragans de la taille du Texas atteignant une vitesse supraluminique en tout temps, ce n'était vraiment pas mon genre de me prélasser au foyer en regardant des émissions de jeu. Ma sœur, Nancy, exploitait et exploite toujours un commerce de détail de paniers-cadeaux d'entreprises. Durant cette période, elle manquait de personnel, et heureusement pour moi, elle avait besoin d'aide.

En conséquence, la blague dans la famille fut que je pratiquais le commerce de détail depuis l'âge de six ans, âge auquel j'avais ouvert mon premier kiosque de vente de limonade. Je vivais pour la clientèle. J'adorais me retrouver « sur le plancher », rencontrer les gens et les aider à choisir des cadeaux qui les rendraient aussi heureux que leur destinataire. Mon travail chez Celebrations-to-Go m'a sauvé la vie sur le plan émotionnel et sans doute aussi sur le plan physique. Je travaillais dix heures par jour, six jours par semaine. À Noël, nous avions fait des journées de dix-huit heures, y compris ma mère, qui avait alors 72 ans. Le lien mère/filles qui nous unissait était et reste plus solide qu'une supercolle.

Cependant, je ressentais toujours un vide intérieur, en dépit de l'excitation et du simple plaisir que ces jours apportaient à notre famille, en dépit du fait qu'il fallait procéder au déménagement de l'entreprise, faire fructifier le nouveau commerce et créer de la magie pour chaque client qui franchissait notre seuil.

Je n'écrivais pas. Je n'étais pas fidèle à ma vraie nature. Je remettais tout en question. Je me demandais pourquoi à part le fait que j'étais là pour ma famille et qu'elle était là pour moi j'étais de retour dans l'Indiana, alors que Ryan était au Texas et qu'il me manquait tant ? Parfois, mon fils me manquait tellement que mon utérus hurlait. Mes amies me manquaient. L'air et la poussière du Texas me manquaient. J'aimais l'Indiana, mais je comprenais comment mon père avait dû se sentir lorsqu'il était à l'agonie et qu'il me confiait qu'il était suspendu « entre les mondes ». J'étais suspendue entre les mondes, sauf que les miens étaient matériels.

Le soir, je m'efforçais d'écrire le roman parfait, celui qui réussirait à titiller l'intérêt d'un éditeur. J'avais congédié mon agent pour des péchés que je jugeais inexcusables. Je n'avais plus aucun contact avec le monde de l'édition. J'étais à la dérive.

Pour parler franchement, je me sentais comme Jimmy Stewart dans *La vie est belle*, lorsqu'il s'apprête à se précipiter du haut du pont dans l'eau glacée. Néanmoins, en me promenant en voiture dans La Porte, j'ai constaté qu'il n'y avait aucun pont du haut duquel je pourrais sauter. J'en conclus que c'était un signe : le suicide était hors de question. Nan... je devais continuer. Il fallait que d'une façon ou d'une autre, je « fasse mon propre bonheur ».

Un jour d'automne, alors que nous nous préparions à recevoir la marchandise du temps des Fêtes, j'étais sur le plancher, en train de monter un nouvel étalage de bols en cristal. C'est alors qu'une belle jeune femme blonde franchit la porte du magasin. Elle a d'abord jeté un coup d'œil à la ronde, puis elle s'est tournée vers moi.

« Vous êtes Cathy Lanigan, n'est-ce pas ? »

« Oui », ai-je répondu en souriant, curieuse. Je pris conscience qu'il ne s'agissait pas d'une de mes lectrices, étant donné qu'elles m'appellent toujours Catherine. C'était quelqu'un de mon enfance, mais elle était trop jeune pour que je l'aie connue quand elle était enfant. Je me creusai donc les méninges. Comme c'est souvent le cas avec ma matière grise, je n'ai rien débusqué du tout.

La jeune femme sourit. D'un sourire angélique, oserai-je ajouter. « En ville, j'ai entendu dire que vous travailliez ici. Je ne suis pas venue pour acheter. En fait, je voulais simplement vous voir et vous remercier de m'avoir sauvé la vie. »

« Pardon ? »

« Merci de m'avoir sauvé la vie. »

Secouant la tête, je répondis : « Je n'ai jamais sauvé la vie de qui que ce soit. »

« Vous avez sauvé la mienne. Je suis Jane Nicholson. C'est moi le bébé qui a bu de la térébenthine quand vous étiez ma gardienne. Vous m'avez découverte à temps et vous avez immédiatement su quoi faire. Ma mère parle encore de l'incident. Elle dit que je suis bénie parce que Cathy Lanigan m'a sauvé la vie. Elle s'émerveille encore que vous ayez su qu'il fallait me rincer la bouche et me faire vomir, alors que vous n'aviez que 13 ans. Vous avez téléphoné à vos parents qui m'ont emmenée à la salle d'urgence. Après que tout a été terminé, vous avez téléphoné à mes parents. Maman dit que j'étais déjà de retour quand elle est rentrée à la maison avec papa. Ils disent que vous étiez d'un calme imperturbable. »

Chaque parole qu'elle prononçait faisait déferler le passé en moi. J'avais presque 13 ans lorsque j'ai travaillé pour la famille Nicholson. Jane commençait tout juste à ramper. Sa mère, Julie, était une artiste. Elle avait installé son chevalet et ses couleurs au sous-sol. Je m'amusais avec Jane sur le tapis de la salle de jeux quand est venu le moment de préparer son biberon. C'était l'époque des biberons en verre et des casseroles, où l'on faisait chauffer le biberon sur la cuisinière, dans une casserole avec quelques centimètres d'eau, plutôt que dans le four à micro-ondes.

J'avais grimpé l'escalier en quatrième vitesse et je n'avais certes pas pris plus de soixante secondes pour sortir le biberon du réfrigérateur, le flanquer dans la casserole, allumer l'élément de la cuisinière électrique et dévaler l'escalier pour redescendre au sous-sol.

Or la seconde où j'ai posé le pied dans la pièce, j'ai constaté que Jane avait disparu. Elle avait quitté le tapis, rampé dans la pièce adjacente, et attrapé un bocal en verre contenant de la térébenthine. Elle le tenait maintenant devant sa bouche. Lorsque je criai son prénom, elle laissa échapper le bocal qui se brisa.

Il est possible que le hurlement de Jane soit en partie responsable de sa survie. Je l'avais tout de suite prise dans mes bras et retournée la tête en bas, puis je lui avais assené une claque dans le dos. Ce qu'elle avait dans la bouche et dans la gorge avait coulé sur le sol. Puis, j'ai grimpé l'escalier quatre à quatre et je lui ai lavé la bouche à l'eau et au savon. Ensuite, j'ai téléphoné à ma mère tout en gardant la petite la tête en bas.

Une fois à l'hôpital, on informa mes parents que Jane n'avait pas avalé de térébenthine et que je lui avais nettoyé la bouche assez vite pour qu'il n'y ait ni brûlure, ni empoisonnement.

En attendant des nouvelles, je n'avais jamais prié aussi fort de toute ma vie. J'avais imploré tous les anges du paradis de venir en aide au bébé, et ils étaient venus à mon secours.

Jane avait raison. Elle aurait pu très facilement y rester.

À ce jour, j'aurais souhaité que le bocal de térébenthine ne se casse pas. Je m'interrogerai toujours sur la quantité que Jane a avalée. En a t-elle avalé très peu ? Ou suffisamment pour en mourir et être sauvée par les anges ?

« Je ne t'ai pas sauvé la vie, Jane », répondis-je.

Elle m'a rendu mon regard. Je n'oublierai jamais la sagesse dans ses yeux. « Je sais. Je sais. »

Lorsqu'elle est partie, je l'ai serrée dans mes bras : « Tu n'as pas idée à quel point ta visite m'a fait plaisir ! »

« Qui sait ? Je ne faisais peut-être que te retourner l'ascenseur. »

Je lui ai fait un clin d'œil. Elle savait. Je savais. Les anges m'avaient envoyé Jane pour qu'elle me sauve la vie, cette journée-là.

Ce qui rend cette anecdote encore plus étonnante, c'est que le lendemain, j'ai reçu un coup de fil de mon amie Charlotte. Elle était de passage à Los Angeles, en train de déjeuner avec un ami à qui elle a confié que j'avais un problème, puisque je n'avais pas d'agent. C'est alors qu'il lui a parlé de Kimberley Cameron, une femme qu'il connaissait et en qui il avait confiance. (Lisez le prochain récit, « Max et m'man », pour connaître la suite de ces deux jours incroyables où les anges sont intervenus dans ma vie.)

Max et m'man

Voici la seconde partie du récit de ces deux jours où les anges sont intervenus dans ma vie.

Comme je l'ai mentionné dans le récit qui précède, « Le retour d'ascenseur », je me sentais à la dérive parce que j'avais besoin d'un contrat d'édition. J'avais travaillé sur l'histoire d'une jeune mère qui enlève son fils et s'enfuit avec lui pour échapper à un conjoint violent. J'avais intitulé ce roman *Star of Hope*. À Houston, il existe un refuge chrétien pour les familles, la mission Star of Hope, où au fil des ans, j'avais œuvré en relations publiques afin de faire connaître l'organisme, sinon dans l'espoir d'amasser des fonds.

L'héroïne de mon roman s'appelait Susan Kidd. Elle avait changé son prénom pour Star, et celui de son fils Robin, pour Max. Mon texte était terminé, prêt à être présenté aux éditeurs. Mon seul problème est que j'avais besoin d'un agent pour le présenter aux bonnes personnes.

À l'époque, le milieu de l'édition vivait une période importante de rationalisation à tous les niveaux. Les fusions-absorptions étaient monnaie courante. Les conglomérats acquéraient les petites maisons d'édition et congédiaient les éditeurs avec lesquels j'avais travaillé. Plus tard, j'ai aussi découvert qu'après mon déménagement, beaucoup d'éditeurs avaient perdu ma trace.

J'ouvris mon cœur à mon amie Charlotte qui se mit en devoir de me trouver quelqu'un en qui je pourrais avoir confiance.

Pour ceux qui ne connaissent pas le milieu, il faut savoir que les agents ne sont pas tous dignes de confiance. En général, la majorité d'entre eux sont des travailleurs incroyablement acharnés ; ils ont une famille à faire vivre et leur réputation à protéger. Ce ne sont pas eux, les requins. Ce sont des gens formidables que j'admire énormément. Cependant, comme je l'ai mentionné, c'était une période de transition et certains étaient désespérés. Or les gens désespérés posent des gestes désespérés. Mais dans mon cas, ce qui m'incommodait le plus était ce qu'ils ne faisaient pas.

Ils ne rendaient pas mes appels. Ils n'essayaient pas de conclure une vente. Ils ne présentaient pas mon travail. Ils ne décrochaient pas de contrats pour le cinéma. Ils ne faisaient rien. Rien de rien. Le temps qu'un agent consacrait à la carrière d'un autre auteur se traduisait pour moi en factures de téléphone impayées.

Un après-midi, je rentrais du travail, lorsque j'ai reçu un coup de fil de Charlotte à la maison.

« Tu ne devineras jamais, au grand jamais, ce qui m'est arrivé aujourd'hui. »

« Dis toujours. »

« Je suis allée déjeuner avec un de mes bons amis au Bistro Gardens, sur Rodeo Drive. Je déplorais ta situation et le fait que tu n'arrivais pas à trouver un bon agent pour ton travail. J'ai parlé à mon ami des problèmes que tu as eus récemment avec les agents, et il a admis que ce sont des choses qui arrivent. Quoi qu'il en soit, j'ai commencé à lui raconter l'histoire de Susan et Robbie, et la façon dont ils changent leur prénom pour Star et Max.

« Je lui ai avoué que j'avais été très touchée par la manière dont la mère et le fils tissaient des liens dans les quelques pages que j'avais lues. Quoi qu'il en soit, il m'a répondu : "Je connais quelqu'un qui serait un bon agent pour Catherine. Elle s'appelle Kimberley Cameron. C'est une femme honnête qui est établie ici, à Los Angeles. En rentrant à la maison, je t'appelle pour te donner son numéro de téléphone." »

Charlotte a poursuivi en disant qu'ils s'étaient rendus ensemble dans le stationnement du restaurant et qu'ils attendaient que le valet avance la voiture de Charlotte, lorsqu'une Jeep à quatre roues motrices est arrivée. Une belle jeune femme en est descendue.

« Mon ami en a eu le souffle coupé. Il s'est exclamé qu'il n'arrivait pas à en croire ses yeux. C'était Kimberley Cameron ! »

Après que son ami l'eut présentée à Kimberley, Charlotte lui a expliqué en deux mots qu'elle avait une amie écrivaine qui cherchait désespérément un agent. Pourrait-elle l'appeler à ce sujet le lendemain ? Kimberley a gentiment offert sa carte de visite à Charlotte avant qu'elles se séparent.

« Mais Cath, dit Charlotte, ce n'est pas le plus étrange de l'histoire. Sur ces entrefaites, le valet est arrivé avec ma voiture. Après l'avoir payé, je suis montée dans ma voiture et je me suis adonnée à jeter un coup d'œil à la plaque d'immatriculation de la voiture de Kimberley. On pouvait y lire "Max et m'man" ! Crois-tu que c'est un signe ? »

« C'est plus qu'un signe, Charlotte. Je pense que Kimberley sera certainement ma nouvelle agente. »

Kimberley devait lire mon travail par la suite. C'est elle qui a vendu mon roman *Becoming* à Dorchester Publishing, ainsi qu'un roman historique, finalement paru sous le titre *Seduced*. Grâce à Kimberley, j'ai fait carrière pendant près de six ans chez MIRA Books.

La leçon d'amour

Pour un enfant, c'est le pire des cauchemars.

Je venais de terminer ma journée de travail quand ma sœur, Nancy, m'a téléphoné pour me prévenir : « Maman *et* papa ont fait une crise cardiaque, tous les deux. Avant qu'on le réanime, papa est mort durant vingt minutes. Ils sont à l'Unité des soins intensifs de l'hôpital de Flagstaff. Saute dans un avion et je te rejoins à Phoenix. Nous prendrons un vol pour Flagstaff à partir de là. »

J'étais plus qu'en état de choc en réservant ma place d'avion et en me rendant en voiture à l'aéroport. J'avais toujours été consciente de la précarité de la vie. Comment le destin d'un être peut basculer en une fraction de seconde, et que chacune de nos respirations est précieuse. Mais perdre père et mère en même temps était dévastateur.

J'ai retrouvé Nancy à Phoenix, puis, de là, nous avons pris le vol de nuit pour Flagstaff dans un coucou, en plein orage. J'ai prié tout le long du trajet pour papa, pour maman, et aussi pour nous deux, afin que nous arrivions à temps.

À notre arrivée à l'hôpital, nous avons appris que maman avait simplement le mal des montagnes. Elle avait déjà obtenu son congé et nous attendait au poste des infirmières de l'Unité des soins intensifs. Je doute que je ne l'aie jamais serré aussi fort dans mes bras. Elle était affolée par l'état de papa, mais elle était vivante. J'en étais reconnaissante.

Nancy et moi avons immédiatement accouru au chevet de papa. Il était un peu désorienté, mais incroyablement cohérent. J'en fus immensément soulagée, car mon père était l'homme le plus brillant que je connaissais. Cela aurait été tragique si son intellect avait été affecté. Papa avait toujours eu un esprit vif et ironique. Heureusement, il n'avait rien perdu de son sens de l'humour.

« Je ne comprends pas que tu sois surprise de toute cette histoire, Cath. Combien de fois ai-je dit que j'aimerais que mes quatre enfants voient le Grand Canyon ? Ta mère m'a dit que les garçons sont en route, eux aussi. »

« À ton avis, est-ce qu'une crise cardiaque massive ne serait pas un peu dramatique ? répliquai-je. »

Il m'a serré la main. Les larmes ont brouillé son regard et il a répondu : « Je t'aime. Je suis revenu pour te le dire. »

« Revenu ? » J'ai secoué la tête. Je ne comprenais pas.

Il m'a attirée plus près. « De l'Autre côté. J'étais là. D'abord, tout était noir. Ensuite, j'ai vu cette lumière blanche et brillante. C'était très paisible. »

Il a grimacé de douleur. Je voyais bien que parler le faisait beaucoup souffrir.

« Mais alors, pourquoi n'es-tu pas resté là-bas ? »

À son regard, j'eus l'impression qu'il me croyait folle. « Je suis revenu pour vous, les enfants, et pour votre mère. Je ne pouvais pas la laisser seule. De toute façon, il y avait ce fichu bourdonnement. Tu sais à quoi point je déteste ce genre de bruit. »

« Tu veux dire, comme de la musique ? »

« Non, c'était un bourdonnement. Je me suis dit qu'il devrait y avoir des paroles sur cette musique, mais il n'y en avait pas. En fait, ce n'était pas de la musique. Cela ressemblait à un bruit tumultueux, chantant. »

« Comme celui d'une rivière ? »

« Oui, à peu près. »

À l'époque où mon père a vécu cette expérience de mort imminente, on avait publié bien peu de choses sur le phénomène. Par la suite, j'ai commencé à lire tout ce que je pouvais dénicher sur les gens ayant vécu une situation semblable. C'est ainsi que j'ai appris que ce bruit tumultueux, ou « bourdonnement », signalait la vibration de l'énergie que d'autres ont décrite lorsqu'ils se sont trouvés près de la Source divine ou en Sa présence.

Mais sur le coup, j'avais les jambes en coton en entendant cela. Quant à ma mère, elle écoutait mon père en hochant la tête comme si elle savait exactement de quoi il parlait. Maman avait souvent veillé des mourants ; ses tantes, ses cousins et ses grands-parents avaient tous fait mention de situations et de visions semblables. Elle venait du « Sud profond », où les familles assistent à l'agonie de leurs proches. Les hôpitaux sont destinés aux vivants. Mais quand on meurt, c'est à la maison. En raison de cette coutume, maman avait entendu raconter que le paradis était beau et verdoyant. Les anges étaient monnaie courante dans son répertoire.

« Et tu es revenu pour nous ? » ai-je demandé à papa, sa main dans la mienne.

« Oui. On m'a dit que les gens viennent sur Terre pour une seule raison. Apprendre à aimer. Je pense que je n'ai pas fini d'apprendre ma leçon. »

Il est vrai que même s'il était brillant, mon père n'était pas l'homme le plus démonstratif qui soit sur le plan émotionnel. Il avait été élevé dans une famille catholique très stricte par ma grand-mère, qui, bénie soit-elle, était déjà âgée quand je suis née. Enfant, j'avais beaucoup trop souvent pensé qu'elle avait un cœur de pierre. C'était une femme hautaine et glaciale, et il était clair qu'elle ne nous aimait pas du tout, nous, les quatre enfants.

Avec le recul, je réalise combien il devait être difficile pour elle, à un âge avancé, d'être en compagnie d'un petit être dynamique comme moi, en plus de mes frères et de ma sœur, tout aussi actifs. Comme ma mère avait coutume de le dire, nous lui donnions du fil à retordre.

Nancy et moi sommes restées une semaine à Flagstaff. Les médecins nous ont expliqué qu'il y avait peu de chance que papa se remette suffisamment pour redescendre de la montagne. Ils étaient d'avis que le changement d'altitude le tuerait. En plus de ses trois enfants et de son mari, ma sœur avait un commerce de détail à gérer ; de mon côté, j'avais un emploi, une famille et une carrière d'écrivaine qui m'attendaient. Nous avons donc élaboré un plan avec nos deux frères pour nous relayer auprès de maman qui resterait avec papa durant son agonie.

Comme les visites n'étaient autorisées qu'une demi-heure matin et soir, nous avions quartier libre durant la journée. Par conséquent, Nancy et moi avons décidé d'aller visiter le Grand Canyon.

Il n'y a pas de mots pour décrire cette merveille de la nature, même pour une écrivaine telle que moi. Comme elle détenait une maîtrise en géologie, ma sœur était dans son élément et m'expliquait les formations rocheuses. Nous étions au bord du canyon, du côté sud, lorsque j'ai vécu le plus curieux phénomène qui soit.

J'ai remonté le temps.

Tout à coup, j'étais en 1903. L'air était plus lourd, les rayons du soleil sur les flancs du canyon étaient plus dorés, comme si le monde m'apparaissait à travers un filtre de couleur sépia. J'ai pris conscience qu'à cette époque, la couche d'ozone n'était pas encore raréfiée, ni déchirée. Je percevais mes bottines à boutons qui me serraient les pieds, de même que le claquement sur mon épaule du ruban de gros-grain qui ceignait mon chapeau de paille. J'entendais la voix de Nancy qui énumérait les ères géologiques — mésozoïque, jurassique, et ainsi de suite. Puis, j'ai « entendu » un cheval hennir et senti son souffle chaud dans mon dos. Les roues d'une carriole ont crissé en écrasant la pierre.

Et tout aussi soudainement, je suis revenue dans le présent.

(Lisez « La réincarnation est une réalité », pour en savoir plus sur cet incident.)

Nancy s'est tournée vers moi et a lancé : « Vas-tu faire une crise cardiaque, toi aussi ? Tu es pâle comme un linge ! »

« Je t'expliquerai en déjeunant. »

En entrant dans le gigantesque pavillon en bois rond qui abrite le restaurant, je n'ai pu m'empêcher de remarquer la plaque de bronze sur la porte d'entrée, et l'inscription révélant que le pavillon avait été bâti en 1903 avec du bois d'œuvre de l'Oregon. La même année que j'avais eu l'impression de « visiter ».

J'ai raconté à Nancy ce qui m'était arrivé et grâce à Dieu, elle ne s'est pas moquée. Au lieu de cela, nous avons contemplé de concert l'immensité du temps, le fait d'avoir failli perdre notre père, ainsi que la triste et trop réelle possibilité de sa mort imminente.

Alors que je regardais le canyon par l'immense baie vitrée, mon imagination s'est mise à me « jouer des tours » — c'est ainsi que maman qualifiait ce genre de phénomène lorsque j'étais enfant.

Je regardais les falaises de l'autre côté du canyon quand en imagination, j'ai eu la vision d'une princesse amérindienne, entièrement vêtue de cuir blanc ou brun clair, tombant de la falaise. Je me souviens que j'ai eu l'impression d'entendre un bruit sourd quand son corps a touché le fond du canyon. Puis des profondeurs du gouffre, j'ai vu une colombe monter dans le ciel. Je l'ai entendue me dire que son nom était Colombe blanche.

Ensuite, la vision tout aussi précise d'une grande femme élégante aux cheveux sombres, vêtue d'une tenue d'équitation brune à la mode du début du siècle dernier, est apparue près de notre table. Elle était tellement réelle que je me rappelle avoir cligné les yeux sans que cela la fasse disparaître.

Elle n'a rien dit, mais elle a communiqué avec moi par télépathie. C'était comme si je pouvais lire dans ses pensées. Sans comprendre comment, je savais qu'elle était venue visiter le Grand Canyon en 1903. Je savais qu'elle avait participé à l'érection du pavillon avec son époux – l'image indistincte d'un homme a passé brièvement dans mon esprit. Elle était profondément triste, car elle aurait aimé être journaliste. Au lieu de cela, une fois mariée, elle s'était sentie trop accaparée par sa vie mondaine et ses voyages avec son conjoint pour écrire. Elle venait de San Francisco et me confia qu'elle avait survécu au séisme de 1906. Finalement, elle déclara qu'elle voulait que j'écrive son histoire, et que je devrais l'intituler *Wings of Destiny*.

Encore une fois, la vision de la princesse amérindienne et de Colombe blanche a traversé mon esprit. Dans mon for intérieur, j'ai associé les ailes de la colombe aux ailes du destin.

Évidemment, je devais avoir un regard très étrange, puisque Nancy m'a demandé ce que je voyais dans le canyon. Je lui ai décrit ma vision en détail à mesure qu'elle se manifestait. Nancy était plus que fascinée.

Le soir, nous sommes retournés à l'hôpital pour rendre visite à papa à tour de rôle. Nancy était impatiente de raconter à maman ma vision, ou ce que j'avais vécu. Celle-ci a simplement hoché la tête, et avant même que Nancy ait terminé, elle a conclu : « Ce devait être tante Barbara. »

« Quelle tante Barbara ? » ai-je lancé.

« Tante Barbara et son mari de San Francisco. Il envoyait Barbara à Paris deux fois l'an, au printemps et à l'automne, pour qu'elle s'achète une garde-robe. Ils ont survécu au tremblement de terre de 1906. Je n'en sais guère plus à son sujet, sauf qu'elle faisait partie de la famille de ma mère. Son nom de jeune fille était Kratz. »

J'étais estomaquée. « J'ai eu l'impression que son nom de famille commençait par un "K". Je croyais que c'était Kendrick. »

Maman a répété : « Kratz. »

Nancy et moi avons échangé un regard stupéfait.

Ma mère a haussé les épaules. « Tu as vu tante Barbara. » Elle réagissait comme si ce genre de phénomène faisait partie de la vie de tous les jours.

« Maman, cela signifie que j'ai vu un fantôme », ai-je répliqué, incrédule. La journée avait été particulièrement éprouvante pour moi. Comme si remonter le temps n'était pas suffisant, j'avais maintenant reçu la visite d'une revenante de la famille. La première fois que j'avais vu un fantôme, je n'avais que 13 ans : c'était celui de ma grand-mère, Ethel Manning. Elle m'était apparue une semaine après son décès. Durant les années qui avaient suivi, il avait été facile de croire qu'il s'agissait d'un rêve ou d'une invention de mon imaginaire. Mais aujourd'hui, j'étais à la fin de la trentaine. Ce n'était pas un fantasme d'enfant. Je savais ce que j'avais vu. Ce que je ne comprenais pas, c'était la raison pour laquelle Barbara et le livre qu'elle m'enjoignait d'écrire avait de l'importance.

Les semaines se sont écoulées, et l'état de mon père s'est amélioré. Six semaines après sa crise cardiaque massive, nous l'avons fait redescendre de la montagne. Il a pris l'avion pour Chicago avec une bonbonne d'oxygène fixée à son fauteuil roulant et il est rentré à la maison dans l'Indiana.

Au cours des cinq années qui ont suivi, Barbara est venue me « rendre visite » trop souvent, parce qu'à chacune de ses apparitions, papa subissait une nouvelle crise cardiaque, un nouvel accident vasculaire cérébral, une nouvelle attaque. Il mourut à nouveau. Et il revint à la vie à nouveau.

Ses expériences de « l'Autre côté », c'est-à-dire au paradis, gagnèrent en clarté et en sens. Bien des fois, nous avons parlé de ce qu'il voyait et expérimentait. C'était toujours la même histoire.

« On » le renvoyait sur Terre pour apprendre à aimer. Je me souviens d'un jour où j'étais avec lui dans sa chambre d'hôpital. Il m'a regardée en disant : « Pourrais-tu demander à cette femme de descendre du plafond ? Elle doit être frigorifiée. »

Il m'a dit cela aussi simplement que s'il m'avait demandé un verre d'eau. C'est à ce moment que j'ai compris qu'il voyait l'Autre dimension aussi clairement que la dimension spatiotemporelle où il vivait.

Je l'ai questionné : « Pourquoi crois-tu qu'elle a froid ? »

Il a levé les yeux vers le plafond. « Parce que c'est d'un blanc tellement aveuglant. Toute cette neige. »

« À mon avis, ce n'est pas de la neige, papa. Je crois que c'est de la lumière. La lumière blanche céleste que tout le monde décrit. Sais-tu qui est cette femme ? »

« Non, mais elle est jeune et très belle. » Il a tourné les yeux vers moi. « Ils sont tous jeunes de l'Autre côté. Pas plus de 30 ans. Bizarre. »

« Je ne trouve pas cela bizarre, répondis-je. C'est tout à fait sensé. Si le temps et la gravité n'existent que sur Terre, pourquoi l'esprit vieillirait-il lorsqu'il est ailleurs ? »

Ce n'est que l'un de nos nombreux échanges sur le sujet. Les années ont passé ; mon père a vécu assez longtemps pour voir naître deux autres petits-enfants et publier trois autres de mes romans.

Durant tout ce temps, j'ai travaillé comme une forcenée sur *Wings of Destiny*, en m'efforçant d'y inclure les expériences hors de ce monde que mon père me racontait et les vérités qu'il découvrait. Un moment donné, mon roman comptait plus de 1 200 pages. Mon agent frappa à toutes les portes qu'il connaissait dans le milieu de l'édition, mais nous fûmes incapables de trouver preneur. Personne ne voulait s'aventurer dans le domaine spirituel/visionnaire que je décrivais. Les éditeurs déclarèrent que les fantômes et les esprits ne pouvaient mener une intrigue. Je refusai d'abandonner. Je persévérai.

Barbara me rendait visite de plus en plus souvent. Non seulement était-elle toujours à mes côtés, mais mes amies la « voyaient » aussi. L'une des apparitions que je préfère a eu lieu ici, à Houston, au restaurant Thai Pepper. Mes amies Stacy et Vicki sont arrivées au restaurant en même temps que moi. Nous nous sommes dirigées vers l'hôtesse qui nous a demandé : « Vous êtes trois pour dîner, aujourd'hui ? »

Vicki écarquilla les yeux ; elle éclata de rire et répondit : « Quatre, en fait. »

« Quatre ? » dis-je étonnée.

« Oui », répondit Vicki, en me signifiant d'un signe de tête de regarder à ma gauche.

Évidemment, j'ai tourné la tête, et à dire vrai, j'ignore comment l'hôtesse a pu ne pas voir Barbara tant sa présence était tangible.

Stacy a souri. « J'aime votre tenue », a-t-elle dit à Barbara qui lui a rendu son sourire.

Nous avons suivi l'hôtesse jusqu'à une table et effectivement, Barbara a pris la quatrième place, comme si elle avait l'intention de commander avec nous. Elle est restée une bonne dizaine de minutes. Nous avons échangé avec elle, même si elle n'a prononcé aucune parole. Vicki lui a demandé à maintes reprises pourquoi elle avait choisi ce moment pour apparaître, mais la réponse de Barbara s'avérait toujours la même, soit de me regarder.

Le lendemain, j'ai reçu un coup de fil de la maison : papa était de nouveau à l'hôpital. C'est à ce moment que j'ai fait le lien. Barbara ne restait pas dans mon entourage simplement pour m'encourager à écrire *Wings of Destiny*. Ses apparitions annonçaient la mort inévitable de mon père.

Le jour suivant, j'ai pris l'avion pour Chicago puis l'autobus à destination de l'Indiana. Ma mère était épuisée par les soins qu'elle prodiguait à mon père, et je craignais pour sa santé.

Finalement, papa est entré à l'hôpital pour y mourir. Cinq ans s'étaient écoulés depuis Flagstaff. Il souffrait d'insuffisance cardiaque congestive, c'est-à-dire que son organisme se noyait dans ses propres fluides. Même si son agonie était terriblement douloureuse, il refusait catégoriquement toute médication. Aucun analgésique, aucune intraveineuse, aucune intubation. Pas même un comprimé de tylenol. Juste un lit et une infirmière, de façon que ma mère n'ait pas à peiner pour le retourner ou l'aider à se lever.

Encore une fois, j'ai pris l'avion pour me rendre à son chevet. Assise avec lui dans sa chambre, je feuilletais un magazine. Maman était assise sur la chaise à côté du lit. Papa parlait du temps et de la joute des Bulls qui avait eu lieu la veille. Le chagrin saturait l'air comme un voile de fumée. Nous faisons tous semblant de ne pas en avoir conscience.

J'ai demandé à papa pourquoi il refusait de prendre des analgésiques.

« Je ne veux rien pour m'embrumer l'esprit. Je veux garder l'esprit clair. » Il a ouvert les bras. « Tu vois cette chambre ? Moi ? Je suis mourant. C'est mon monde. Mais il y a deux mondes. Je suis suspendu entre les mondes. Je vois des choses que tu ne vois pas. »

« Comme cette femme au plafond, la dernière fois ? »

« Oui. Elle et les autres. »

Tout à coup, il s'est tu, comme si parler exigeait trop d'efforts.

Maman a suggéré : « Frank, tu devrais te reposer. »

Il a acquiescé en hochant la tête.

J'étais du même avis. J'ai pris un magazine et je me suis mise à lire. Je n'avais tourné que deux pages quand papa s'est redressé dans son lit. « Cath, il y a un être humain assis sur le sommet de ta tête. »

Je l'ai dévisagé, puis j'ai jeté un coup d'œil à côté de moi. Barbara était là. Cette fois, j'ai entendu sa voix. Elle me disait ce qu'elle souhaitait que je transmette à mon père. Le moment était venu.

J'ai déposé le magazine, hoché la tête, et pris mon courage à deux mains. Craignant la dérision des gens, je n'avais jamais parlé de Barbara à qui que ce soit, sauf à mes amies à qui elle avait choisi d'apparaître.

Tout à coup, j'ai compris que j'étais là pour mon père. « Je sais. C'est une femme. »

Maman eut le souffle coupé. « Tu le *sais* ? »

« Oui ! s'est exclamé papa. Elle te ressemble beaucoup. Elle a de grands yeux. »

« Mais les siens sont bruns, n'est-ce pas ? »

« Oui. »

« En ce moment, elle est debout à côté de moi. Elle porte une tenue d'équitation brune, des bottes brunes, et elle se frappe la cuisse avec sa cravache. Elle s'appelle Barbara. Elle m'est apparue quand tu étais à Flagstaff. Elle est près de moi depuis cinq ans. Et elle s'impatiente. »

« Oui, mais comment peux-tu savoir tout cela ? s'enquit mon père d'un air méfiant. J'ai dit à ta mère que j'ai vu cette femme. Mais elle ne me croit pas. Elle pense que j'ai perdu l'esprit. »

« Non, papa. Tu n'as pas perdu l'esprit. »

Ma mère tremblait. « La nuit, ton père pousse des hurlements. Ce qu'il raconte n'a aucun sens. »

Mon père avait les yeux remplis de larmes. « J'avais peur », avoua-t-il.

J'ai perçu sa peur et j'en étais ébranlée. Mon père était un héros de guerre. Il avait affronté la mort et il l'avait vaincue. Plusieurs fois. Jamais il n'avait avoué sa peur. Il s'agissait donc de quelque chose de très différent.

Des frissons m'ont parcouru l'échine. « Dis-moi, papa. Qu'est-ce qui te fait peur ? »

« Ces gens, je pouvais les voir très clairement. » Il a agrippé sa chemise d'hôpital dans la région au-dessus du cœur. Je me souviens d'avoir pensé que la région qu'il agrippait était significative, mais je ne sais toujours pas ce que cela signifie. « Ces esprits voulaient entrer dans mon corps. L'un d'eux y est arrivé, une fois. »

J'étais stupéfaite. Au cours des années où j'avais exploré la métaphysique et les données concernant les expériences de mort imminente, j'avais lu des articles dans lesquels certaines personnes affirmaient que des fantômes étaient entrés dans leur corps. J'avais vu le film *Mon fantôme d'amour*, dans lequel le personnage de Patrick Swayze entre dans le corps du personnage joué par Whoopi Goldberg. Cependant, j'étais choquée que l'homme le plus intelligent que je connaisse affirme que de tels incidents ne relevaient pas de la fantaisie, mais qu'ils étaient tout à fait réels.

« Ils sont entrés en toi ? Cela signifie que leurs pensées pouvaient devenir tes pensées ? »

« C'est ce qui me terrifiait. Je ne savais pas que c'était possible. J'avais peur de disparaître, d'une façon ou d'une autre. »

« Mais, est-ce que cela aurait voulu dire que tu étais mort et qu'ils te possédaient ? »

« Je n'en sais rien », répondit-il, en me jetant un regard chargé d'espoir.

« J'ai lu des choses à ce sujet, mais toujours selon une perspective positive. Par exemple, un ange qui prend en charge l'âme d'un toxicomane et transforme sa vie du tout au tout. Ce genre de choses. » J'ajoutai : « Comment les as-tu chassés ? »

« Je ne les ai pas chassés. Ils m'ont dit que mon corps était trop décrépit. Que j'étais trop malade. »

« Ils sont partis à la recherche d'un autre corps ? »

« Oui, répondit papa, songeur. C'est ce que je suppose. »

De tous les incidents paranormaux de ma vie et de la vie de mon clan, c'était vraiment le plus effrayant de tous.

Si ce que mon père a dit est vrai, à savoir que les fantômes/esprits ont la possibilité d'entrer dans notre corps une fois notre volonté affaiblie, il y aurait alors une certaine validité à l'hypothèse des extraterrestres vivant dans des corps humains. Dans ce cas, est-ce que les humains n'auraient pas à assumer une plus grande responsabilité dans leurs efforts pour « préserver la pureté du temple corporel » ?

Si c'est vrai, cela donnerait de la crédibilité aux récits que j'ai lus et aux entrevues que j'ai vues à la télévision, selon lesquels les victimes d'un accident d'automobile, qui ont frôlé la mort et s'en sont tirées, transforment leur vie du tout au tout. Souvent, ces personnes s'engagent dans une vie de charité et de contribution à la collectivité. Dans ce cas, ce n'est peut-être pas que l'âme a été éveillée et qu'elle a changé complètement de cap pour se consacrer à ses congénères. C'est peut-être que cette nouvelle personnalité est celle d'une autre âme.

Est-ce cela qu'on veut dire par l'expression « les anges marchent parmi nous » ?

« Alors, aucun d'eux n'a réussi à te posséder ? »

Papa pleurait à chaudes larmes. « Seulement un. Un petit garçon, pendant à peu près une journée. »

À cet instant, l'atmosphère est devenue extrêmement chargée dans la pièce. Je me souviens d'avoir pensé qu'il fallait que je me concentre sur ma respiration, sinon je m'envolerais aussi.

Aussi incroyable que cela puisse paraître, j'ai alors vu l'essence d'un petit garçon debout entre ma mère et le lit de mon père.

J'ai dégluti péniblement. « Papa, il y a un jeune garçon à côté de toi. Il me dit que c'est lui qui est venu à toi. Il a environ deux ans. Il porte des culottes courtes noires, des bretelles, une chemise blanche, des richelieus bruns et des mi-bas. Ses vêtements sont ceux d'une autre époque, comme ceux des années 1920. Il a les cheveux noirs. Il dit que son prénom est Andrew et qu'il est ton frère. »

« C'est impossible ! s'exclama ma mère. Le frère de ton père a les cheveux roux et son prénom n'est pas Andrew. »

Papa a étendu le bras et saisi la main de maman. « Je ne te l'ai jamais dit... J'avais un autre frère qui est décédé à l'âge de deux ans. Il avait les cheveux foncés et son prénom était Harold Andrew. »

Maman eut le souffle coupé. J'étais couverte de chair de poule. Je ne savais pas si je devais éclater en sanglots ou m'évanouir. J'étais chavirée : tout ce qui entourait cette rencontre me paraissait irréel. On aurait dit que d'une certaine façon, j'avais été transportée dans ce lieu où « vivait » mon père, entre les mondes. Ses visions étaient aussi claires à mes yeux que l'était le fait de voir ma mère assise sur la chaise avec sa tapisserie sur canevas posée sur ses genoux.

« Donc, je ne suis pas fou », conclut mon père.

« Pas le moins du monde. Je commence même à croire que c'est nous qui sommes fous de ne pas voir la même chose que toi. »

Ses yeux débordaient de gratitude. « J'étais incapable d'encaisser l'idée que j'avais perdu l'esprit. Je suis revenu tellement de fois à la vie par la force de ma volonté. »

« Je sais. Mais pourquoi t'entêtes-tu ? Tout cela est tellement souffrant pour toi. »

« Tu ne comprends pas ? Je veux que mes enfants et mes petits-enfants sachent que rien n'est à l'épreuve du pouvoir de la volonté humaine. Même conquérir la mort. Ils peuvent faire tout ce qu'ils veulent de leur vie s'ils le désirent, s'ils le veulent plus que tout.

« J'ai délibérément refusé de prendre des médicaments et des analgésiques parce que si l'un de mes enfants avait cru que j'étais devenu fou, que je divaguais, que j'inventais ces visions, toute ma souffrance aurait été vaine. Tu comprends, n'est-ce pas, Cath ? J'ai vécu pour eux. »

« Oui, papa, je comprends. » C'était à mon tour de pleurer.

Papa m'a regardée, les yeux remplis d'expectative. « Sais-tu pourquoi Barbara et Harold Andrew sont ici ? »

« Oui. Ils sont ici pour t'aider à passer de l'Autre côté. »

Il a opiné et séché ses larmes. « C'est bien ce que je pensais. »

Après cette conversation, la condition de mon père s'est améliorée pendant près de une semaine. Du moins, assez longtemps pour que nous pensions qu'il avait réussi un autre « retour ».

Juste avant que je reprenne l'avion pour Houston, papa m'a dit : « Quand je mourrai, je te ferai un signe très particulier. »

En le quittant, je n'avais aucune idée de ce que cela pourrait être. Quatre jours passèrent.

Papa rendit son dernier soupir le 14 février 1992. Il laissait assurément un signe, en mourant à la Saint-Valentin, jour anniversaire de l'amour. Papa nous avait confié que lorsqu'il était passé de l'Autre côté, on lui avait dit que les humains venaient sur Terre pour apprendre une seule leçon : comment aimer. En décédant à la Saint-Valentin, papa nous faisait comprendre qu'il avait appris sa leçon.

Les cinq dernières années de la vie de mon père ont compté parmi les plus mémorables de mon existence. Pour rien au monde, je n'échangerais une seconde des expériences phénoménales que nous avons partagées, suspendus entre les mondes.

Comme je l'ai dit en prononçant son éloge funèbre : « Les anges devaient être radieux le jour où ils sont venus chercher papa. »

Barbara est partie le même jour. Je n'en ai plus entendu parler et je ne l'ai jamais revue. Néanmoins, je sens que je la reverrai un jour... lorsque ce sera mon tour de retrouver mon père.

La réincarnation est une réalité

Bien des gens ne croient pas à la réincarnation. Ils exigent une preuve. Et pourtant, ils la craignent, même s'ils en sont les témoins de première main. Quant aux autres, ils pensent que s'ils y croient, ils seront damnés, d'une façon ou d'une autre.

En ce qui me concerne, mon point de vue est que la réincarnation est un peu comme ce qu'étaient les micro-ondes, il y a cinquante ans. Le fait que les micro-ondes soient invisibles n'exclut pas le fait qu'un jour nous cuisinions avec des fours à micro-ondes. Pour moi, la réincarnation représente la croyance religieuse/spirituelle pratiquement la plus sensée que l'on puisse affirmer.

La Bible affirme : « Tu récoltes ce que tu sèmes. » Si l'on choisit d'être destructeur, méchant et mesquin dans une incarnation et que l'on traverse l'existence en apparence du côté des vainqueurs, il m'apparaît sensé que, *primo*, on ait probablement « mérité » cette abondance à la suite d'une incarnation précédente où l'on a fait preuve de charité ; et, *secundo*, que justice fasse son œuvre et que l'on se retrouve du côté des perdants dans une incarnation subséquente.

La vie est une série de leçons. Comme nous savons que le temps linéaire n'existe pas – Einstein nous l'a démontré –, il s'ensuit que la vie comprend une explosion d'incarnations qui se produisent simultanément, mais à diverses époques et dans des conditions et des lieux différents.

Je suppose qu'on pourrait dire que les gens restent les mêmes, mais qu'ils endossent simplement de nouveaux costumes. Néanmoins, il y a un facteur de cohésion essentiel dans ces expériences de vie : l'amour. Nous sommes tous ici pour apprendre à aimer, d'une façon ou d'une autre.

Parfois, il s'agit de l'amour de soi : il faut nous aimer suffisamment pour ne pas nier le lien spirituel intrinsèque, divin, qui nous lie à Dieu. Dieu nous aime, alors pourquoi ne pas nous aimer nous-mêmes ? Assurément, nous ne sommes pas si haïssables. Nos vies sont faites de relations : avec nos familles, nos amis, nos collègues de travail, notre nation, et même avec nos ennemis.

La compréhension de ce qui précède vous aidera à mieux saisir les deux phénomènes que j'ai vécus et que je raconte dans les récits qui suivent.

J'ai glissé dans le temps. Je suis remontée dans le passé sans pour autant perdre la conscience du temps présent. Je tremblais, mais j'étais debout. Je n'étais pas en méditation. Je ne priais pas. Je ne jeûnais pas, et je ne prenais aucun médicament, ni même un succédané d'aspirine. Je n'avais pas bu. Je n'étais ni malade, ni affamée. Les deux fois où j'ai vécu ce phénomène incroyable, j'étais parfaitement normale et saine d'esprit. Je ne vivais pas d'émotions tumultueuses. En fait, les deux fois, la journée était splendide et ensoleillée. Les deux fois, j'ai plutôt eu le sentiment que tous mes problèmes et traumatismes étaient choses du passé. J'étais heureuse. Satisfaite.

Je considère que ces événements sont encore plus fascinants, au vu de mon état d'esprit paisible. On n'a peut-être pas tort quand on dit : « Lâchez prise et laissez Dieu agir dans votre vie. »

Le Grand Canyon

Ma sœur, Nancy, et moi avions pris un vol à destination de Flagstaff, en Arizona, pour nous rendre au chevet de notre père qui venait de faire une première crise cardiaque. (Lisez « La leçon d'amour », pour une explication détaillée de son expérience de mort imminente.)

Plusieurs jours après lui avoir rendu visite, sachant qu'il reposait dans le meilleur état auquel on pouvait s'attendre, nous avons décidé de nous rendre dans le Grand Canyon en voiture. C'était le souhait de papa que nous, ses quatre enfants, voyions cette merveille de la nature qu'il préférait entre toutes. Or, aucun de nous ne l'avait encore vue.

Il est humiliant pour une écrivaine de ne pas trouver les mots pour décrire quelque chose ; les racines mêmes de mon talent littéraire en furent ébranlées. Il faut dire que le Grand Canyon est indescriptible. C'est une vision qui inspire l'émerveillement. Son aspect intemporel remplit l'âme et réduit l'existence de l'être à la taille d'un grain de sable, ce que nous savons être, lorsque nous contemplons l'immensité du firmament par une nuit dégagée.

Tel était mon état d'esprit quand je me tenais au bord du canyon avec Nancy, du côté sud, et que je contemplais le soleil matinal qui illuminait les couleurs de la falaise rocheuse. Comme Nancy est experte en géologie – elle détient une maîtrise en la matière –, elle discourait sur la strate marquant les périodes jurassique, mésozoïque, et d'autres encore. J'essayais de mémoriser ses connaissances tandis qu'elle m'expliquait pourquoi chaque strate minérale était d'une couleur différente, mais au lieu de cela, un phénomène bizarre se produisit.

Tout d'un coup, l'atmosphère s'est alourdie. Les rayons du soleil sur les flancs du canyon se sont teintés d'une lumière dorée, comme si l'on voyait le monde à travers un filtre de couleur sépia. J'entendais la voix de Nancy, mais elle résonnait comme si ma sœur s'était éloignée de moi.

En un éclair, j'ai compris ce qui m'arrivait. J'avais remonté le temps.

Je savais que j'étais en 1903. J'ignorais comment je le savais, mais c'était comme si l'esprit de la fille que j'étais devenue présentait un cadre de référence différent du mien. L'heure était la même, à peu près 11 h 30. Je savais aussi que le jour était le même : un mardi. Mais l'année n'était pas la même.

J'étais fascinée par la différence dans la qualité de l'air, et en même temps, je ne pensais pas à m'interroger sur le phénomène. Je gardais les yeux fixés sur le rocher en face de moi, tout en étudiant le changement dans la densité de l'atmosphère. Je n'osais pas bouger de peur de briser l'enchantement dont j'étais l'objet. Par ailleurs, je ne voulais pas remonter si loin dans le temps craignant d'être incapable de revenir dans le présent. Je ne dirais pas que j'avais peur, mais j'étais circonspecte.

Agitant les orteils, j'ai pris conscience que je portais des bottines. Elles étaient lacées très serrées autour de mes chevilles, qui en souffraient, d'ailleurs. Je ne songeais pas à les délacer. J'avais le sentiment que j'avais l'habitude de ces laçages qui serrent, et que, pour une raison quelconque, je préférais qu'il en soit ainsi.

C'est alors que j'ai pris conscience que *j'étais* cette fille. J'habitais son esprit et je savais comment les choses étaient à cette époque. Je savais que j'étais en vacances et que je n'habitais pas là. Je savais que je voulais me retourner, rebrousser chemin jusqu'à la voiture, et aller chercher l'appareil photo que nous avions apporté. La quantité de matériel photographique était assez importante, car je savais que nous étions là essentiellement pour prendre des clichés. Je savais que Nancy était mon amie, et non ma sœur, et que dans cette incarnation passée, elle portait un prénom à consonance française, comme Nanette ou Lucette.

Mon esprit passait d'une époque à l'autre, d'une personnalité à l'autre. C'était très étrange et effrayant, mais j'avais réellement le sentiment que j'avais été cette fille. Je n'avais pas l'impression que j'étais « tombée en elle », comme une âme perdue dans le temps qui se voit brusquement larguée dans le corps de quelqu'un. Je me sentais bien. Je me sentais « moi-même ». J'avais sensiblement la même taille et le même poids. Mes cheveux étaient foncés et mes yeux bleus ; j'étais plutôt jeune, adolescente, pensai-je.

J'ai senti le vent caresser ma joue. Je pouvais « sentir » que je portais un chapeau, et je savais qu'il s'agissait d'un chapeau de paille à bord étroit. Les rubans de gros-grain qui pendaient dans mon dos étaient agités par le vent et claquaient contre mes omoplates.

Cependant, je n'osais ni me retourner, ni ciller. J'ai tendu l'oreille en direction de la voix de ma sœur.

J'ai distinctement entendu un cheval hennir, comme si je me tenais devant un véhicule attelé — chariot, carriole ou boghei —, mais je ne me suis pas retournée pour l'examiner.

J'ai effleuré mes vêtements. Je portais une jupe de lin ou de cotonnade légère. Elle était blanche ou du moins, j'en avais l'impression. Mon chemisier de coton blanc était rentré dans la ceinture de ma jupe. Je n'avais pas l'impression que mes vêtements étaient particulièrement originaux ou coûteux. Ils étaient plutôt ordinaires, probablement semblables à ce que la majorité des jeunes femmes portaient au début du siècle dernier, les jours où il faisait chaud.

J'ai entendu le cheval hennir une seconde fois. Ensuite, le carrosse ou la carriole a dû reculer, parce que j'ai entendu des pierres ou des coquillages craquer sous ses roues. Le bruit était assez fort pour que je perde quelques-unes des paroles de ma sœur.

« Nancy », ai-je dit sans tourner la tête. Je n'osais pas la regarder de peur de briser ma concentration.

« Quoi ? »

« Fais-moi une faveur. »

« Bien sûr. »

« Tends le bras et prends ma main. »

« Est-ce que ça va ? Tu es toute pâle ! »

« Prends juste ma main. »

Nancy a étendu le bras et saisi ma main. J'ai senti que je portais des gants en quelque sorte, ceux qui sont dépourvus de doigts. Quand la main de Nancy a saisi la mienne, j'ai senti qu'elle portait aussi un gant. D'une façon inexplicable, sa main traversait le voile, la barrière temporelle ou le mur séparant les dimensions, et me rejoignait à l'époque où j'étais, même si Nancy elle-même restait bien ancrée dans le présent.

J'ai serré sa main. En un clin d'œil, je suis revenue au moment présent.

Je ne me sentais pas étourdie, mais Nancy a déclaré que j'étais blanche comme un linge. Je me souviens de lui avoir dit que mon taux de glycémie était bas ; en vérité, je nageais dans la confusion. Que m'était-il arrivé ?

À mon avis, j'avais remonté le temps, mais comment dit-on à quelqu'un : « Oh ! J'ai franchi la barrière du temps. Tu sais, ce truc que les scientifiques essaient de réussir depuis cinq cent mille ans ou plus. » Est-ce que ce n'était pas l'étape précédant la rencontre d'un extraterrestre ? Une chose était sûre : je ne voulais vraiment pas que de petits hommes verts se pointent durant ma visite du Grand Canyon.

J'étais sidérée, stupéfaite et consternée.

Je n'avais pas souhaité une telle expérience. Je me rappelle qu'en m'asseyant pour déjeuner avec Nancy, je l'ai regardée et je lui ai raconté ce que je venais de vivre. Elle n'a pas bronché.

« Je te crois. »

Je me suis écriée : « Quoi ? Comment est-ce que tu peux me croire ? Je ne me crois pas moi-même ! Ce qu'il y a, c'est que cela n'a duré qu'un instant. Peut-être même pas deux minutes. Pourtant, cela m'a paru une éternité. Et qu'en est-il de cette sensation d'atmosphère si dense ? Je sentais presque la poussière dans ma bouche tellement l'air en était chargé. »

Nancy était déconcertée. « Cath, j'ai vu ton visage. Il s'est passé quelque chose. Je n'ai aucun doute là-dessus. Quant à l'atmosphère, cela s'explique selon moi. Il y a presque cent ans, la couche d'ozone était intacte. Même la lumière du soleil devait avoir un aspect différent de celui d'aujourd'hui. Peut-être était-ce ce que ton expérience était destinée à t'enseigner ? »

« Que je dois devenir écologiste ? »

« Peut-être. »

Parfois, Nancy est d'une sagesse qui me laisse pantoise. Depuis toujours, elle a le don de prendre la tonne de pages que j'écris et d'en synthétiser la parcelle de vérité en deux mots. Si je suis prosaïque, ma sœur est poète.

« Et c'est une géologue qui parle », ai-je laissé tomber.

« Tu as peut-être vécu cette expérience pour être en mesure de la raconter aux gens. Il est sans doute temps que nous assumions la responsabilité de l'air que nous respirons. Depuis un siècle, nous avons terriblement pollué l'eau, la terre et l'air. Ton voyage dans le temps illustre ce que nos actions ont eu comme conséquence dramatique. »

« Mais peut-on réparer la couche d'ozone ? »

Nancy a souri. « Si Dieu a jugé bon de te faire remonter le temps pour que tu puisses informer le monde de ce qui arrive à l'atmosphère, tu ne crois pas qu'Il donnera à un scientifique ou à un inventeur quelque part la solution pour régler le problème ? »

Je lui ai rendu son sourire. « Je comprends l'inspiration. Elle me visite constamment. Par ailleurs, je pense que tu as raison. Ce serait vraiment une perte de temps ridicule pour Dieu de me faire voyager d'une dimension temporelle à une autre, si Son but n'était pas de souligner un point essentiel.

« Je ne sais pas s'Il veut que je nettoie l'atmosphère, ou que je fasse simplement comprendre le message que toutes les époques n'en forment qu'une seule... Peut-être suis-je censée prendre conscience que les vies antérieures sont une réalité ? Que nous continuons à vivre, siècle après siècle. »

Nancy a haussé les épaules : « Je pense que tu as là une "enveloppe" assez globale. »

J'ai eu envie de me frapper le front de la paume de la main. « C'est tout cela en même temps. Une couche sur l'autre. Une vérité en cachant une autre. »

Nancy a acquiescé. « À mon avis, plus tu réfléchiras à ton expérience, plus tu y découvriras de nouveaux messages. »

Sur ces entrefaites, le serveur est venu prendre notre commande. Nous avons contemplé le Grand Canyon de la gigantesque baie vitrée.

« C'est tout simplement époustouflant, murmurai-je à Nancy. Toute l'histoire. Le canyon. Mon retour dans le temps. La guérison de papa. Quelle période incroyable dans nos vies ! »

« Eh bien ! Vois les choses sous cet angle : tu peux rayer le voyage dans le temps de ta liste. Tu n'auras pas à le refaire ! »

Je me souviens que le soulagement m'a fait éclater de rire.

J'ignorais que six ans plus tard, mon voyage dans le temps serait beaucoup plus complet.

L'hôtel Arizona Biltmore

Au printemps 1992, je suis partie à Scottsdale avec un ami qui s'y rendait par affaire. Ça faisait des semaines que je travaillais de longues heures sur un nouveau roman, une tâche qui, bien qu'elle soit toujours excitante et amusante, exige tout de même beaucoup de travail acharné. J'étais donc impatiente de me retrouver à Scottsdale et de me détendre au bord de la piscine en lisant un roman.

Le deuxième jour, j'étais tout à fait détendue après avoir passé la journée sur une chaise longue et la nuit sous le ciel clair et étoilé de l'Arizona. C'était ce qu'on appelle une cure de jouvence.

Le dimanche, nous avons décidé de nous rendre à l'hôtel Arizona Biltmore pour le brunch. J'avais entendu parler de l'endroit, mais à vrai dire, je n'en savais pas grand-chose. Si j'avais su que c'était l'œuvre de Frank Lloyd Wright, l'un des architectes que j'aime entre tous, j'aurais probablement suggéré à mon ami d'y réserver une chambre pour la nuit.

L'hôtel, situé au pied du mont Camelback, a été érigé à la fin des années 1930 et inauguré au début des années 1940. À l'époque, c'était le haut lieu des stars de cinéma les plus en vue. Clark Gable, Gary Cooper et d'autres s'y rendaient pour jouer au golf et profiter de l'air pur de l'Arizona, comme je le faisais maintenant.

Nous avons déambulé dans le hall, foisonnant de meubles originaux conçus et commandés par Frank Lloyd Wright lui-même. Je salivais quasiment devant les authentiques lampes de style Tiffany, les tables de style Mission, les chaises aux lignes épurées et les canapés grassement rembourrés. C'était comme si nous remontions le temps.

Nous avons tout exploré. J'ai acheté des souvenirs pour mon fils et mes amies à la boutique de cadeaux, je me suis glissée dans plusieurs salles de bal, et je me suis arrêtée pour boire un café au café de la terrasse. Finalement, nous sommes passés sous une tonnelle pour nous diriger vers l'arrière de l'hôtel, là où se trouvaient la piscine et les cabanes de plage d'origine. J'aimais beaucoup voir que certaines chaises de jardin en métal d'origine étaient encore utilisées pour le simple plaisir, tout comme quelques anciennes chaises longues.

C'était dimanche matin et il était tôt; par conséquent, il n'y avait pas âme qui vive. Nous avions la piscine toute à nous. Nous avons échangé nos impressions, entre autres choses, sur les plantations splendides. J'étais étonnée de la profusion de pensées et de mufliers aux couleurs vives. Tout était d'une beauté exquise.

Nous avons ensuite emprunté un sentier sinueux, bordé de hautes haies soigneusement taillées, conduisant aux terrains de tennis. Là non plus, il n'y avait personne. Même la boutique de sport était fermée, ce qui a beaucoup déçu mon compagnon qui souhaitait acquérir une nouvelle raquette de tennis. Nous avons marché jusqu'à la clôture en métal pour jeter un œil aux terrains désertés.

Pour la deuxième fois de ma vie, j'ai remonté le temps.

J'ai agrippé des deux mains la clôture en métal. Cette fois, je n'étais pas en compagnie de Nancy, ma sœur aimante. J'étais avec un sceptique pur et dur devant ce genre de choses. Je n'osais dire un mot.

« Est-ce que ça va, Cath ? Tu es bien pâle. »

« Pâle ? » J'ai senti mon souffle se bloquer dans mes poumons. Je gardais mon regard fixé sur les terrains de tennis.

« Translucide. Transparente. Pâle. Qu'est-ce qui se passe ? »

Je n'ai pu m'empêcher de penser que j'étais en train de disparaître dans une autre dimension temporelle.

C'est alors que mon expérience est devenue encore plus irréelle que le « glissement » que j'avais vécu six ans plus tôt. Tout d'un coup, j'ai entendu des voix, celles de deux hommes qui riaient. Puis, ils sont apparus. Spectres du passé, les deux fantômes étaient vêtus de tenues de tennis en vogue à la fin des années 1930 ou au début des années 1940.

Ils portaient un pantalon blanc plutôt qu'un short, assorti d'un chandail décolleté en V et bordé de noir. Leur raquette ne ressemblait pas aux raquettes légères en aluminium que nous utilisons aujourd'hui. Elles avaient un cadre en bois et un cordage différent. Même les balles étaient différentes : elles étaient blanches avec des piqûres noires.

L'un des hommes s'est tourné vers moi. J'ai senti que mon cœur s'arrêtait de battre. La surprise m'a coupé le souffle.

« Viens ! Viens jouer avec nous », a-t-il dit.

J'ai compris que le fantôme était mon compagnon dans cette vie. Il était beaucoup plus âgé que moi, peut-être de vingt ans, et pour un revenant, il était plutôt obèse.

Comme la fois précédente, mes vêtements avaient changé. Dans cette autre dimension, je portais un chandail blanc semblable à celui des deux hommes, décolleté en V et bordé de noir. Je portais aussi une jupe de tennis qui m'arrivait presque aux genoux, avec une garniture noire. Je me souviens d'avoir pensé qu'elle était en satin à mailles bloquées. J'avais noué une écharpe autour de ma tête pour retenir ma longue chevelure, de façon à ne pas l'avoir dans les yeux. J'avais aux pieds des chaussures légères comme des plumes et mes socquettes étaient des bas très fins, contrairement aux grosses chaussettes épaisses que je porte ordinairement pour jouer.

Je m'inquiétais beaucoup pour la santé du fantôme. Je voulais qu'il arrête de jouer. Je voulais qu'il se repose. J'ai même dit à haute voix : « Le médecin dit que tu ne devrais pas. »

Balayant mes inquiétudes, il a éclaté de rire. Il s'amusait énormément.

Cette fois, j'ai pris plus de liberté avec mes « va-et-vient » temporels et baissé les yeux. Les hautes haies manucurées devant lesquelles j'étais passée quelques instants auparavant étaient maintenant de tout petits arbustes fraîchement plantés. Le sommet de la haie ne m'arrivait qu'à mi-mollet.

Je me suis agrippée plus fermement à la clôture. En vérité, ce n'était pas moi qui vivais cette situation.

Le revenant s'est alors écarté légèrement sur le côté ; et j'ai pu voir son partenaire fantomatique.

J'ai dévisagé cet homme d'âge mûr. Je ne le connaissais pas encore, car nous n'avions pas été présentés. Mais à cet instant, son regard a croisé le mien. Il avait les yeux brun foncé, et lui aussi était plus âgé que moi. J'ai entendu mon amant fantomatique m'expliquer que cet homme produisait des films et qu'il était intéressé par mon plus récent scénario.

J'étais estomaquée. Toute ma vie, j'ai cru que si j'avais exercé un quelconque métier dans une incarnation précédente, il fallait que ce soit celui d'écrivaine — si de telles choses étaient vraies.

Je continuais de dévisager l'homme. Dans ma vie, que ce soit la présente ou la précédente, jamais je n'ai discerné un tel désir dans les yeux d'un homme. C'était le genre de regard qui, selon moi, ne pouvait exister que dans la fiction, jamais dans la réalité. Mais justement, ce n'était pas la réalité. C'était un rêve. Un rêve de voyage dans le temps.

L'homme me fixait toujours du regard. Il ne souriait pas, mais il m'envoyait des messages télépathiques qui avaient tous le même contenu. Il me désirait. Je savais que c'était plus qu'un désir sexuel. C'était la rencontre de deux âmes au-delà du temps.

Et cela m'a donné une sacrée frousse.

« Catherine, qu'est-ce qui se passe ? »

La main de mon compagnon serra mon bras. « Quoi ? » Je me détournai et le regardai.

J'étais de retour dans le présent.

« Tu es trempée de sueur et il fait à peine 10 °C. Tu as la peau moite et tu es blanche comme un linge. Es-tu malade ? As-tu le rhume ou quelque chose du genre ? »

« Quelque chose du genre », marmonnai-je, en jetant un regard aux alentours pour vérifier si l'on m'avait vue. Puis je me demandai ce qu'ils auraient bien pu me voir faire ? Me transformer ? Me transmuter ? Qu'est-ce que je faisais ? Comment ce phénomène pouvait-il se produire une deuxième fois ?

Le pire, c'est que mon compagnon n'aimait même ni Peter Pan, ni ET. Dans ce cas, comment lui expliquer le phénomène ?

« Je vais bien », balbutiai-je.

« Nous devrions peut-être manger une bouchée », suggéra-t-il.

« Nous venons de terminer notre petit déjeuner », rétorquai-je. Puis, je décidai de mentir. « Je ne faisais que regarder ces terrains de tennis ; ils sont tellement beaux ! Je me demandais de quoi ils avaient l'air quand l'hôtel a été construit. J'imaginais les stars de cinéma qui avaient l'habitude de fréquenter les lieux. »

« Comme qui ? Lon Chaney ? » Mon compagnon saisit mon bras d'un air protecteur. « Viens, allons boire un jus. »

Je cédai : « D'accord. » En fait, je voulais juste oublier toute l'histoire. Le fait que j'avais déjà vécu un phénomène semblable n'améliorait en rien ma situation, au contraire. Je remettais ma santé mentale en question, comme je le fais chaque fois qu'une situation paranormale s'impose à moi. C'est une réaction normale.

Faisant demi-tour, nous nous sommes dirigés à gauche des terrains de tennis. Nous sommes passés devant une aile de l'hôtel, un bâtiment à deux étages abritant d'autres chambres. J'ai levé les yeux vers la chambre qui faisait le coin à l'étage... et le phénomène s'est reproduit.

J'étais de retour dans le passé. J'ai supposé que c'était le même jour, au début des années 1940. J'étais dans la chambre d'hôtel avec mon amant fantomatique, le joueur de tennis. Contre le mur de la chambre se dressait un coffre de bois blond ou un bar sur lequel il y avait toutes les marques de whisky et de whisky de malt écossais du monde. Nous buvions du whisky de malt écossais sur glace, sans eau, dans des verres de cristal épais. Dans ma vie actuelle, je ne bois jamais de whisky de malt. Je trouve que c'est une boisson trop forte à mon goût. Le fait est que j'éprouve pour cet alcool une répulsion inexplicable.

Je sortais du bain : drapée dans une serviette, j'avais entouré ma chevelure d'une seconde serviette. Mon amant sortait de la douche : il portait un peignoir de tissu bouclé et se séchait les cheveux. Un énorme cigare cubain fumait encore dans le cendrier. Mon amant était plein de vie et d'énergie. Je l'aimais énormément.

Pourtant, j'étais froide avec lui. Nous venions de nous quereller. J'étais en colère parce qu'il m'avait promis de quitter sa femme et qu'il avait changé d'idée. J'avais l'impression que cette dispute durait depuis des années. J'étais lasse de ce combat que je savais ne jamais pouvoir gagner.

Subitement, mon amant est tombé sur le sol. Mort. Il n'y avait pas eu une seconde pour le sauver.

J'ai senti un chagrin déchirant et un sentiment de perte m'envahir ; la rupture d'un amour éternel.

Et tout aussi soudainement, j'étais de retour dans le présent.

« Qu'est-ce que tu fais ? » s'est enquis mon compagnon.

« Rien », ai-je répliqué très vite, en me demandant si j'avais rêvé toute cette histoire du passé et du présent.

Levant les yeux vers la même fenêtre de coin, il a repris : « Pourquoi t'es-tu arrêtée ? Qu'est-ce qu'il y a là-haut ? As-tu vu quelqu'un que tu connais ? »

Je n'arrivais pas à croire à quel point ses questions tapaient dans le mille. On aurait dit qu'intuitivement, il savait ce qui se passait, même s'il ne pouvait consentir à l'admettre.

« Je me demandais seulement depuis quand ces chambres étaient là. »

« Elles font partie de la structure d'origine. »

« Elles faisaient partie de l'hôtel même au début des années 1940 ? »

« Oui, a-t-il acquiescé en me prenant la main. Viens, je veux te montrer mon coin préféré entre tous. »

Nous avons marché sous la tonnelle pour rentrer dans l'hôtel par la porte de derrière. Sur notre droite, il y avait une alcôve avec un petit foyer, idéale pour s'adonner à la contemplation ou échanger des câlins.

« Quand j'habitais Scottsdale, je venais ici pour réfléchir. J'ignore en quoi ce coin a quelque chose de particulier, mais il m'inspire », me confia mon compagnon, tandis que nous prenions place sur un autre canapé d'origine, flanqué de deux lampes de Wright d'origine également. La fenêtre était immense et s'ouvrait sur de magnifiques jardins.

Je glissai de nouveau dans le temps.

En regardant par la fenêtre, je vis les spectres du passé. Des femmes vêtues de splendides robes du soir qui dansaient sur la terrasse avec des hommes en smoking, au son d'un grand orchestre installé sous une tonnelle du jardin.

« Qu'est-il arrivé à la terrasse de danse ? » demandai-je à voix haute, sans penser une seconde à censurer mes paroles.

« Pardon ? »

Tout en gardant les yeux fixés sur cette scène du passé, j'ajoutai : « Les gens avaient l'habitude de danser, là dehors, en robe du soir et en smoking. »

« Oui, c'est vrai, dans les premiers temps de l'hôtel. Mais tu n'avais aucun moyen de le savoir, n'est-ce pas ? »

« Non. »

« Dis-moi la vérité, reprit-il gentiment. Tu t'es renseignée sur l'histoire de l'hôtel avant que nous quittions Houston. »

« Non. Comment aurais-je trouvé le temps, alors que j'écris sur Chicago ? Je n'ai jamais entendu parler de cet hôtel. Quand je suis venue en Arizona, j'étais à Flagstaff, au chevet de papa qui était à l'hôpital. Comme je te l'ai dit, tout ce que j'ai vu, c'est l'aéroport de Phoenix. Je connais Sedona. Mais Scottsdale est tout à fait nouveau pour moi. »

Finalement, la scène de danse s'est évanouie. J'étais bien de retour dans le présent. « Tu n'as pas répondu à ma question. Quand la terrasse a-t-elle été démolie ? »

« Il y a longtemps. Je ne sais pas exactement à quel moment. Mais elle communiquait avec la salle à manger, ici. On ouvrait les portes, et après le dîner, il y avait toujours de la danse. Il y a un corridor avec toutes sortes de photos de l'hôtel en cours de construction et durant les premières années d'ouverture, si tu veux les voir. »

J'étais bouche bée. Une preuve ? L'idée de découvrir des preuves historiques pour étayer mes « visions » ou mes « glissements temporels », peu importe leur nature, était trop belle pour être vraie.

« Allons-y », dis-je.

Nous avons quitté l'alcôve, et à cet instant, j'ai été saisie de l'idée que ce petit coin m'était tout aussi cher dans cette « autre vie ». J'étais aussi venue m'asseoir là pour réfléchir à ma vie. Je tournai mon regard vers le foyer et en un éclair, je me vis sur le canapé, vêtue d'une robe du soir en satin bleu, si je ne m'abuse. J'étais inhabituellement triste. J'ignorais si la scène précédait ou suivait la mort de mon amant, mais je sentais bien que le cœur de cette femme était brisé.

J'étais bouleversée. Je voulais tant me diriger vers elle, la prendre dans mes bras et la consoler. Le moins que je pouvais faire, c'était de la bénir. Peu importe qui elle était.

Dans le hall historique, comme je l'ai appelé, il y avait — et il y a probablement encore — de fantastiques photos en noir et blanc où l'on voit, bras dessus bras dessous, ceux qui ont profité des lieux : stars de cinéma, professionnels de golf de l'hôtel, membres du personnel, directeurs de l'établissement et résidants de Scottsdale.

J'ai examiné les photos, mais je n'ai vu personne qui me ressemblait de près ou de loin. Je suppose que j'ai consacré beaucoup trop de temps à étudier les visages souriants qui me regardaient depuis une époque oubliée, car mon compagnon s'est plaint qu'il voulait faire un peu de jogging avant le déjeuner.

J'ai décidé de revenir après le déjeuner pour terminer mon enquête. Mais au moment où j'allais m'éloigner, une photo en particulier a accroché mon regard.

Je figeai sur place. La chair de poule courut le long de ma colonne vertébrale. L'homme qui était mort dans mon rêve ou dans ma vision de ma vie antérieure me regardait droit dans les yeux.

J'en eus le souffle coupé, mais je tentai de ne pas attirer l'attention plus qu'il n'était nécessaire. D'une part, mon compagnon croyait déjà que je couvais un rhume. Il me croirait folle à lier si je lui disais la vérité sur ce qui se passait. Il se moquait de la télépathie. Par conséquent, l'idée de voyager dans le temps aurait poussé son étroitesse d'esprit au-delà du supportable. Il aurait été incapable de gérer la situation.

D'autre part, le fait de passer d'une dimension à une autre commençait à me rendre vraiment très nerveuse. En me concentrant sur la photographie, je craignais de glisser à nouveau dans le passé. Ce serait la quatrième fois de la journée. Était-il possible de voyager dans le passé ou l'avenir et de ne jamais revenir ?

Tout ce que je savais, c'est que la femme que j'avais été dans cette incarnation avait été extrêmement malheureuse. Je ne voulais pas « être » elle. Je n'aurais pas su gérer mon chagrin mieux qu'elle ne l'a fait.

Comble de malchance, il n'y avait aucune description, aucune affichette, indiquant le nom des personnes sur la photographie. J'étais très déçue. Disposer d'un nom pour aiguiller mes recherches m'aurait été infiniment utile.

Nous avons fait notre jogging, puis nous avons déjeuné. Ensuite, nous sommes arrêtés au comptoir de la réception où l'on nous a remis un message concernant une réunion qui exigeait de mon compagnon de rentrer à Houston. Il nous a donc fallu écourter notre séjour d'une journée. Nous avons vite bouclé nos bagages pour attraper le prochain vol à destination de Houston.

Huit années se sont écoulées depuis cet incident. Je ne suis jamais retournée à Scottsdale et par conséquent, je n'ai jamais remis les pieds à l'hôtel Arizona Biltmore.

Encore aujourd'hui, ce qui m'apparaît le plus curieux quand je narre cette histoire, c'est que les moments où j'ai « vu » le passé sont aussi clairs maintenant qu'ils l'étaient alors. Je crois que les vérités restent en nous. Lorsque nous faisons un rêve déterminant qui change notre vie, un rêve angélique, il reste avec nous décennie après décennie.

Je suppose que je ne saurai jamais vraiment si l'on m'a fait cadeau d'une vision du passé, ou si, de façon inexplicable, j'ai bel et bien « remonté le temps ». Dans le futur, les physiciens formuleront avec plus d'exactitude les axiomes du temps et de l'espace, et leur explication donnera aux sceptiques les « faits » dont ils ont si désespérément besoin pour se réconforter.

De mon côté, je ne connais que ma propre vérité. Et n'est-ce pas le but de la vie ? Découvrir sa propre vérité.

Je n'ai plus jamais remonté le temps, mais j'ai vécu un autre incident qui a validé l'expérience de l'hôtel Arizona Biltmore. (Lisez « À toi pour toujours », pour en savoir plus.)

À toi pour toujours

Un an après l'incident de l'Arizona Biltmore, les craquelures dans la fondation de ma relation avec mon compagnon étaient devenues des fissures. Le noyau de notre schisme tenait à nos différences en matière de spiritualité.

Mon compagnon se targuait d'être un humaniste pur et dur. Il s'était défait depuis longtemps de ses croyances religieuses, et même si je clamais qu'il avait jeté le bébé avec l'eau du bain, il passait la majeure partie de son temps à argumenter et à souligner le sophisme de ma foi en Dieu.

Les bases de ma tolérance s'écroulèrent. Je décidai que nous ferions mieux de nous séparer. Cependant, un lien très fort existait entre nous et sur le plan émotionnel, nous n'étions pas prêts, ni l'un ni l'autre, à lâcher prise. Nous avons donc décidé de nous donner une autre chance.

Pour moi, l'idée de recoller les morceaux supposait qu'il accepte ma façon de vivre ma religion et ma spiritualité. Je ne cherchais pas tant à le convertir qu'à être simplement moi-même.

Il accepta et voulut me prouver son sérieux. Encore une fois, il me répéta qu'il ne croyait pas aux vies antérieures ou à la vie après la mort, en dépit de mes confidences sur les expériences que mon père avait vécues au moment de son agonie. Il ne croyait pas non plus en un lieu adorable et magnifique où vont nos âmes entre deux incarnations, indépendamment de leur nature ou de l'époque. Il affirmait que les humains servent de nourriture aux asticots.

Franchement, cette façon de voir est tellement déprimante à mon sens, et elle rend l'existence si absurde que je m'étonne que les tenants de cette théorie trouvent un mérite quelconque à la vie. Si ce n'est qu'un passage inutile, d'où tirent-ils leur espoir ? Et pour quelles raisons se montreraient-ils gentils envers qui que ce soit ? À quoi leur servirait-il de se montrer aimants envers leurs familles et compatissants envers leurs amis ? Et comment se fait-il qu'ils ne se suicident pas en masse ? Que diable font-ils sur cette Terre ?

Mon compagnon me mit au défi : « Prouve-moi que l'âme survit à la mort, et je te croirai. Je deviendrai ton plus fervent disciple. »

Dès lors, j'ai su que je tenais l'occasion de me faire comprendre. Aucun argument, aucun débat, ne ferait l'affaire. Il me fallait une démonstration. « Je connais une méditation que tu pourrais essayer. En la faisant, tu régresseras jusqu'à la dernière vie antérieure que nous avons partagée. Si tu ne vois rien, si tu n'expérimentes rien, je ne te parlerai plus jamais de vies antérieures. Je ne cesserai pas d'y croire, mais je ne dirai plus un mot sur le sujet. Quantité de couples ont réussi à durer, même s'il y avait plus qu'une religion sous le même toit. Le nôtre ne serait pas différent. D'un autre côté, si tu vois quelque chose, tu me le diras et nous partirons de là. D'accord ? »

« Tout à fait. Mais dis-moi, comment se fait-il que tu connaisses cette histoire de régression ? »

« Il y a des années, j'ai lu un livre de Kenneth L. Ring après la première expérience de mort imminente de mon père. À la fin du livre, il y a une méditation qui permet de repasser nos vies antérieures, celles qui ont le plus d'influence sur les situations de notre incarnation présente. L'exercice m'a aidée à comprendre pourquoi j'avais fait certaines choses. Pourquoi certaines personnes étaient-elles entrées dans ma vie et reparties ? Cela m'a aussi aidée à comprendre non seulement la cause et les conséquences de mes actions, mais aussi celles des actions d'autrui sur moi. Quand on regarde les choses sous cet angle, on y trouve plein de sens. »

« Il ne sera pas dit que je me serai montré poltron, railla-t-il. Alors, comment procède-t-on ? »

Je lui ai expliqué qu'il n'avait qu'à se détendre et à garder l'esprit ouvert. En fait, je ne le croyais pas capable d'ouvrir son esprit. Par conséquent, en débutant, j'ai invoqué toute la cohorte de mes anges et de mes guides, et récité silencieusement le *Notre Père* à peu près six fois. La conclusion de cette démonstration, indépendamment de ce qui en sortirait, allait déterminer notre chemin de vie, le mien et le sien. Tu parles d'un tournant ! C'était le moment de vérité.

Mon compagnon s'est étendu sur le canapé. J'ai répété la litanie communément utilisée pour induire la détente dans les méditations. Le processus a duré environ dix minutes, de la relaxation des muscles du visage, en descendant vers les épaules, les bras, le torse, jusqu'aux orteils.

Ensuite, j'ai demandé à mon compagnon d'imaginer qu'il s'élevait en flottant au-dessus de son corps jusque dans la stratosphère. Puis, en passant par les différentes couleurs du spectre, d'un nuage rouge, orange, jaune, vert, bleu, indigo, et finalement blanc, je lui ai demandé d'imaginer qu'il regardait la planète du point de vue d'un ange.

Ensuite, je l'ai invité à redescendre doucement sur Terre et à y revenir au cours de la dernière vie que nous avions partagée avant la présente.

Après qu'il eut lentement repris contact avec le sol, je lui ai demandé de regarder seulement ses pieds, puis de me décrire le genre de chaussures qu'il portait.

« Des guêtres », a-t-il répondu clairement.

J'étais sidérée. De tous les habitants de cette planète, ce n'était vraiment pas l'homme pour se retrouver effectivement au beau milieu d'une régression dans une vie antérieure. J'en avais le souffle coupé. J'étais tellement ravie que j'ai presque oublié comment procéder. Si rien de plus ne sortait de cette expérience, j'aurais tout de même ma preuve. J'ai remercié Dieu. Je ne pouvais demander davantage.

Or, j'ai reçu davantage. Bien davantage.

« Je marche sur un trottoir. De brique, et non de béton. »

« Où es-tu ? »

« À San Francisco », a-t-il répondu, les yeux toujours clos. Cependant, le frémissement de ses paupières me révélait qu'il voyait quelque chose.

« Sais-tu en quelle année ? »

« Peut-être 1920. C'est juste après la Première Guerre mondiale. »

« Où vas-tu ? »

« À mon théâtre. J'en suis le propriétaire. Je produis de petites pièces, des numéros de music-hall. Rien d'intellectuel. Juste du divertissement. Je suis riche. Je monte l'escalier menant à mon bureau, mais je m'arrête en cours de route. »

« Pourquoi ? »

« J'écoute une femme chanter. Elle a la plus belle voix que je n'ai jamais entendue. C'est toi. »

« Moi ? »

« Oui. Je suis ton employeur. »

À ce stade, j'avais les mains qui tremblaient et j'étais glacée de la tête aux pieds. On m'a souvent dit que j'ai une voix d'oratrice exceptionnelle, et plus jeune, je chantais plutôt bien. J'avais déjà songé que si ma vie avait pris une autre tangente, j'aurais peut-être aimé devenir chanteuse. Pas dans un groupe rock, mais une chanteuse réaliste, interprète de ballades et de chansons d'amour tristes et mélancoliques.

Je finis par dire : « Alors, nous nous connaissons. »

« Je t'aime. Comme maintenant. Mais il y a un problème. Je suis malheureux comme les pierres. »

« Pourquoi ? »

« Parce que je suis marié et que je ne peux pas divorcer. J'ai deux enfants et ma conjointe en veut un troisième. »

« Sommes-nous amants ? »

« Pas encore, mais je sais que nous le deviendrons. »

Je commençais à me sentir très mal à l'aise. Je ne m'étais jamais vue comme une briseuse de ménage, mais peut-être l'avais-je déjà été.

J'ai suggéré : « Avance quelques années dans le temps. Dis-moi ce que tu vois. »

« J'ai déménagé ma famille à Los Angeles. Je produis des films, maintenant. »

« Est-ce que je suis avec toi ? »

« Tu es scénariste. Nous rompons souvent. C'est parce que je refuse de quitter ma femme. Je suis épouvantablement misérable. Je n'avais jamais imaginé qu'on puisse souffrir de cette façon intérieurement. »

Tandis qu'il poursuivait, des larmes roulèrent de ses yeux.

« Nous sommes à l'hôtel Arizona Biltmore. Je te regarde arriver en voiture. Seigneur ! Tu as tellement de valises. Tout un assortiment en alligator. Tu as assez de vêtements pour rester pendant un mois. »

Je l'ai interrompu. « Tu dis que je suis arrivée en voiture ? »

« Oui, au volant de la voiture que je t'ai achetée. »

Des frissons ont parcouru mes avant-bras. Durant mon adolescence, j'avais fait des cauchemars récurrents à propos de ma mort dans un accident de voiture. Je voyais une voiture tomber d'une falaise. Et j'en connaissais exactement la marque. Dans ces cauchemars, et plus tard au moment d'une régression dans une vie antérieure, je voyais une Stutz

Bearcat décapotable jaune, avec des pneus à flanc blanc et un intérieur brun clair. Mon souvenir le plus clair était que je m'agrippais à un volant recouvert de nacre.

Je n'avais jamais raconté ces cauchemars à quiconque. À aucun homme. Aucune de mes amies n'en avait entendu parler. Ils représentaient mes peurs les plus intimes.

J'avais la langue collée au palais en posant la question suivante : « De quelle couleur est la voiture ? »

« Jaune. Les sièges sont en cuir beige ou brun clair. Ce que je peux te dire, c'est que c'est une décapotable. Elle m'a coûté une petite fortune, mais j'ai pensé que cela te ferait plaisir, surtout parce que je ne peux pas t'épouser. »

« Peux-tu me dire autre chose sur cette voiture ? »

« C'est une Stutz Bearcat 1933. »

Je me pétrifiai. Dans mes rêves les plus fous, je n'avais jamais, au grand jamais, imaginé que je pourrais obtenir une preuve aussi tangible de la réalité des vies antérieures, et surtout, de notre vie passée ensemble. Mon compagnon et moi avions un lien plus étroit que je le pensais. La question suivante a bien failli ne pas s'échapper de mes lèvres, tellement j'avais peur d'entendre la réponse. « Comment est le volant ? Recouvert de cuir ? »

« Non. C'est de la nacre. »

Bingo.

J'ai senti mon sang quitter mon corps. J'hésitais à poursuivre, mais je m'étais déjà trop avancée. Il fallait que je connaisse la suite. Comme je n'avais jamais raconté à mon compagnon les détails de mon retour dans le temps au Biltmore, je voulais savoir ce qu'il verrait.

« Avance encore quelques heures dans le temps. Que faisons-nous ? »

« Nous jouons au tennis. Tu es vraiment bonne. Comme si tu avais le tennis dans le sang. Contrairement à cette vie-ci », ricana-t-il.

J'étais sidérée de constater qu'il maîtrisait si bien sa capacité à visualiser le passé tout en commentant le présent. C'était pourtant sa première régression. En fait, il ne croyait même pas à ce genre de choses.

« Que faisons-nous après le tennis ? »

« Nous sommes dans notre chambre. Je sors de la douche. Tu es assise sur le lit. Tu viens de te laver les cheveux. Je te trouve belle et je te le dis. Tu m'annonces que tu as apporté tous tes vêtements pour une bonne raison : tu veux emménager avec moi. Tu exiges que je demande le divorce. Sinon... tu me quittes. »

« Comment réagis-tu ? »

« Cette fois, je sais que tu es sérieuse. Tu vas vraiment me quitter. Je t'ai poussée à bout. J'ai peur. Terriblement, affreusement peur. Ensuite... Oh non ! Je meurs. Mon cœur. Mon bras me fait mal. Seigneur, j'ai mal ! Oh, mon Dieu ! Oh, mon Dieu ! » Il revivait toute la souffrance de sa mort. Or, je ne voulais pas qu'il souffre.

« Retire-toi de la scène. » J'ai étendu le bras et touché sa main. « Monte dans le ciel et dis-moi ce que tu ressens. »

« Je suis si heureux d'être sorti de ce corps. J'étais obèse, je buvais et je fumais trop. Je me promets de ne plus maltraiter mon corps dans ma prochaine vie. Je suis si heureux d'être libre. »

Je lui ai demandé de revenir au moment présent, de réintégrer lentement son corps, de se souvenir de tout ce qu'il avait vu et vécu, et de se réveiller.

En ouvrant les yeux, il était stupéfait. « Ce que j'ai vu était tellement réel. Je sentais tout ce que cet homme traversait. »

« C'était toi. Dans une vie antérieure. »

Il est resté silencieux un long moment, digérant son expérience. Je voyais tourner les rouages de son processus de pensée. Les ramifications de tout cela attaquaient son système de croyances soigneusement ordonné. Un détonateur avait été amorcé en lui et il était sur le point d'exploser. La vérité lui avait été présentée.

Il était incapable de l'accepter. C'était trop lui demander. Trop étranger. Croire aux vies antérieures signifie que nous sommes responsables de nos bonnes et de nos mauvaises actions. Les péchés du passé nous hantent au présent. Nos manquements par omission tout comme nos péchés par action influencent autant nos victimes que nous-mêmes, mais nous portons aussi le châtiment dans l'incarnation suivante. Ce sont ces péchés ou ces mauvaises actions qui déterminent la nécessité de notre retour.

Parce que mon père mourant m'avait confié que nous sommes ici pour apprendre à aimer, j'ai vu l'homme qui se tenait devant moi rejeter encore une fois mon amour. Tout comme il l'avait fait dans notre incarnation précédente. À cet instant, même si ma théorie sur les vies antérieures avait été prouvée, j'ai su que j'allais le perdre.

« Tu veux que je parte, n'est-ce pas ? »

Je n'oublierai jamais la souffrance dans ses yeux. « Oui. »

Nous avons rompu le même jour. Depuis ce temps, je l'ai revu et eu des nouvelles qu'une ou deux fois. Encore aujourd'hui, il prétend que les humains servent à « nourrir les asticots ».

Je peux comprendre à quel point on peut se sentir dévasté de prendre conscience que les croyances auxquelles on s'accroche sont fausses. Maintes fois, il m'est arrivé dans des périodes de désespoir de me sentir si désillusionnée devant ma vie que c'est exactement ce que j'ai fait. J'ai fait table rase. J'ai recommencé en déclarant à Dieu : « Prouve-moi que Tu es toujours là. » J'ai demandé des signes.

Il y a néanmoins une différence : je les ai obtenus. Maintes fois, Dieu, les anges, ma famille et mes amis décédés me font sentir leur présence plus qu'une ou deux fois par jour.

Je sais qu'ils reviendront toujours, tant que je resterai à l'affût.

Le portefeuille

Un jour, je suis partie du salon de ma manucure sans mon portefeuille. Je l'ai oublié sur la chaise où j'étais assise. C'est un grand portefeuille français, un cadeau d'un ami de Quito, en Équateur. Comme Jim et moi allions fréquemment en Amérique du Sud, je rangeais presque toutes mes pièces d'identité dans ce portefeuille, y compris mon passeport. Ce jour-là, il ne contenait que très peu d'argent, seulement 20 $, ce qui n'est guère suffisant pour tenter un voleur.

Dès que je suis rentrée à la maison, j'ai constaté que je n'avais plus mon portefeuille. J'ai téléphoné à la manucure et je lui ai demandé de vérifier si je l'avais laissé sur ma chaise, ce qu'elle a fait. En revenant au bout du fil, elle m'a dit que le portefeuille n'y était plus. Je lui ai demandé de vérifier dans la pièce, au cas où on l'aurait déplacé. Encore une fois, elle s'est prêtée de bonne grâce à ma demande, mais encore une fois, en revenant au bout du fil, elle a déclaré que mon portefeuille avait disparu.

Paniquée, j'ai décidé de ne pas la croire. Remontant en voiture, je suis retournée au salon pour vérifier de mes propres yeux.

Il est étonnant que de petits détails puissent échapper à notre regard dans le cours normal des choses, mais que les indices les plus ténus se révèlent d'eux-mêmes pour résoudre une énigme quand on est dans un état modifié de colère, de peur ou de panique.

Je me suis rappelé qu'une passante était entrée pour faire réparer un de ses ongles. Ce n'était pas une cliente régulière. Blonde, grande et corpulente, elle avait déjà l'air de mauvaise humeur en passant le seuil de la porte. On aurait dit que ses vibrations étaient désordonnées. Tout le monde a levé les yeux lorsqu'elle est entrée, comme si un vent de mauvais augure avait soufflé dans le salon. Je me rappelais aussi qu'en entrant, elle m'avait jeté un regard dénigrant et dédaigneux. Le genre de regard assassin... Je m'étais hérissée devant cette attaque psychique et je me rappelais maintenant que je m'étais demandé ce qu'elle avait contre moi. Je n'avais jamais vu cette femme de ma vie.

Comme elle avait occupé ma chaise après mon départ, j'étais certaine qu'elle avait volé mon portefeuille.

Le soir même, je devais garder ma petite-fille pour la première fois afin que mon fils puisse se rendre au cinéma avec sa conjointe. En arrivant à leur domicile, je leur ai raconté l'histoire du portefeuille disparu et je leur ai demandé de prier avec moi.

« Je veux que cette femme soit tellement tourmentée par la culpabilité et la honte de son geste qu'elle soit incapable de supporter de conserver mon portefeuille. Je veux même qu'elle s'imagine qu'il lui brûle les doigts. Je veux qu'elle soit tellement bouleversée par ce qu'elle a fait qu'elle jette mon portefeuille par la glace de portière en rentrant chez elle. »

Ryan et Christy n'étaient pas tout à fait certains si c'était ainsi que je devais prier, mais ils sont allés dans mon sens.

« Parfois, Dieu a besoin d'un coup de pouce. Voilà pourquoi nous sommes ici, leur ai-je expliqué. Tout ce que je veux, c'est de retrouver mon portefeuille. Remplacer mes papiers et mon passeport prendra des mois, et je reprends l'avion pour l'Amérique du Sud dans cinq jours. Je n'ai pas de temps à perdre. Vous verrez, ajoutai-je, Dieu va accélérer les choses. »

Durant la soirée, Caylin a dormi comme un loir, ce qui m'a donné le temps de réfléchir, de prier et de regarder un film. Ryan et Christy sont rentrés, ils m'ont serrée dans leurs bras avant que je parte, puis je suis rentrée en voiture.

En me couchant, j'ai demandé à mes anges de m'aider. Je leur ai délégué la mission et je me suis endormie.

Le lendemain, il était environ 10 h quand j'ai reçu un coup de fil d'un hispanique qui m'a annoncé qu'il avait trouvé mon portefeuille et qu'il souhaitait me le rendre.

J'étais folle de joie. Je l'ai interrogé sur mon passeport et mon permis de conduire.

« Ils sont là », a-t-il répondu.

Je lui ai demandé s'il y avait de l'argent dans le portefeuille.

« Oui, 20 $. »

J'étais incrédule. La femme n'avait même pas pris l'argent.

Mon sauveteur m'a donné son adresse. J'ai fait monter Beau et Bebe dans ma Tahoe, et nous sommes partis à l'appartement de l'homme. Durant le trajet, je n'ai pas cessé de rire, de chanter et de remercier Dieu et mes anges d'avoir retrouvé mon portefeuille.

Lorsque je suis arrivée à son appartement, l'homme m'a remis mon portefeuille pour que je l'examine. Je n'arrivais pas à croire qu'il l'ait trouvé. C'est là que l'histoire a pris une tournure encore plus étrange.

À l'époque, nous vivions à un pâté de maisons de la Galleria. L'hôtel Marriott s'élevait à mi-chemin de notre maison en rangée. Mon sauveteur était employé aux cuisines de l'hôtel depuis vingt ans. Il avait gravi les échelons, de commis débarrasseur à serveur de soir dans la salle à manger principale. Il était fier de son travail et de sa vie aux États-Unis. Des prix d'excellence étaient accrochés au mur de son appartement, juste à côté d'un crucifix mexicain en argent.

Cela peut paraître incroyable, mais il avait trouvé mon portefeuille au beau milieu de la rue Westheimer, en face du Marriott. Notre résidence se trouvait à quelques maisons de là ! Il avait quitté l'hôtel tard dans la nuit et en passant sous le réverbère, il avait vu mon portefeuille.

Je lui révélai que c'était vraiment très étrange à mon sens, puisque le salon de la manucure où j'avais oublié mon portefeuille se trouvait à plus de 9 km de là.

« Ce n'est pas étrange, a-t-il répondu. Les anges vous ont rapporté votre portefeuille. »

J'avais la chair de poule. Je savais qu'il avait raison. « C'est en effet ce qu'ils ont fait », ai-je opiné. Je lui ai offert le billet de 20 $ qui se trouvait dans mon portefeuille, mais il a refusé de le prendre. J'ai insisté.

« Je vais le donner à mon église », a-t-il conclu.

Nous avons échangé une poignée de main et je suis partie. Je pensais ne jamais le revoir.

Or, le lendemain, je promenais mes chiens lorsque j'ai entendu un avertisseur de voiture. Je me suis retournée : mon sauveteur me faisait un signe allègre de la main. « Bonjour, Catherine ! Comment allez-vous ? Et vos chiens ? »

Je lui fis un signe joyeux de la main, et, de nouveau, des frissons parcoururent mon échine. Je ne cessais de penser qu'il me fallait absolument le rappeler à mon retour de voyage, pour le remercier de m'avoir rendu mon portefeuille intact.

Je suis allée en Amérique du Sud avec mon portefeuille, mon passeport et mes papiers d'identité bien en sécurité dans mon sac.

Lorsque je suis rentrée à l'automne, j'ai composé le numéro de téléphone que l'homme m'avait donné comme étant celui de son appartement. Un de ces opérateurs électroniques a répondu et m'a informée que le numéro que j'avais signalé n'était pas en service.

J'ai regardé fixement le récepteur, puis j'ai souri. Bien sûr qu'il n'est pas en service : là où vit mon sauveteur, le téléphone est inutile...

Rencontre de l'âme sœur

Ryan, mon fils et mon unique enfant, avait quitté la maison pour étudier à l'université. J'avais confiance d'avoir cultivé en lui les qualités qui le prépareraient à être un bon citoyen du monde. Ensuite, j'ai retenu mon souffle. Les enfants restent des enfants. C'était la première fois qu'il goûtait à la liberté. Il allait faire des bêtises, c'était inévitable.

Je n'avais pas de temps à consacrer au « syndrome du nid vide ». Je répétais les répliques que j'aurais à dire au moment où je recevrais le genre de coups de fil que nous, les enfants des années 1960 et 1970, avions donnés à nos parents. « Salut, m'man ! J'suis en prison. Mais c'était *juste* de la bière ! Ils ont dit que c'était légal sur le campus ! » Ce genre de choses.

Deux semaines après son départ, mon fils est rentré à la maison avec son sac de linge sale à la main. En fait, avec ses vêtements, ceux de son compagnon de chambre et de quelques copains de dortoir. Rien d'inhabituel, étant donné que ces garçons étaient tous des amis de Ryan depuis le lycée et que depuis quatre ans, il m'arrivait de faire leur lessive.

Lorsque j'ai demandé à Ryan comment était l'université, à part crasseuse à en juger par la quantité de vêtements sales qu'il rapportait, il m'a confié : « Tu sais, m'man, il y a des gens vraiment, mais alors là, vraiment bizarres sur le campus. »

J'ai imaginé des pervers, des drogués, des finissants de type « *gangsta* », des étudiantes séropositives inscrites à leurs préalables. J'ai dit : « Bizarres comment ? »

« Du genre dingue ! Avec Mike et Carl, on s'est rendus à la chambre de Darcey (la petite amie de Mike) pour rencontrer sa compagne de chambre et d'autres étudiantes de première année. Nous étions serrés comme des sardines là-dedans et nous bavardions en échangeant de vieux souvenirs du lycée. »

« Mais... tu as eu ton diplôme, il y a trois mois. »

« Ben, c'est comme je le dis, m'man, de vieux souvenirs. » Il a poursuivi. « Il y avait cette fille et elle était *vraiment* cinglée. On était là à bavarder d'un tas de trucs – ce qu'on avait fait, qui sortait avec qui, et tout ça – quand au beau milieu de la conversation, elle s'est mise à chanter ! Tout d'un coup. Et pas doucement, mais super fort. Comme si elle essayait de couvrir la conversation. C'était trop bizarre. »

« Ce qu'elle chantait était bizarre ? »

« Non, *elle* était bizarre. Et pas moyen de la faire taire ! Elle continuait à fredonner tout bas, même quand on bavardait. »

« Et d'où venait-elle ? »

« De Houston. Mais pas de notre lycée. Personne ne la connaissait. En fait, m'man, on lui avait assigné une chambre. Elle ne connaissait même pas sa compagne de chambre ! »

« Quelle histoire ! » répondis-je, en me remémorant mon expérience à l'université (ne datait-elle pas de la semaine précédente ?), alors que nos compagnes de chambre étaient de parfaites inconnues.

« Quel genre de fille ne choisirait pas sa compagne de chambre ? »

En entendant ces paroles, je me sentis mal à l'aise. Ryan agissait un peu trop en tyran. Et tout penaud, il évitait de me regarder dans les yeux.

« Ryan, est-ce que par hasard, tu te serais moqué de cette fille ? »

Silence.

J'avais la chair de poule. Tout à coup, je me suis vue dans la chambre avec cette bande de jeunes. Je les connaissais tous, à l'exception de la jeune chanteuse. Je connaissais aussi le sens de l'humour aiguisé et caustique de mon fils. Il aurait été capable d'en montrer à Robin Williams. Et soudain, j'ai « senti » la jeune fille qui chantait. J'ai ressenti sa souffrance, son embarras, et, oui, sa solitude.

J'avais les larmes aux yeux en serrant les bras contre ma poitrine. « Ryan, tu as toujours été trop critique envers les gens. Je crois que tu as dit quelque chose qui a blessé cette fille. Quelque chose qui n'avait peut-être pas l'air grave à tes yeux, mais qu'elle a trouvé horrible et méchant. Dès que tu seras de retour sur le campus, je veux que tu la retrouves et que tu lui fasses des excuses. »

« Ah, m'man... »

« Je suis sérieuse, Ryan. C'est très important. J'ai le sentiment que c'est une personne très sensible. Tu n'es pas obligée de conclure un pacte de sang avec elle. Fais-lui simplement des excuses. »

« OK. Je vais le faire. »

Ryan retourna à l'université le dimanche soir et se mit immédiatement en quête de la jeune fille. Il me téléphona tard le lundi soir pour m'annoncer : « M'man, tu sais, la fille qui chantait ? Elle est partie ! Sa compagne de chambre dit qu'elle a quitté l'université. Elle a abandonné ! Elle est rentrée à Houston et s'est inscrite à l'Université de Houston. »

Je me suis mise à pleurer.

« C'est ma faute, maman. Je sais que je l'ai blessée, comme tu as dit. »

« Que cela te serve de leçon, Ryan. À partir d'aujourd'hui, traite toujours les autres comme tu aimerais qu'on te traite. »

Il avait la voix chargée de culpabilité. « Je te le promets. »

L'année s'est écoulée et Ryan est rentré de l'université plus vieux et plus sage. Durant l'été, il a travaillé de longues heures, incroyablement difficiles, pour notre entreprise de piscines et de spas.

Un jour, son équipe a livré un spa à l'un de nos clients. Plus tard, le même jour, l'homme a passé un coup de fil à mon conjoint : « Ma fille Christy a vu un jeune homme livrer notre spa. Elle aimerait bien sortir avec lui, mais elle est trop timide pour le lui demander. Pouvez-vous me dire qui est le grand jeune homme blond ? »

« C'est mon fils, répondit mon conjoint. Je serai heureux de lui transmettre le message. »

Ryan était intrigué. « Je n'ai pas vu de fille. Quoique... Je me souviens qu'il y avait quelqu'un qui nous observait par les rideaux de la fenêtre de la chambre à coucher. C'était peut-être elle. »

Ryan a téléphoné à Christy et l'a invitée à sortir le samedi soir suivant. Il a rencontré ses parents et bavardé avec eux. Il leur a dit où il emmenait leur fille et à quelle heure ils pouvaient s'attendre à la voir rentrer. Anne et Alan ont paru satisfaits de l'arrangement.

Ryan et la jeune fille venaient de monter dans la voiture, et Ryan se préparait à démarrer quand il s'est tourné vers Christy : « C'était toi, la fille qui chantait dans la chambre de Darcey. »

« Oui, Ryan. C'était moi. »

« Je suis désolé de la manière dont je t'ai traitée. »

« Je sais, Ryan », a-t-elle répondu.

Lorsque mon fils est rentré à la maison et qu'il m'a raconté son histoire, nous avons eu tous les deux les larmes aux yeux. J'ai été submergée du sentiment incroyable qui me vient quand je sais que ma vie a été touchée par le divin.

J'ai regardé mon fils : « Ryan, un jour, tu vas épouser cette fille. »

« Je sais, m'man. » Et c'est ce qu'il a fait, des années plus tard.

De toutes les joies de mon existence, la plus grande est de savoir que mon fils a rencontré son âme sœur.

Post-scriptum

En terminant la rédaction de ce livre, j'ai constaté qu'il avait évolué en une autobiographie, bien qu'elle ait été rédigée d'un point de vue angélique. À ma connaissance, personne n'a encore écrit d'autobiographies spirituelles. Encore une fois, je découvre que mon destin m'incite à créer de nouveaux genres, à proposer de nouvelles façons de faire tomber nos idées préconçues, ainsi que la manière dont nous nous efforçons, en tant qu'êtres humains, de catégoriser ce que nous sommes et ce que nous vivons.

Si vous avez aimé ces récits, j'aimerais que vous m'en fassiez part. Peut-être avez-vous une histoire particulière à raconter, ou peut-être aimeriez-vous proposer votre propre incident d'intervention angélique ? Si c'est le cas, vous pouvez poster votre histoire à l'adresse suivante[*] :

Catherine Lanigan
5644 Westheimer Road
PMB No. 110
Houston Texas 77056
États-Unis

* N.d.T. : Votre histoire devra être rédigée en anglais.

Pour recevoir un exemplaire de mon bulletin de liaison et un signet autographié de mon ouvrage *À l'affût des anges*, veuillez inclure une enveloppe-réponse timbrée de format légal (le meilleur format pour les signets) avec votre lettre ou votre récit. Je lis tout mon courrier et je réponds à tous mes correspondants.

Si vous voulez simplement m'envoyer votre histoire, vous pouvez la télécopier au 713 622-4105.

Vous pouvez aussi m'envoyer un courriel à **cath_lake@prodigy.net**, ou visitez mon site Web à **www.clanigan.com**.

Que Dieu vous bénisse tous dans votre cheminement sur, sous, autour et à travers votre sentier divin. N'oubliez pas que les anges vous observent, mais qu'il est plus important encore que *vous* restiez à l'affût.

Bibliographie

ALPER, Matthew. *The God Part of the Brain*, New York, Rogue Press, 2000.

BELL, Art, et Brad STEIGER. *The Source*, Nouvelle-Orléans, Paper Chase Press, 1999.

BRINKLEY, Dannion. *Sauvé par les anges*, Paris, Robert Laffont, 1995.

BRO, Harmon Hartzell. *A Seer Out of Season: The Life of Edgar Cayce*, New York, Signet, 1990.

CAYCE, Hugh Lynn. *Edgar Cayce, les rêves et la réalité*, Boucherville, Éditions de Mortagne, 2008.

CAYCE, Hugh Lynn. *The Edgar Cayce Collection: Edgar Cayce on Healing, Edgar Cayce on Diet and Health, Edgar Cayce on ESP*, New York, Bonanza Books, 1986.

CERMINARA, Gina. *De nombreuses demeures*, Paris, Adyar, 1996.

FARADAY, Anne. *Dream Power: Learn to Use the Vital Self-Knowledge That Lies Stored in Your Dreams*, New York, Berkley, 1972.

FIORE, Edith. *Nous avons tous déjà vécu : témoignages sur la réincarnation et l'expérience de la mort*, Paris, Robert Laffont, 1979.

FURST, Jeffery. Éd. *Edgar Cayce's Story of Jesus*, New York, Berkley, 1976.

GOLDBERG, Bruce. *Vies passées, vies futures : l'hypnothérapeute qui a permis à des centaines de personnes de transcender le temps*, Paris, A. Labussière, 1998.

GOLDMAN, Malcum. *Angels: An Endangered Species*, New York, Simon and Schuster, 1990.

GRAHAM, Billy. *Les Anges : agents secrets de Dieu*, Paris, Alta, 1976.

HARRIS, Errol E. *The Reality of Time*, Albany, New York, State University of New York Press, 1988.

HEGEL, G. W. F. *La phénoménologie de l'esprit*, Paris, Gallimard, 2002.

HEIDEGGER, Martin. *Chemins qui ne mènent nulle part*, traduit de l'allemand par Wolfgang Brokmeier, Paris, Gallimard, 1986.

HILLMAN, James. *Le code caché de votre destin : prendre en main son existence en élevant sa conscience de soi*, Paris, Robert Laffont, 1999.

HOLMES, Ernest. *The Science of Mind*, New York, Dodd, Mead and Company, 1938.

HOUSTON, Jean. *Psychologie sacrée : l'union avec le bien-aimé de l'âme*, Escalquens, Dangles, 1990.

JANES, Julian. *The Origin of Consciousness in the Breakdown of the Bicameral Mind*, Boston, Houghton Mifflin Company, 1976.

KENYON, Tom. *Brain States*, Naples, Floride, United States Publishing, 1994.

MCDANNELL, Colleen, et Bernhard LANG. *Heaven: A History*, New York, Vintage, 1990.

MOODY, Raymond A. fils. *Coming Back: A Psychiatrist Explores Past-Life Journeys*, New York, Bantam, 1991.

MOODY, Raymond A. fils. *La vie après la vie*, Paris, Robert Laffont, 1989.

MORSE, Melvin. *Des enfants dans la lumière de l'Au-delà*, Paris, Robert Laffont, 1992.

PEALE, Norman Vincent. *Positive Imaging*, New York, Fawcett, 1982.

PECK, M. Scott. *Au ciel comme sur terre : une vision de l'après-vie*, Paris, Robert Laffont, 1999.

PECK, M. Scott. *Les gens du mensonge*, Paris, Flammarion, 1990.

PONDER, Catherine. *Les lois dynamiques de la prospérité*, Saint-Hubert, Un monde différent, 1996.

PROPHET, Elizabeth Clare. *La flamme violette pour guérir le corps, l'esprit et l'âme*, Montréal, Lumière d'El Morya, 2003.

RAWLINGS, Maurice. *Au-delà des portes de la mort*, Paris, Pygmalion, 1997.

REED, Henry. *Edgar Cayce on Mysteries of the Mind*, New York, Warner, 1989.

RING, Kenneth. *En route vers Oméga : à la recherche du sens de l'expérience de mort imminente*, Paris, Robert Laffont, 1991.

RING, Kenneth. *The Omega Project*, New York, Morrow, 1992.

SCHLOTTERBECK, Karl. *Living Your Past Lives: The Psychology of Past Life Regression*, New York, Ballantine, 1989.

SHELDRAKE, Rupert. *Une nouvelle science de la vie : l'hypothèse de la causalité formative*, Monaco, Éditions du Rocher, 1985.

STEIGER, Brad. *Guardian Angels and Spirit Guides*, New York, Signet, 1995.

STEIGER, Brad, et Francie STEIGER. *The Star People*, New York, Berkley, 1981.

STREAN, Herbert, et Lucy Freeman. *The Severed Soul*, New York, St. Martin's Press, 1990.

TEILHARD DE CHARDIN, P. *Le phénomène humain*, Paris, Seuil, 1970.

TWITCHELL, Paul. *The Eck-Vidya*, Minneapolis, Eckankar, 1972.

TWITCHELL, Paul. *Eckankar: The Key to Secret Worlds*, Crystal, Minnesota, Illuminated Way Publishing, 1969.

VAN PRAAGH, James. *S'élever vers l'Au-delà*, Varennes, Éditions AdA, 1996.

VAN PRAAGH, James. *Dialogues avec l'Au-delà : message d'un médium sur la vie après la mort*, Paris, J'ai Lu, 2005.

WEISS, Bryan L. *Many Lives, Many Master*, New York, Fireside, 1988.

WILSON, Colin. *Carl-Gustav Jung : le seigneur de l'inconscient*, Monaco, Éditions du Rocher, 1985.

ZUKAV, Gary. *Le siège de l'âme : au-delà des cinq sens*, Paris, Guy Trédaniel, 2007.

AdA
éditions

www.AdA-inc.com
info@AdA-inc.com

100%

BIO GAZ
ÉNERGIE

L'impression de cet ouvrage a permis
de sauvegarder l'équivalent de 22 arbres.